山东省社会科学规划研究项目“宫崎市定的中国形象研究”
（项目批准号：19DWWJ03）的结项成果

山东财经大学外国语言文学系列学术专著出版资助项目

世界史图景中的中国形象
宫崎市定研究

IMAGE OF CHINA IN THE PICTURE OF WORLD HISTORY:
A STUDY OF MIYAZAKI ICHISADA

吕超／著

人民出版社

责任编辑：翟金明
封面设计：姚　菲

图书在版编目（CIP）数据

世界史图景中的中国形象：宫崎市定研究 / 吕超 著. — 北京：人民出版社，2021.11
ISBN 978－7－01－023796－1

I. ①世…　II. ①吕…　III. ①宫崎市定－人物研究　IV. ① K833.135 ② K207.8

中国版本图书馆 CIP 数据核字（2021）第 232695 号

世界史图景中的中国形象：宫崎市定研究
SHIJIESHI TUJING ZHONG DE ZHONGGUO XINGXIANG GONGQISHIDING YANJIU

吕　超　著

人民出版社 出版发行
（100706　北京市东城区隆福寺街 99 号）

北京建宏印刷有限公司印刷　新华书店经销

2021 年 11 月第 1 版　2021 年 11 月北京第 1 次印刷
开本：710 毫米 ×1000 毫米 1/16　印张：19.25
字数：254 千字

ISBN 978－7－01－023796－1　定价：69.00 元

邮购地址 100706　北京市东城区隆福寺街 99 号
人民东方图书销售中心　电话（010）65250042　65289539

目　录

序

最近获知吕超同学把自己关于宫崎市定的博士论文改成书稿，将于今秋在人民出版社出版，作为其读博期间的导师，感到非常高兴。当时和他一起在我的讨论班读博的共有三位学生，都把京都学派的代表人物作为自己学位论文的考察对象，其中吕超研究宫崎市定，现在北京语言大学执教的胡珍子研究狩野直喜，在中国农业大学任教的辜承尧研究青木正儿。我在这里称吕超为同学，并非谦虚，是由于身为日本唯一授予文化交涉学博士学位的关西大学研究生院东亚文化研究科（其缘起将在后文介绍）的教师，虽然已于1991年在大阪大学取得文学博士学位，但仍需要取得文化交涉学博士学位，以便在这个新的学术领域指导博士生和硕士生时更加胜任和愉快。因此，在2017年春季出版《近代日本中国学的形成——汉学革新与文化交涉》（《日本における中国学の始まり—漢学の革新と同時代文化交渉—》）后，将之作为申请博士学位的论文提交，通过审查后于同年秋季获得第二个博士学位。结果，我这个论文博士比起课程博士胡珍子的要晚两年半，比吕超的也要晚一年半。① 我的书主要论述了近代日本中

① 胡珍子和吕超分别于2015年3月、2016年3月获得博士学位。

国学的一些基本问题，例如对章学诚史学的推崇，对桐城派文论的接受，对新文化运动的反应，得到王韬评点的《明清八家文》以及汉文直读和训读的是非问题等，涉及从传统汉学向近代中国学转型过程中的东京学派，特别是京都学派的一些主要人物。目前已经由辜承尧同学翻译成中文，书名改为《近代日本中国学的形成——汉学革新与文化交涉》，今夏已作为刘东教授主编的江苏人民出版社"海外中国研究丛书"的一种出版了。在此，我想把自己对内藤湖南和京都学派的关注和关西大学的相关研究活动略做介绍，以便读者对吕超攻读博士学位和撰写本书的背景有一个了解。

在关西大学执教已有25年的我，因为常见各国学者来访和查阅本校图书馆内藤湖南文库的资料，也接受过中国中央电视台海外汉学节目(2015年播出，有关日本汉学的《纽带》第六集《尽天命，以成人事》)摄制组以及内藤的家乡秋田县电视台的采访，并应哈佛大学、普林斯顿大学、约翰霍普金斯大学、北京大学、北京外国语大学、北京语言大学、复旦大学、上海交通大学和华中师范大学等的邀请前去参会或演讲，切实感受到有关内藤和京都学派的研究在国际学界所受到的广泛关注。关于文库的收藏情况，北京语言大学的钱婉约教授在与我合编的《内藤湖南汉诗酬唱墨迹辑释——日本关西大学图书馆内藤文库藏品集》中作了详细介绍。曾经在内藤生前访问过他的现代中国藏书家傅增湘，曾把内藤收藏的《唐写本说文残卷》誉为"镇库之宝"，而参加内藤逝世一周年忌辰的法国汉学家伯希和则在留言簿上题写了"以此纪念我如朝圣般来到了内藤教授的文库"，足见其价值连城，弥足珍贵。

2007年春，我出版《明治的汉学者与中国——安绎、天囚、湖南的外交策论》[①]（书名副标题中的三个人名略去了其姓氏，分别为重野安绎、

① 陶德民：『明治の漢学者と中国—安繹・天囚・湖南の外交論策—』，関西大学出版部2007年版。

西村天囚、内藤湖南）一书之后，又花费两年时间整理出版了《内藤湖南与清人书画——关西大学图书馆内藤文库所藏品集》①。其间注意到文库中有1913年（王羲之353年兰亭雅集以后的第26个癸丑年）京都兰亭纪念会筹备时的许多一手资料，大到内藤湖南撰写的举办缘起和铃木虎雄执笔的追祀王羲之祭文，小到发起人会的会费收据，剪报中还有罗振玉和王国维的与会消息，因而觉得很有价值，故与关西大学东西学术研究所、泊园纪念会、关大博物馆和图书馆的负责人一起向校长陈情，并顺利获得特别资助，于2013年春举办了题为“大正癸丑蘭亭会百周年記念—近代日本における翰墨の盛典”的活动。这一活动包括大型历史资料展览会、现代日中书法名家展、发起人会、研讨会和即席挥毫会等，不仅得到了日本有关方面的大力协作，也得到了杭州西泠印社和北京故宫学研究所的大力支持。我们的学术顾问是京都教育大学名誉教授杉村邦彦先生，毕业于京都大学东洋史专业，曾师从宫崎市定、吉川幸次郎等著名学者。他几十年如一日所编纂的《书论》年刊享誉海内外，因此在2011年5月荣获第五届“立命馆白川静记念东洋文字文化教育普及奖”，并在2013年秋被授予西泠印社名誉会员称号。而他的老朋友，兼任浙江大学教授的西泠印社常务副会长陈振濂先生则特地寄来以下贺词：

> 一九一三年癸丑，中国上海、杭州绍兴与日本京都、东京同时举办兰亭会，一时称为盛事。今届百季，西泠印社联合日本关西大学，承先贤之风雅，续艺文之系谱，再办中日之兰亭会。彬彬秩秩，觞咏流连，以见百季翰墨机运，斯文不堕之意云尔。

我们特意效仿百年前的先例，请其祖母居住在绍兴的博士生周正律打来了兰亭水，并由继承着山本竟山（曾于1904年为刘锷出版的《铁云藏陶》

① 陶德民：『内藤湖南と清人書画—関西大学図書館内藤文庫所蔵品集』，関西大学出版部2009年版。

题写书名）书法传统的大阪泰山书道院院长大桥成行（其父大桥泰山是山本竟山的高足）分享其收藏的近代日本最负盛名的中国题材书画家富冈铁斋的特制好墨，用于发起人会纪念题词和即兴挥毫会。参加发起人会的，除了关西大学的副校长前田裕（现为校长）、中谷伸生、薮田贯、吾妻重二、井上克人、内田庆市等教授和我之外，还有日本私立大学事业团理事长、关西大学前校长河田悌一，日本书艺院院长杭迫柏树，东方学会理事长、京都大学名誉教授兴膳宏，大阪历史博物馆馆长脇田修（我于20世纪80年代后期在大阪大学读博时的导师，是战后京都大学新学位制度施行后的日本史专业领域第一号博士），近畿汉诗联盟会长大野修作，关西中国书画收藏研究会代表西上实，木村蒹葭堂显彰会代表水田纪久，旅日西泠印社社员、关西大学兼职讲师陈波，浙江工商大学日本语言文化学院院长王宝平，以及获得2013年兰亭奖的广州美术学院教授祁小春等，可谓高朋满座，济济一堂。以专业出版法帖等书法类书籍闻名遐迩的二玄社社长渡边隆男、涩泽荣一纪念财团理事长涩泽雅英（有近代日本经济界总理之称的涩泽荣一曾赞助过1913年东京兰亭纪念会，雅英系荣一的曾孙）等因为年事已高未能到会，但是都专门派了代表前来出席。

除了以上的纪念活动，还举办过一些水准较高的国际学术研讨会。如2006年关西大学亚洲文化交流研究中心主任松浦章教授主办，由毕业于京都大学东洋史专业的藤田高夫教授（现为副校长）和我具体策划的“近代中日关系人物史研究的新地平”① 国际学术研讨会，当时来访的华中师范大学前校长章开沅先生和王宝平教授，京都大学名誉教授狭间直树和山室信一教授，在日本任教的中央大学教授李廷江，同志社大学教授钱鸥、陈捷（当时在国文学资料馆，现为东京大学教授）等都莅临参加。论文集出版时，又增添了山梨学院大学教授熊达云、南开大学教授刘雨珍，以及

① 日文为“近代日中関係人物史研究の新しい地平”。

美国新罕布什尔大学教授陆延的三篇论文。会后，我与出席会议的老一辈专家中村义和藤井升三等商议编写《近代日中关系人物史人名辞典》（组成编委时增加了没有与会的久保田文次、町泉寿郎和川边雄大等三位专家，由东京堂出版。因为六个编委的广泛人脉，得以获得当时在世的115位最为胜任的撰稿人的合作，其中不少已年过古稀，如东洋文库文库长斯波义信先生等，对所写人物多出过专著或专文，故能汇成一部颇有价值的辞典，对了解近代日本涉猎过对华关系的大约1200位人物甚为方便和可靠，可惜至今尚未译成中文），自己则承担了其中关于京都学派及相关人物的大多数词条，包括重野安绎、西村天囚、内藤湖南、小川琢治、富冈谦藏、今西龙、稻叶岩吉、铃木虎雄、羽田亨、武内义雄、滨田耕作、冈崎文夫、石滨纯太郎、梅原末治、宫崎市定、吉川幸次郎和藤枝晃等。

2008年夏天，我担任关西大学文化交涉学教育研究中心（该中心为日本文部科学省即教育部选定的全球化卓越中心之一，包括文科型、理科型和文理融合型的项目，全国共有11个，自2007年起为期五年，旨在提升研究生院层次的教学科研水准，培养具有国际视野并能同时运用外语来做跨文化研究的高水平研究生。上文提到的东亚文化研究科就是以此项目为基础于2011年设置的，因而被特批为文化交涉学硕士和博士学位的授予点）主任时，与副主任藤田高夫教授共同举办了题为“从文化交涉学的观点重新审视内藤湖南”的国际研讨会。这次会议可以说是内藤研究的一次小型峰会，加拿大约克大学讲座教授傅佛果先生（Joshua A. Fogel）、北京语言大学的钱婉约教授、京都大学名誉教授谷川道雄先生和他早年在名古屋大学执教时的两位高足，即德岛大学的霞森健介教授和山口大学的高木智见教授，京都大学的高田时雄教授和狭间直树名誉教授，内藤的秋田县同乡、神奈川大学的大里浩秋教授等都拔冗参会。2013年秋天，关西大学的内藤科研团队（日本学术振兴会科研费补助金基础研究项目“内藤湖南亚洲观的形成与近代日中学术交流”，代表为井上克人教授，成员有西本昌弘教授、长谷部刚教授和我）与南开大学世界近现代史研究中心、日本研究院和日语系联合举办“内藤湖南与中国”国际研讨会，共有来自中国大陆、港台地区和北美的31位学者在会上提交论文并发表演讲，包括作为东道主的杨栋梁、刘岳兵、刘雨珍等南开大学教授，以及上文提到的傅佛果和钱婉约等教授。会后，会上的重要论文分别在南开大学和日本河合文化教育研究所的研究专刊上以特集形式出版，获得了学界的重视。

吕超在国内日本研究重镇之一的浙江工商大学日文专业攻读硕士课程，受到王宝平教授的悉心指点，日语和文献知识基础都较好。2013年4月，吕超被推荐进入关西大学东亚文化研究科攻读博士学位，正值我们举办上述“大正癸丑兰亭会一百周年记念”活动，可谓适逢其时。我至今仍然记得他参加研讨会听讲和观看即兴挥毫会的情形。而同年秋天在南开大学合作举办内藤湖南国际研讨会时，他也参会并宣读了论文。这是他第一次在国际学术会议上进行论文报告，会后又翻译了钱婉约教授的主题讲演《内藤湖南与中国知识人的关系谱系——从仰承到垂范的变奏》，译文得到了井上克人教授的仔细修改。对于这段难得的经历，他应该是感触良多吧。

在关西大学求学期间，不论是调查先行研究史还是收集一手资料，他都以拼命三郎的精神争分夺秒，所以在面壁三年之后就顺利写就学位论文，对师从内藤湖南和桑原骘藏两位先驱而独辟蹊径蔚为大观，享有出蓝之誉的京都东洋史学派代表人物宫崎市定的生平经历、主要学术贡献及其问题意识做了比较全面的论述，故在答辩时获得了好评。而在毕业后五年之内，又锲而不舍，再接再厉，终于完成了这样一部扎实的书稿，这是值得祝贺的。特别是他在本书引入了比较文化的视野，广泛涉猎了国内外的相关研究，例如柯文、王晴佳、沟口雄三、砺波护、臼杵阳、孟华、卞崇道、王汎森、葛兆光和孙歌等的论述，甚为可喜。

日前，我已将自己今春出版的新作《另一个内藤湖南像——关西大学内藤文库探索二十年》① 寄给吕超，与之共勉。希望他今后进一步拓宽视野，沉潜深思，融会贯通，磨砺自己的独特视角，形成自己的学术体系，在近代日本汉学史和思想史的研究方面取得更大成绩！

是为序。

关西大学名誉教授　陶德民

2021 年 5 月 26 日于大阪古江台书房

① 陶德民：『もう一つの内藤湖南像—関西大学内藤文庫探索二十年』，関西大学出版部 2021 年版。

绪 论

宫崎市定（1901—1995）是日本中国学领域颇具代表性的学者之一，他的一生跨明治、大正、昭和、平成四个时期，在京都大学执教近三十年之久。从京都大学退休后，宫崎仍醉心研究，笔耕不辍，其全集共计25卷，可谓著作等身。因其众多的学术成就和巨大的学术影响，宫崎获得有汉学界诺贝尔奖之称的“儒莲奖”、日本学士院奖和日本文化功劳奖章，蜚声国际汉学界，其学术影响持续至今。宫崎的研究涉及中国历史的各个时期，擅长以通史性的视野观察中国历史。不仅如此，他还在东西交流史、西亚史、亚洲史、世界史以及《论语》研究领域著述颇丰。宫崎史学的最大特色在于他的中国史研究超越一国史的框架，在亚洲史或者世界史这种更大的区域史视野下表述中国历史。这种视野便是他提出的富有“宫崎特色”的世界史构想，这成为宫崎毕生持有的观察和解释中国历史的框架和基本立场。宫崎世界史构想形成于其学术活跃期之前并贯穿其一生，也就是说，宫崎的史学世界便是建立在其世界史构想基础之上的，该思路成为其根本的历史观。如此，也就意味着考察这一世界史构想形成的过程、内容及逻辑构造成为理解宫崎史学的学术表述及其背后思想内涵的关键所在。宫崎近一个世纪的生涯中，目睹了日本从侵略中国乃至整个亚洲最后走向战败的时代激荡，其思想定会与时代产生共振。加之，宫崎本身便深具政治情怀和现实关怀，他必定对现实有所观察和感悟，这极可能成为其史学研究过程中选题的动机，这也使得他的学术和政治互相纠缠。进一步说，宫崎借助“世界史”这一学术框架做背景，实际是对中国更是对日本命运的现实关怀，正是有此关怀，宫崎才试图以历史学的手法在政治、经济、文化与制度等各领域阐释传统中国，借此来观察和理解中国的社会与文化，同时也是在思考日本的自我定位。因此，笔者认为，清晰地勾勒出宫崎建构的世界史的思路、内容及逻辑，并结合当时的历史社会现实以及日本所处的国际环境，在此基础上探讨宫崎的中国认识及其日本自我的认知，似可创建一个自他认识的双重视野。

近几年来，宫崎的著作已有十余部被译介到国内，我国学者为介绍宫崎著作而做的努力正是宫崎的学术成就得到我国学界持续关注的明证，并且对宫崎的关注程度有日益增长的趋势。除译介宫崎的著作外，也有学者从不同角度开展对宫崎的研究。因海外汉学家从外部视角观察中国，所以海外中国研究常被形象地喻为“异域之眼”或“他山之石”。但因海外学者的视角产生于不同的学术环境，若只进行文本阅读则很难觉察他们的学术特色及其文本背后真正的思想内涵。正如国内学者所言：“如果把域外‘中国学’作为中国学术研究的海外的延伸，就会失略了对‘中国学’作为一门跨文化学科的‘文化语境’的把握，因而也就对这一学术阐述背后支持这些学术观念的文化语境未能有足够的认知，也就未能进行相应的、恰当的研讨和评价。就日本中国学研究而言，大多数的研讨，我以为正是对他们的学术表述的内涵缺失了隐秘的精神特征的解析。”[①] 因此，要特别重视海外汉学家知识生产的“文化语境”，这对正确地、深入地理解他们的学术特色和思想实质格外重要。

---

① 严绍璗：《对海外中国学研究的再思考》，《国家图书馆学刊》2010 年第 1 期，第 35 页。

目前，以宫崎史学为研究对象的成果已有一定程度上的积累。总体来说，国内外的宫崎研究大致可以分为以下几种类型：

（1）学术书评。国内外学界多有对宫崎著作的介绍性书评文章，举其要者，如对宫崎《九品官人法研究——科举前史》（《九品官人法の研究—科挙前史—》）这一著作的越智重明[①]、河地重造[②]、韩昇[③]以及张旭华[④]的书评，德山正人对《科挙》（《科举》）[⑤]的书评，关晃对《天皇称号的由来》（《天皇なる称号の由来について》）的书评[⑥]，日野开三郎评宫崎中国通史性著作《中国史》（上、下）的书评[⑦]等。胜藤猛评介宫崎著作的书评篇目颇多，如他对《大唐帝国——中国的中世》[⑧]、《中国政治论集》[⑨]、《中国史》（上）[⑩]、《中国史》（下）[⑪]的书评。此外，还有小田龙雄评宫崎《亚洲史论考（上、中、下）》的书评[⑫]、滨口重国对宫崎《亚洲史研究》的书评。[⑬]可见，目前对宫崎著作的书评文章不在少数，但这些书评绝大多以介绍性的文字为主，相对来说缺乏学术性的批评和探讨。

---

① ［日］越智重明：「書評『九品官人法の研究—科挙前史—』」，『歴史学研究』1957年第205號。

② ［日］河地重造：「書評『九品官人法の研究—科挙前史—』」，『史学雑誌』1957年第66编第2號。

③ 此文是韩氏为《九品官人法研究》中译本所作的“序言”，后题为《宫崎市定和〈九品官人法研究〉》，刊于《学术研究》2007年第9期。

④ 张旭华：《名称与内涵——简评宫崎市定〈九品官人法研究〉》，《史林》2010年第1期。

⑤ ［日］德山正人：「書評『科挙』」，『史潮』1949年第42號。

⑥ ［日］関晃：「書評：『天皇なる称号の由来について』」，『法制史研究』1979年第29號。

⑦ ［日］日野開三郎：「書評『中国史』上・下」，『法制史研究』1979年第29號。

⑧ ［日］勝藤猛：「書評『大唐帝国—中国の中世—』」，『論集』1990年第4號。

⑨ ［日］勝藤猛：「書評『中国政治論集』」，『論集』1992年第8號。

⑩ ［日］勝藤猛：「書評『中国史』上」，『大阪外国語大学学報』1987年第74號。

⑪ ［日］勝藤猛：「書評『中国史』下」，『大阪外国語大学学報』1987年第75號。

⑫ ［日］小畑龍雄：「書評『アジア史論考』（上・中・下）」，『立命館文学』1976年第375・376號。

⑬ ［日］濱口重国：「書評『アジア史研究』第一」，『東洋史研究』1958年第17巻第2號。

（2）宫崎同僚、弟子和友人的回忆文章。前述所及，宫崎在日本学界甚至在国际汉学界的影响巨大，他的同僚、弟子等回忆宫崎为学、为人的文章能够为我们了解宫崎学术和思想的全貌提供很好的线索。在宫崎的众多学生中，首先要提及的便是宫崎的弟子砺波护，他负责编辑《宫崎市定全集》，而且撰写了为数甚多的追忆其师宫崎言行以及介绍宫崎学术的文章。这些文章收入《京大东洋学百年》①《京洛的学风》②等书籍中。另，“先学座谈——宫崎市定博士”③座谈会由砺波护主持，宫崎的后学和弟子辈的佐伯富、岛田虔次、岩见宏、寺田隆信、间野英二等诸学者参加，对了解一个多面立体的宫崎形象颇有助益。另有宫崎弟子或受宫崎学恩的后学们所撰写的追忆宫崎的文章结集，题为《〈宫崎市定博士追悼录〉追悼记事》④，对了解宫崎其人其学亦颇有价值。

此外，写就5卷本《日本汉学史》⑤的李庆在该著作的第3卷中，简要介绍了宫崎的生涯、著作和学问特色。

（3）针对宫崎个别学说进行的具体研究和评介。举其要者，如针对宫崎《太平天国的性质》展开讨论的小岛晋治的《太平天国与农民（上）——兼论宫崎市定教授的观点》⑥及《关于宫崎市定氏的〈太平天国的性质〉》⑦二文、对宫崎和贝塚茂树两位学者的中国古代都市国家学说进行比较的太

---

① ［日］礪波護、藤井讓治氏编：『京大東洋学の百年』，京都大学学術出版会2002年版。

② ［日］礪波護：『京洛の学風』，中央公論社2001年版。

③「先学を語る—宮崎市定博士—」，『東方学』2000年第100辑。

④ 包括荒木敏一、伊藤道治理、池田温、池田诚、稻叶一郎、岛田虔次、宫川尚志、森本公诚、柳田节子、吉川忠夫等学者在内的65位学者撰写了追忆文章，见「『宮崎市定博士追悼録』追悼記事」，『東洋史研究』1996年第54卷第4號。

⑤ 李庆：《日本汉学史》第3卷，上海人民出版社2004年版。

⑥ ［日］小島晋治：「太平天国と農民（上）—宮崎市定教授の所説に寄せて—」，『史潮』1966年第93號。

⑦ ［日］小島晋治：「宮崎市定氏の『太平天国の性質について』について」，『歴史評論』1966年第191號。

田幸男的《日本的中国古代都市国家论之检讨——关于贝塚茂树、宫崎市定两氏的论说》[①]一文等。另外，柳田节子在《宫崎史学与近世论》[②]一文中抽离出“独裁君主制”“土地所有制”“宋学”“资本主义”“农民运动”等要素详细探讨了宫崎时代分期论中的“近世”概念，得出“宫崎史学大体上与近代化论一致”[③]的结论。李济仓的《宫崎市定的时代分期论——围绕“宋以后近世论”的探讨》[④]一文则详细评述了宫崎市定的历史分期论。王彦辉发表的《早期国家理论与秦汉聚落形态研究——兼议宫崎市定的“中国都市国家论”》[⑤]一文，用实证的方法详细地考察了秦汉聚落的形态，批判和解构了宫崎的“都市国家论”，并得出“秦汉时期的聚落形态与‘都市国家论’风马牛不相及，秦汉社会的组织形式与‘城市国家’的组织形式更是背道而驰”的结论。孙歌《文学的位置》[⑥]中的“京都学派与亚洲论述”一节和王广生《日本东洋史学家宫崎市定的世界史观》[⑦]直接涉及宫崎的世界史构想，但是，两位学者并未深入探讨宫崎该构想的学术渊源、逻辑构造和思想内涵，亦未结合历史语境对其生成、转变过程进行历时性分析。吴光辉的《宫崎史学与科举评价》[⑧]通过分析宫崎史学思想与其科举制度评价之间的关联，指出宫崎的科举研究意图论述现代日本

① ［日］太田幸男:「日本における中国古代都市国家論の検討—貝塚茂樹・宮崎市定両氏の所論に関して—」,『中国古代史と歴史認識』, 名著刊行会 2006 年版。

② ［日］柳田節子:「宮崎史学と近世論」, 野原四郎編:『近代日本における歴史学の発達』上, 青木書店 1976 年版。

③ ［日］柳田節子:「宮崎史学と近世論」, 野原四郎編:『近代日本における歴史学の発達』上, 青木書店 1976 年版, 第 163 頁。

④ 李済滄:「宮崎市定の時代区分論について—特に『宋以降近世論』と関連付けて—」,『東洋史苑』2012 年第 78 號。

⑤ 王彦辉:《早期国家理论与秦汉聚落形态研究——兼议宫崎市定的“中国都市国家论”》,《中国社会科学》2014 年第 6 期。

⑥ 孙歌:《文学的位置》, 山东教育出版社 2009 年版。

⑦ 王广生:《日本东洋史学家宫崎市定的世界史观》,《国际汉学》2015 年第 3 期。

⑧ 吴光辉:《宫崎史学与科举评价》,《厦门大学学报（哲学社会科学版）》2014 年第 6 期。

的“合理性”。张学锋的《“宫崎史学”的东西交通视野》① 对宫崎历史研究中的东西交通史观进行了深刻分析，并指出贯穿宫崎中国史、亚洲史和世界史研究的主线正是其“东西交通的视野”。

通过以上对国内外宫崎研究的粗略梳理，可以看到，这些研究的确为了解宫崎的生涯、学术和思想的某些侧面提供了很好的角度和基础，但不得不说，目前的宫崎研究较为零星且分散，尚缺乏全面、系统性的综合探讨，特别是尚无以思想史、比较文化为切入角度进行的研究。总之，无论是从广度还是深度上，对日本汉学史上成就和影响如此巨大的汉学家的研究是不够充分的，尚待从多种角度出发进一步开展深入的研究。

如上所述，宫崎个案考证背后的指导思想是其根深蒂固的世界观和历史观，毋庸赘言，这种世界观以宫崎着力构建的“世界史”的形式呈现。若不首先对此进行深入考察，则对宫崎的中国研究的理解不免雾里看花。因此，笔者认为，可以将宫崎的世界史构想作为串联宫崎学术和思想的主轴来揭示其思想发展变化的路径，才有可能对宫崎的中国认识和其对日本自身的定位有个整体性的理解。有鉴于此，本书拟选取宫崎的“世界史”构想成为贯穿宫崎的“历史中国”论述和“现实中国”思考的有效线索，通过考察宫崎在此世界史视野下建构的中国图景，获取一种自他认识的双重视野，探明宫崎史学对中国形象的想象和建构之特质的同时反向观察其对日本的自我认知和思考。

综上，本书通过对宫崎的综合研究，试图利用日本中国学这一观察角度，为我们重新认识中国历史、中国文化提供外部视角。同时，这项研究也可拓宽对中国历史、中国文化问题研究的视野，展现跨文化、跨地域的中国历史、中国文化多元诠释的可能性。另外，如前述，本书还关注宫崎建构的中国图景背后的内在思想逻辑，在探明宫崎对中国文化的认知的同

① 张学锋：《“宫崎史学”的东西交通视野》，《江海学刊》2016 年第 5 期。

时，亦反向观察日本自他认识的变迁。

目前，国内已经有很多学者在反思中国海外汉学研究中的得与失，特别是关注并探讨海外汉学研究的路径与方法。如上文中提到的严绍璗的《对海外中国学研究的再思考》便是反思海外中国学研究立场与路径的文章，又如唐磊的《国外中国学再研究：关于对象、立场与进路的反思》①，再如张西平、郭景红的《海外汉学（中国学）研究模式探究》② 等文章，对海外汉学研究对象、路径和方法等做了总结性地探讨，很有启发性。比如，张西平、郭景红合撰的论文中就将海外汉学的研究路径归纳为三种模式。

第一，国学研究的方法。这种方法将海外汉学视为关于中国的知识，“这种关于中国知识的描述、研究，在中国学术界看来首先有一个是否正确的问题”。这种方法在中国文学史、历史学以及哲学史等学术领域被广泛应用，“国学研究方法的要点在于关注海外汉学在介绍和研究中国文化时，他们在材料上是否正确，作为知识形态是否合理”。③

第二，学术史的研究方法。这种研究路径主要关注点在梳理某国汉学发展的历史，并在这种视野下准确定位汉学家在其国家汉学研究史上的地位。文章认为：“弄清海外汉学的学术史，将其置于各国不同的学术传统中，是我们汲取他们的结论、学习其方法的前提。”④

第三，比较文学与跨文化研究的方法。海外中国学的研究对象虽是中国，但毕竟是“他山之石”，“是西方学术体系中的一个分支‘东方学’的一部分”。与中国本土的学术研究存在着差异，“表现在学术规范和方法

---

① 唐磊：《国外中国学再研究：关于对象、立场与进路的反思》，《国外社会科学》2018 年第 6 期。

② 张西平、郭景红：《海外汉学（中国学）研究模式探究》，《国际汉学》2019 年第 1 期。

③ 张西平、郭景红：《海外汉学（中国学）研究模式探究》，《国际汉学》2019 年第 1 期，第 5 页。

④ 张西平、郭景红：《海外汉学（中国学）研究模式探究》，《国际汉学》2019 年第 1 期，第 7 页。

上，最终表现在问题意识上，它是从自身的文化发展需要出发，从一个'他者'的角度来看中国文化的。因此，在汉学（中国学）的研究中就必须从一种跨文化的角度，运用比较文化的方法来分析汉学"。①

总而言之，这三种模式："第一种模式重视海外汉学家研究的内容，他们提供的知识是否正确，这是从国学研究的立场出发，从中国文化本位的立场出发。第二种模式重视汉学本身发展历史的脉络，汉学作为一种学术体系，它的师承、知识衔接的关系，这是一种学术史的立场，是从东方学学术史立场出发的。第三种模式考察海外汉学的变异性，它作为一种西方知识体系的内容，它的表述和观点是如何受到本国文化影响。"②在总结完这三种研究路径后，文章试图提出一种将三种模式结合、"成为一个统一的、有机的研究模式"，并且将之命名为"跨文化互动模式"，并认为这是一种更全面、更加行之有效的综合性的研究模式。

本书的研究尝试采取第二种和第三种研究模式的有机结合的方式，至于宫崎的世界史、中国史研究成果作为知识的正确性，并非本书关注的重点。为深入分析宫崎世界史视野下的中国认知，本书借助的研究方法和理论来自思想史、比较文学形象学及比较文化等学科，因此文本细读、实证研究方法和与之相关的文化理论是本书有力的研究方法和分析工具。另外，宫崎作为一位历史学家，本书肯定会涉及史学史与史学理论研究的基本方法。历史学家观察历史往往与其所处时代、自身与时代契合的方式密切相关，这正是讨论史学文本和现实关联的意义所在。具体而言，笔者试图运用相关史料还原宫崎所生活的时代、环境与思潮，将宫崎的个人史置于当时的历史文化的大背景中，注重把握个人经历与时代背景、思想变化

① 张西平、郭景红：《海外汉学（中国学）研究模式探究》，《国际汉学》2019年第1期，第7页。

② 张西平、郭景红：《海外汉学（中国学）研究模式探究》，《国际汉学》2019年第1期，第10页。

与社会转型之间的内在关联。在学术史、思想史的视野下，对宫崎世界史构想的生成、发展、演绎做脉络化的梳理，明晰宫崎在其世界史视野下构建的中国图景之特色、实质及其典型性。不仅要梳理宫崎在日本中国学界的位置谱系、源承关系，也要考察他与日本海外的中国学界的汉学家之间的互动交流以及对西方学说的接受。正如国内学者严绍璗指出："作为日本近代研究世界文化的一部分，日本中国学从这个学科形成的时候开始，主要的、重要的学者相应地都逐步养成了把自己对中国文化的认知和研究与世界文化构成融通的状态。日本中国学体系中某些主要观念与方法论的形成，不仅取决于日本本土文化语境，而且也是他们接受欧美文化，特别是欧洲文化而变异的结果。"① 可以说，这种情况完全适用于宫崎。为了解宫崎学术特色和渊源，只有在"日本本土文化语境"和"欧美学界的影响"这两个"坐标系"中才能还原更为多面、立体的宫崎学术和思想的世界。

基于以上思路，本书拟从以下七章来考察宫崎的中国史认识及其世界史构想：

第一部分是绪论，主要阐明问题选取的缘起、梳理先行研究，以及简要说明本书所采取的研究路径和研究方法，最后介绍本书的章节安排。

第一章对宫崎早年的个人经历及其思想形成过程做总括性梳理。应当说，宫崎的学术思想大致在 1940 年前后走向成熟，因此，本章重点考察其 20 世纪 40 年代之前的经历，将宫崎早期的个人经历置于当时的历史语境中，考察这些经历与其汉学素养、世界史视野的形成之间的内在关联。并简要梳理宫崎与内藤湖南、桑原骘藏等东洋史学者的源承关系。

第二章考察宫崎世界史视野形成之前的中国史研究框架，即其"二元文明对立论"。宫崎学术生涯早期曾用"文明—素朴"二元对立的框架来表述中国历史，本章则在探讨此说的学术渊源基础上，考察其学说的内容

① 严绍璗：《对海外中国学研究的再思考》，《国家图书馆学刊》2010 年第 1 期，第 36 页。

和逻辑，并还原出宫崎在此框架下勾勒的中国历史发展图景。通过考察可知，宫崎此论的形成不仅受日本国内诸多学者的影响，如内藤湖南的“文明中毒论”以及白鸟库吉的“南北对立史观”等，其核心思想和框架更是源于西亚中世史家伊本·赫勒敦之历史观。在辨明其学术渊源的基础上，将宫崎的持论置于当时的历史背景中考察后发现，此论的学术表象之下掩藏着美化日本侵略行为的“时局论”的实质，存在合理化日本侵略行为的目的。

第三章考察宫崎中国古代“都市国家论”的形成过程，探讨该论与宫崎世界史构想之关联。宫崎对欧洲史中常用的“都市国家”概念的认知来自日本的欧洲史学者坂口昂的论述，他据此在中国古代史上寻找与之类似的现象并极力主张中国古代存在“都市国家”现象，而且整个古代史的发展路径类似于欧洲古代史发展的历程。可以认为，中国古代“都市国家论”是宫崎整个世界史构想的逻辑起点。

第四章以宫崎中国宋代“文艺复兴论”为线索，在分析其中国“文艺复兴论”内容的基础上，探究其基于东西交通史视野和文化传播论建构起来的世界史构想的整体思路。可以说，宫崎中国“文艺复兴论”的提出标志着其世界史构想的走向成熟。所谓的中国“文艺复兴论”实际上是宫崎运用比较史的研究方法，在中国宋代寻求与西方“文艺复兴”时期近似的历史现象，借以主张中国的宋代乃相当于西方“文艺复兴”时期，也就意味着宋代以后中国便进入所谓的“近世”。在宫崎的思路中，西亚、东亚和欧洲都经历类似“文艺复兴”的现象，但在时间上却有先后之别，存在着先进者影响后来者的因果关系。这是他世界史构想整体思路的逻辑基础。在此基础上，明确宫崎世界史构想的理论来源，探求其世界史构想的内容、构造和逻辑。在当时的日本社会现实和国际环境中审视该构想，进一步深入挖掘该构想的思想实质。或可说，宫崎世界史构想的底层内核实际上可以说是“近代的超克论”的另外一种表现形式。日本战败后，宫崎世界史构想的主体内容并未改变，有别于“京都学派”历史哲学合理化侵略战争的高调宣扬，其历史论述的思想性易被忽视，且并未被彻底反省和清算。

第五章通过爬梳相关史料，首先勾勒出日本官方编修《“大东亚”史概说》的始末。日本侵华战争期间企图利用“大东亚”史的历史图景美化侵略行为，对广大受日本侵略的国家和地区实施殖民教育。宫崎是该官方修史事业的主要负责人之一，对《“大东亚”史概说》编写的整体结构、思路都有着重要影响。战后，宫崎将战争期间的原稿交予出版社出版，并称“几未改动”。但通过比对原稿和战后出版的著作发现宫崎所言并非事实，本章通过梳理宫崎参与该书编纂事业的整个过程，为了解宫崎史学的全貌提供一个线索和背景。

第六章主要讨论宫崎中国历史分期论的内容以及其晚年提出的“景气史观”的形成过程，在还原其观察中国历史的视野的同时，勾勒出宫崎描绘的中国历史发展图景。宫崎晚年从社会经济史的角度研究中国历史并提出所谓“景气史观”。在《中国史》一书中系统论述其中国历史分期论，并结合其“景气史观”来勾勒中国历史的整体图景。本章首先梳理宫崎对社会经济史的持续关注，进一步爬梳此论与日本经济快速成长的现实和日本“近代化论”盛行的内在关联，梳理“景气史观”的形成过程、构造与实质。

第七章海外汉学家描绘的中国形象的思考基点往往是自身所处的社会和文化，通过对中国进行他者化的建构，表达出“注视者”自身文化的认知、理解和态度。本章借助比较文学形象学的理论，首先勾勒出宫崎描绘的传统中国与传统日本的图景，进一步梳理宫崎对中日两国近代转型的看法，最后在宫崎这种对中日两国差异化的叙事中探讨其对日本文化的认知。

如前所述，《宫崎市定全集》凡 25 卷，他的研究涵盖范围极广，不仅对中国历史的各个时期均有专题研究，涉及政治、文化、制度、经济等各个领域，更是广泛触及亚洲史、东西交通史等研究领域。不仅如此，宫崎还花费大量精力研究和重新解读《论语》、翻译《史记》，还留有不少有关日本历史的论著。要在这本小书中全面、系统地考察和分析宫崎所有的学术成就实在力有不逮。

总之，本书试图以宫崎世界史构想的形成过程为线索，对宫崎生涯、学术和思想有个整体性的理解。阐明宫崎早年形成的世界史构想如何贯穿宫崎整个学术生涯，又如何作为承载宫崎思想的工具，使得他的学术表述和思想内涵有机地结合在了一起。也就是说，宫崎的世界史构想既成为他解释中国历史的视野和框架，又是他作为一个历史学家思考现实的工具。通过把握宫崎中国历史图景的内在实质，创建出其“自我”和“他者”认识的路径，有助于我们反向观察其对日本历史的思考和日本的自我认知。

第一章
宫崎市定的早年

——青壮年时期的经历及其影响

在长达70年的著述生涯中，宫崎市定的研究广泛地涉及中国史、西亚史、亚洲史以及东西交涉史等诸多领域，著述颇丰。此外，《论语》和科举亦是其关注的领域，并有其独特的见解。作为京都学派的第二代领军人物，宫崎还从一个历史学者的角度出发对中日两国的时事多有评论。纵观宫崎市定的整个生涯，依其求学经历和学术活动的周期大致可将其生涯分为四个时期。第一个时期：在家乡长野度过的小学、中学、高中这一人生最初20年；第二个时期：从1922年进入京都大学东洋史学科至1938年留法满两年归国，这一时期的宫崎在大学毕业后先后担任高等学校[①]教授、作为少尉驻守中国上海、后任教于京都帝国大学、1936年作为在外研究员开始了为期两年的法国留学生活，这段四处辗转的人生经历，对其东洋史观、世界史观的形成有着极为重要的意义；第三个时期：自1938年从巴黎留学归来正式执教于京都帝国大学至1965年自京都帝国大学退休，这一时期是宫崎执教京都帝国大学并且活跃于学术界、确立自己在东洋史

① 与“高中”有所区别，大致相当于大学预科的教育层次。

学领域学术地位的时期；第四个时期：即宫崎市定从京都帝国大学退休直至离世的悠然自适的 30 年。宫崎生于明治三十四年（1901），至平成七年（1995）去世，经历了明治、大正、昭和、平成四个时代，在明治时代全盘西化的思潮和大正民主主义的社会氛围中度过了自己的人格与思想的形成期。进入昭和时代，宫崎又亲身体验了因战争事态不断扩大给思想界带来的巨大影响，是这段历史的目击者和见证人。

本章首先考察宫崎在学校接受教育的经历，然后梳理他作为中国历史研究者开始自己著述活动之前的一些情况。宫崎早年的经历颇为丰富，少时在家乡的教堂跟牧师学习法语，大学考入京都帝国大学东洋史学科师从内藤湖南、桑原骘藏和羽田亨等东洋史巨擘，在 1932 年曾被派驻上海成为日本侵华战争的亲历者，1936 年开始作为在外研究员赴法国做为期两年的学术访问，在此期间，宫崎只身游历了西亚诸国。本章拟通过爬梳宫崎早年的这些经历，来分析其史学研究生涯开始之前的准备，明晰影响其史学思想形成的诸多因子，勾勒出其历史观形成的轨迹。

第一节　宫崎汉文素养的形成

1901 年 8 月 20 日，宫崎市定生于长野县下水内郡（现饭山市）秋津村，为其父市藏和其母悦的次子。其父市藏是“长野师范学校本科的第一期学生，后担任饭山小学的老师”①。宫崎在当地的秋津小学和饭山中学分别读完后，1919 年进入新制松本高中就读，成为该高中文科甲类的第一批学生。高中期间，宫崎在放学后随天主教堂的神父学习法语，这对“宫

① ［日］礪波護、藤井譲治：『京大東洋学の百年』，京都大学学術出版会 2002 年版，第 221 頁。

崎其后的生涯作用甚大”①。另外，宫崎不仅擅长撰写学术论文和著作，其亦善于撰写面向一般读者的普通教养书，这与其在中学和高中时代热心地创作和歌有着莫大的关系。②

宫崎在中学时代便广泛阅读其父所藏的《水浒传》等中国古典名著，并深感有趣，“后来在升入大学之时所以有志于学习东洋史学，在潜意识里《水浒传》起到了很大的作用”③。而宫崎升入高中就读之初曾订阅杂志《东方时论》，颇共鸣于主笔中野正刚④的论说，并有志于做一位政治家。后来在其高中毕业，即将进入京都帝大读书之际，接受毕业于京都帝大的松本高中地理教授浅若晁的建议，最终进入京都帝大的东洋史专业学习。有关这段经历，宫崎曾回忆道：

> 当时我更改自己的志愿报考京都帝国大学文学部，京都帝大出身的地理学教授浅若晁的怂恿起了很大的作用。他仿佛是用后悔自己选择了地理学的口气说，去了京大请跟随内藤湖南、桑原骘藏等卓越的老师学习，……如果选择了京大东洋史，你绝对不会失望。这种自信满满地劝说别人的语气，我真是见所未见、闻所未闻。同时我也感受到他对我的将来有着百分百的信心。⑤

在此，宫崎回想自己从政治家向史学家的志向转换，似乎是浅若晁的

① ［日］礪波護、藤井讓治：『京大東洋学の百年』，京都大学学術出版会 2002 年版，第 221 頁。

② 「先学を語る—宮崎市定博士—」，『東方学』2000 年第 100 輯，第 317—318 頁。

③ ［日］宮崎市定：『自跋集—東洋史学七十年—』，岩波書店 1996 年版，第 198 頁。

④ 中野正刚（1886—1943），日本记者、政治家。日本哲学家三宅雪岭（1860—1945）的女婿。1909 年毕业于早稻田大学，先后就职于东京日日新闻、朝日新闻，1916 年转职东方时论社，翌年成为该杂志《东方时论》的主笔，并于 1918 年成为该社社长。中野正刚于 1917 年 5 月正式地开始撰写社论，6、7、8 三个月连载了其撰写的《ドイツのもぐらもち》，9 月以“时事钩沉”为题，10 月又复改为“时事评论”，发表了若干文章。直至 1920 年 5 月的三年时间里，中野一直在《东方时论》杂志上发表时评。

⑤ ［日］宮崎市定：『自跋集—東洋史学七十年—』，岩波書店 1996 年版，第 74 頁。

建言起了决定作用。但如前所述，宫崎在此之前便阅读中国古典名著，产生了浓厚兴趣。实际上，宫崎的父亲藏书甚多，而宫崎在中学至高中阶段就阅读了其藏书中的《水浒传》《西游记》等古典文学名著以外，还广泛涉猎了《论语》《史记》等中国古代典籍，在入京都帝大前便具备了相当程度的汉文素养。超过 90 岁高龄的宫崎在其《宫崎市定全集》第 4 卷《论语》的自跋中，忆及自己当时积累汉文素养、走上中国史研究道路的决心时称：

> 这个时代的学生都很精明，他们非常认真地学习语言学、法律等对将来有所裨益的科目，而对国语、汉文这样充满陈旧感的科目却总是敬而远之。但是，从山间长大走出来的我，对学校规定的所有科目都等同视之，公平地分配时间来学习，由此我的汉文似也取得了一定程度的进步。①

与当时的学生普遍不重视汉文和历史的风气不同，宫崎称自己“因为来自乡下，所以尚未像他们一样将学科分为必学科目和无关紧要的科目，他不仅没有这样的小聪明，反而对落后于时代的汉文科抱有十分的敬意”②。而且，他认为“乡下”出身的人具有“素朴且不机敏”③的性格，正是这种性格成为宫崎后来选择攻读京都帝大东洋史专业的重要因素。此外，1919 年，当时是高中一年级学生的宫崎在修学旅行中购得石印本的《三国志演义》，④“认真地试着读起来，没想到竟然大体可以读通”，如此，宫崎对中国古典“兴趣日深，终成专门的中国史家”。⑤由此可知，早在高中毕业接受地理教授浅若晁建议之前，宫崎的注意力早就投向了中国古

① ［日］宫崎市定：『自跋集—東洋史学七十年—』，岩波書店 1996 年版，第 63 頁。

② ［日］宫崎市定：『自跋集—東洋史学七十年—』，岩波書店 1996 年版，第 74 頁。

③ ［日］宫崎市定：『自跋集—東洋史学七十年—』，岩波書店 1996 年版，第 416 頁。

④ ［日］宫崎市定：「三国志演義」，『宮崎市定全集』第 24 巻，岩波書店 1994 年版，第 54—55 頁。

⑤ ［日］宫崎市定：『自跋集—東洋史学七十年—』，岩波書店 1996 年版，第 74 頁。

典名著，而且甚至一度萌生了从事文学研究的想法，但因抱有男子不应以自己兴趣为志业的想法而最终作罢，最后走上了史学研究之路。

1922 年，宫崎从松本高中毕业，在他正式进入京都帝大之前的这段时间，其对自己的大学生活进行详细规划并记录在自己的笔记中。其中有一项名为“塞外民族与支那”，记录了宫崎对汉民族和周边少数民族之间的交涉史的初步看法，可知其早在高中时代就萌发了对汉民族和游牧民族对立的历史发展范式的兴趣。① 带着这种史学关心，并且积累了一定程度的汉文解读能力，宫崎于 1922 年进入京都帝国大学文学部东洋史学科，迎来其史学思想形成的最重要的关键期，长达 70 年的东洋史研究生涯就此开始。

第二节　宫崎与京都“东洋史学派”

1991 年，北京大学刘俊文教授因《日本学者研究中国史论著选译》一书收录宫崎论文之事宜，与京大教授砺波护、富山大学教授气贺泽保规一同拜访了当时已是 90 岁高龄的宫崎市定。刘氏对此次会面印象颇为深刻，他回忆道：

> 当问及先生继承了何学统时，先生干脆地回答有两脉。其一，内藤湖南、桑原骘藏两位老师开创的京都史学；其二，20 世纪的法国史学。先生进而比较内藤、桑原两位先学的学问，认为“内藤广博、桑原缜密”，又言学问须集二者之长。②

① ［日］礪波護、藤井讓治：『京大東洋学の百年』，京都大学学術出版会 2002 年版，第 223 頁。

② 劉俊文：「難忘的春分佳節」，『宮崎市定全集』第 24 巻「月報」25，岩波書店 1994 年版第 9 頁。

如上，晚年宫崎对自己的学术渊源有着十分清醒的认识。宫崎在此对影响自己学术生涯最为深刻的两位老师学问特色的概括，言简意赅却又切中要害。文中“内藤湖南、桑原骘藏两位老师开创的京都史学”一句中的“京都史学”现在被广泛地称为“京都学派”。① 宫崎则认为学问当取二者之长。

众所周知，“东洋史”作为一门科目在日本的中等教育领域出现最初是由那珂通世提倡的。②20 世纪初期，“东洋史”作为一种学术领域分别在东京和京都两所帝国大学里得以确立。③ 尤应指出的是，日俄战争后日本社会对整个亚洲区域的关心空前提高，以此为背景京都帝大先于东京帝国大学开设了“东洋史学”的讲座。1907 年内藤湖南（1866—1934）出任京大东洋史学第一讲座教授，两年后桑原骘藏（1870—1931）担任第二讲座教授。桑原毕业于帝国大学，乃治东西交通史之名家，其学术关心和治学方法对宫崎均颇具影响。

宫崎入京都帝大学习是在 1922 年，此时内藤、桑原、矢野仁一（1872—1970）分别担任第一、第二、第三讲座的教授，而羽田亨（1882—1955）也于 1924 年升任教授。④ 可见，宫崎入学不久便迎来京都帝国大

① “京都学派”最初是用来指代以西田几多郎为中心的京都哲学学派，后词义不断扩大，国内多有学者用此概念指称内藤湖南、桑原骘藏、羽田亨等人以及师从于他们的东洋史学者组成的学派。

② 据三宅米吉所撰《文学博士那珂通世君传》记述，“明治 27 年高等师范学校校长嘉纳治五郎与该校教授及大学教授、高中教授等开会研究中学各个科目的教学。当时，那珂通世在历史学科会议上提出将外国史分为东洋史和西洋史的二分法，会议出席者均表赞同，此即为东洋史这一科目之发端”(「文学博士那珂通世君伝」,『那珂通世遺書』,大日本図書株式会社 1915 年版，第 32 頁)。

③ ［日］中見立夫:「日本的『東洋学』の形成と構図」，載岸本美緒編:「“帝国”日本の学知」第 3 巻『東洋学の磁場』，岩波書店 2006 年版，第 34 頁。

④ 东大出身的羽田亨出任京大教授，自然将东大的学风带到关西地区来。宫崎曾直言：“年轻的羽田亨学士来到京都，后又主宰京大东洋史，其学统亦对我们颇具影响。”见「白鳥史学の批判精神」，『宮崎市定全集』第 24 巻，岩波書店 1994 年版，第 578 頁。

学东洋史学的全盛期，受各位老师的熏染，具有自己特色的东洋史思想开始形成。但是，据京都大学教授砺波护称，此时京都学派形成了“以狩野直喜、内藤湖南为代表的中国学派和以桑原骘藏为代表的东洋史学派这两大潮流”。① 一般来说，内藤、桑原通常被视为“东洋史学派”，此处砺波护言狩野和内藤同属中国学派，大概是因为内藤和狩野两位学者不仅对中国文化抱有亲近感，而且他们都将研究的重点置于中国历史上。② 与此相对，桑原的研究则聚焦于汉民族和周边民族之间的交涉史上，而且桑原的治学路径颇异于前述两位学者。不仅如此，在对待中国文化的态度上，“京大东洋史的教师都是敬爱中国文化的，不过倔强的学者桑原骘藏可以说是一个例外”，桑原认为“具备汉学素养的学者未必要对汉学的母国抱有亲密的情感”。③ 桑原这一治学路径和对中国的态度与其求学经历不无关联，有学者指出：

> 桑原于 1896 年毕业于帝国大学的汉学科后，在大学院专攻东洋史，深受白鸟库吉的熏陶。同时，桑原还在路德威希·里斯（Ludwig Reiss）的指导下，受到在东大占据主导地位的科学的、经验主义学风的强烈影响，因而以“解明”中国历史上的“事实”之“科学家”

---

① ［日］礪波護、藤井譲治：『京大東洋学の百年』，京都大学学術出版会 2002 年版，まえがき第iii頁。

② 美国学者傅佛果指出：“湖南等学者在京大努力确立了跨越学术领域来研究中国文化的方法，与此同时，努力使研究独立于政治，并尽可能地收集更多的文献与学术信息，从而彻底克服了东京大学的退废汉学及其傲慢的学问态度，这就是湖南和狩野等学者要在京大树立的‘支那学’的最终目标。……湖南和狩野都十分敬爱中国文化，所以他们终生都十分珍惜与中国学者之间的友情。这种情景在以白鸟库吉为首的东京大学的支那学者那里几乎看不到。对白鸟来说，所谓中国，只不过是用科学的、经验主义的方法来研究的一个对象而已，日本人还可以借此向世界炫耀自己能够运用新的方法论来进行卓越的研究。”见［美］傅佛果：《内藤湖南：政治与汉学（1866—1934）》，陶德民等译，江苏人民出版社 2016 年版，第 144—145 页。

③ ［美］傅佛果：《内藤湖南：政治与汉学（1866—1934）》，陶德民等译，江苏人民出版社 2016 年版，第 145 页。

> 自居。但是，驱使他研究的动机，是为了解释迄今为止尚未阐明的事实。因此，他未必是对造成这些事实的中国文化本身感兴趣。总之，他的目的不是为了从中国这一研究对象中寻找出其固有的价值，而是为了向西方人证明日本人也有不亚于西方人的运用科学方法进行研究的能力。从这一意义上来说，桑原是其恩师白鸟的忠实弟子。而且，他对中国人采取极其蔑视的态度，在讲课时以及著作中经常故意侮辱、嘲笑中国人。……桑原最为人所知的是其对中国宦官、发辫、食人肉等奇异风俗的研究。①

所以，"京都学派的中国研究自发轫之时便不仅有狩野、内藤的'支那'学一支，亦包含了桑原教授的科学实证主义"。②同时也不能忽视的是，两方都具实证性，且在反对明学风的汉学上是一致的。③至于哪种学风对宫崎影响更为深刻，学界普遍认为宫崎是内藤史学的继承者，也就是内藤对其更具实质性的影响。而宫崎在1957年出版的著作《亚洲史研究第一》（《アジア史研究第一》）中，却自称受桑原的影响更大。他说：

> 大家普遍把我看作内藤史学的继承者，但我自己绝不这么认为。当然，内藤博士既是我的恩师，又是难以企及的大家，我十分敬重他。但我的研究就是历史学本身而绝非其他，所以唯取长补短，精益求精耳。若从我试图客观地考察事实、彻底解读资料这一点来说，我

---

① ［美］J. A. 傅佛果：《内藤湖南：政治与汉学（1866—1934）》，陶德民等译，江苏人民出版社2016年版，第145—146页。

② ［日］島田虔次：「宮崎史学の系譜論」，『宮崎市定全集』第24巻「月報」25，岩波書店1994年版，第6頁。

③ 小岛佑马认为："狩野、内藤先生与桑原先生意趣多少有些相异，与狩野、内藤两先生主要从清朝的考据学风不同，桑原先生认为中国人的研究尽皆粗陋不足取信，主要采用西方的科学的研究方法。但是这两方都是实证性的，在反对一直以来的明学风的汉学这一点上是完全一致的。"（［日］小島佑馬：「开設当時の『支那』学の教授たち」，『京都大学文学部五十年史』付録，京都大学文学部1956年版，第436頁）

的做法似是更接近桑原博士。①

如上，宫崎表明自己的治学取向与桑原提倡的科学、实证的学风更为接近，言下之意是受桑原的影响更大。而岛田虔次亦据此认为“内藤的影响为从，桑原的影响为主”。②而纵观宫崎一生对中国史、东洋史的著述，多是对内藤的“唐宋变革说”“宋代以降近视说”等学说的继承和发展，并以此建立起自己东洋史研究的基本框架。而桑原主要治边疆地域交涉史，宫崎虽受其影响对西域史深感兴趣，但其主要学术活动和论著仍是围绕中国历史展开的。因之，岛田所谓“主从说”似乎有再检讨之余地和必要。

总而言之，宫崎在中国历史分期论的论述框架下宏观勾勒了中国历史的总体进程。正如前述反复言之的那样，宫崎的历史分期论建立在内藤中国历史分期论的基础上，但又在多个方面对内藤的学说进行了进一步的深化和发展。一般而言，那珂通世（1851—1908）所著《“支那”通史》（1888—1890）被认为是日本近代以来最早的一部中国通史。③将西洋史学中常用的古代、中世、近世三段论式的历史分期方法应用于中国史乃此著一大特色。那珂称古代为“上世”，他主张中国的“上世”是从“唐虞三代至秦吞并六国的两千余年”，中世则是从“秦历经汉、唐至宋、金衰落的一千四百余年”，近世则为“从元初历明代至今的六百八十年”。④那珂所

---

① ［日］宫崎市定：『アジア史研究』第1卷，同朋舍1957年版，第4頁。

② ［日］島田虔次：「宮崎史学の系譜論」，『宮崎市定全集』第24卷「月報」25，岩波書店1994年版，第4頁。

③ ［日］窪寺紘一：『東洋学事始—那珂通世とその時代—』，平凡社2009年版，第169頁。美国学者傅佛果认为“那珂通世的《‘支那’通史》作为近代的中国通史是世界最早的”。［美］J.A.フォーゲル：『内藤湖南—ポリティックスとシノロジー—』，［日］井上裕正訳，平凡社1989年版，第81頁。

④ ［日］那珂通世：『「支那」通史』（上），［日］和田清訳，岩波書店1938年版，第31—32頁。

作历史分期自是站在政治史的立场之上，之后日本中国史学者对中国历史分期多有讨论，围绕中国历史分期问题甚至展开了长达数年的论战。围绕中国历史分期问题展开论战的学者中，京都大学一方则以内藤湖南及其弟子为主力，他们将内藤提出的“唐宋变革论（宋代以后近世说）”奉为圭臬，与东京大学的学者们展开论战。内藤湖南的历史分期是站在文化史的立场上展开的。他认为：

> 近来纷效西方之上古史、中古史、近世史之时代划分，但普遍认为上古为自开天辟地至三代，中古乃为两汉六朝，唐宋为下一时期，元明清则又为另一时期。但是，这种论调从东洋整体的“支那”文化发展的角度来看毫无意义。若真进行有意义的时代划分，则必须注目“支那”文化波动式发展造成的历史大势，且须从内外两方面来考虑。①

内藤用一个比喻来阐释所谓“‘支那’文化波动式发展”的过程，即“向池中掷一石子，其波纹向四周蔓延开去”，而所谓“内外两面”所言者即中国文化不断发展向四周扩散传播，周边少数民族不断吸收汉民族文化，受其影响，自身不断发展，至寇扰不止，甚至入主中原。内藤由汉民族与周边民族之间的互动消长而主张“余之所谓东洋史者乃‘支那’文化发展之历史也”。②据此逻辑，内藤认为由于这种消长关系，各阶段之文化有其时代之特征，“以其特色进行时代划分为最为自然且合理之方法”，③他基于可称之为“文化波动论”的理论依据将中国历史划分为如下几个时期：

> 第一期　自开天辟地至后汉中期……上古
>
> 第一期可进一步分为前后两期。前期为“支那”文化之形成时

---

① ［日］内藤湖南：「『支那』上古史」，『内藤湖南全集』第10卷，筑摩書房1969年版，第10—11頁。

② ［日］内藤湖南：「『支那』上古史」，『内藤湖南全集』第10卷，筑摩書房1969年版，第9頁。

③ ［日］内藤湖南：「『支那』上古史」，『内藤湖南全集』第10卷，筑摩書房1969年版，第11頁。

代，后期为“支那”文化向外部传播的时期，即向所谓东洋史转变之时代。……第一期为“支那”文化从某地逐渐向外部传播开去的时代，因此，如今以本部作为地理界线的基础上的想法不能谓为正确。

第一过渡期为后汉的后期至西晋

此时期或可谓为“支那”文化的向外传播短暂停止的时期。

第二期　五胡十六国至唐中叶……中世

此时期则因外部民族产生自觉，其势力反侵入“支那”内部。自此产生第二个过渡期。

第二过渡期为唐末至五代

来自外部的势力在“支那”内部达到巅峰的时代。

第三期　宋元时代………近世前期

第四期　明清时代………近世后期①

以上即为内藤中国历史分期的依据及具体内容，该说自内藤提出一直被“京都东洋史学派”的学者们继承和发展。在此，我们可窥知内藤中国历史分期论之最大特色在于其文化史的立场，正如有学者指出的，内藤的“以中国为中心的同时，又兼顾东亚历史整体的走向，将历史视为文化发展之历史，他认为以文化为尺度进行的时代划分才有意义，即站在了所谓文化史的立场之上”②。内藤进一步指出：

以上各时期“支那”内部形成的文化之风格各不相同确为事实，各个时代恰因其文化风格相异而各具其特色。若以整体眼光观之，一部“支那”文化发展史则成立了。若通观“支那”文化发展之整体，宛如一棵树自根生干进而长出枝叶一般，真正形成了一个自然发达的

① ［日］内藤湖南：「『支那』上古史」，『内藤湖南全集』第10卷，筑摩書房1969年版，第11—12頁。

② 朱琳：「中国史像と政治構想（二）—内藤湖南の場合—」，『国家学会雑誌』2010年第123卷，第9—10頁。

文化系统，构成了一个近似世界史的东西。

如上所述，内藤所谓“世界史”似可理解为他将中国文化及其影响所波及的范围视为一个文明圈，“一个自成体系的世界”①。内藤的学说在学术史上大放异彩，其影响力持续至今，一方面，因其学术本身价值大，这便赋予其学术以魅力和生命力；另一方面，与内藤众多弟子们和研究者的大力弘扬是分不开的。谷川道雄便是其中非常重要的一位学者。谷川是京大东洋史学的第三代学者，他继承和发展了内藤的学说，发表有数篇论述内藤中国历史分期论的文章，②对内藤的中国历史分期论之特征有着精准的把握。他认为，内藤的历史分期论有如下特征：

> 大致而言其结论是，至秦汉时代为上古，六朝隋唐时代为中世，宋以后为近世。在内藤的构想中，这各个时期皆具备其独特的时代特征。在此意义上来说，中国历史所经历的最大之变化则是从中世向近世的过渡时期，即自唐至宋的转变时期。中世是贵族政治最盛行的时期，政治、经济、文化皆以门阀贵族为中心，即便是皇帝，亦不过是贵族的一员。但是，近世以降，皇帝作为独裁君主成为超出一般支配阶级的存在。贵族阶级亦在由唐至宋的转换期没落，另外，出现平民阶层兴起的现象，平民文化亦构成整体文化的一部分。在此意义上，近世是与现代相连接的时代。③

① 原文为“一つの完結性のある世界”。见［日］奥崎裕司：『中国史から世界史へ—谷川道雄論—』，汲古書院 1999 年版，第 143 頁。

② ［日］谷川道雄：「中国史の時代区分問題をめぐって—現時点からの省察—」，『史林』1985 年第 68 卷第 6 號；［日］谷川道雄：『戦後日本の中国史論争』，河合文化教育研究所 1993 年版；［日］谷川道雄：「内藤湖南の唐宋変革論とその継承」，『研究論集』2005 年第 1 集；［日］谷川道雄：「内藤湖南の歴史方法—：『文化の様式』と：『民族的自覚』—」，『研究論集』2008 年第 5 集；［日］谷川道雄：「内藤湖南の思想次元」，『東アジア文化交渉研究』2008 年別冊 3；［日］谷川道雄：《有关战后的内藤湖南批判——增渊龙夫的个案》，《内藤湖南的世界》，马彪等译，三秦出版社 2005 年版。

③ ［日］谷川道雄：『戦後日本の中国史論争』，河合文化教育研究所 1993 年版，第 15 頁。

内藤湖南提出的中国历史分期论的学术框架为京都大学的后辈学人所继承，其影响不仅限于日本，更远播欧美学界。前述所及，宫崎是内藤学说众多拥护者和宣扬者中的重要一员，宫崎硕士时期的导师是桑原骘藏，但他常被认为是内藤的弟子，继承和发扬内藤之说用力程度也可从中略窥一二。事实上，宫崎的确着力从多个方面对中国历史细部问题进行实证考察以补内藤宏观构想的不足，特别是内藤未涉及的经济史领域宫崎用力颇多，“宫崎氏对‘内藤史学’最重要的补充是：一、将东洋史平等地而非附属地纳入世界史当中加以比较；二、从佃户制的性质、近代资本主义的萌芽、都市的发达、知识的普及等社会经济方面，阐明宋代为近世之始”。① 比如，中国宋代类似西方文艺复兴的时代，宋代中国的科学有着较大的进步，并且宋代中国民族主义勃兴异常明显等均是宫崎对“内藤史学”的继承和发展。

此外，宫崎阅读汉文的素养深得狩野直喜（1868—1947）的真传。宫崎虽就读于京都帝大史学科，但“只要时间允许则必出席中国文学教授狩野老师的课”。② 众所周知，狩野素来以提倡汉文直读闻名，在他的课堂上，宫崎养成了彻底解读汉文资料的素养。此外，宫崎还旁听了狩野担任的作汉诗文的课，并且每周都会作汉诗、汉文交给狩野批阅。③ 晚年的宫崎曾满怀谢意地回忆此事：“教授对我的厚重师恩，历经多少年都难以忘怀。”④ 由此可知，宫崎自身对汉学抱有很大的兴趣，大学期间孜孜跟随狩

① 高明士：《战后日本的中国史研究》，中西书局 2019 年版，第 72 页。高明士对宫崎继承和发展“内藤史学”所作的工作有着详细的考察，请参见该著第 105—110 页。

② ［日］宫崎市定：『自跋集—東洋史学七十年—』，岩波書店 1996 年版，第 408 頁。

③ 同是京大毕业比宫崎晚一年毕业的吉川幸次郎与宫崎一同听过课。据吉川回忆，当时的中国文学专业开设了作诗文的课程，“东洋史的学生中一直来听课的只有宫崎，那真是了不起。”（［日］清水茂：「善之先生聞き書き」，『宮崎市定全集』第 3 巻「月報」，岩波書店 1991 年版，第 1 頁）

④ ［日］宫崎市定：『自跋集—東洋史学七十年—』，岩波書店 1996 年版，第 409 頁。

野学习汉文，并且深受狩野学风的熏陶，汉文读解能力得到不断锤炼，而这种彻底正确阅读汉文史料的态度也贯穿了其整个学术生涯。

可以说，京都帝大就学期间，宫崎享受到了“京都学派”的强大学者阵容的培养，接受了诸位学者的学术熏陶和思想洗礼。一方面，若说师从内藤湖南使宫崎构建起东洋史时代分期的框架的话，而师从桑原骘藏则让宫崎对科学的实证史学有了较深的体认；另一方面，狩野的汉文授课使得宫崎先前积累的汉学素养得以发挥并得到进一步提高，同时他的汉文解读能力也得到了系统训练，这些经历皆对其以后的东洋史的研究生涯裨益良多。

如前所述，宫崎在京都帝大入学前就对汉民族和周边民族交涉史抱有兴趣，大学毕业时宫崎将目光锁定在汉民族和周边民族交涉频繁的南宋一代，以《南宋宰相贾似道》为题提交了毕业论文。在毕业前夕的1924年，宫崎参加了日本外务省组织的“学生南支视察团”，随团游历了上海、苏州、南京、宁波、厦门、汕头和广东等中国东南沿海地区。这是宫崎首访中国，“此次我首度直接体验了外国文化风物，确乎是一次印象颇深的经历，对我其后的世界观的形成有着很大的影响”①。回国后的1925年3月，宫崎参加毕业答辩，东洋史学科的内藤湖南、桑原骘藏、矢野仁一和羽田亨四位教授以及中国文学的狩野直喜教授出席了答辩会，可谓是“空前绝后的阵容”。② 同年，宫崎出任东洋史教室的副手，并进入京都帝大研究生院师从桑原继续攻读东洋史。

担任教室副手期间，宫崎在其师桑原的指导下抄译了格奥尔格·雅各布（Georg Jacob，1862—1937）的《东洋对西洋的影响》，分三次连载在《史林》杂志上，“雅各布的论说让人丝毫感觉不到欧美的优越感，宫崎受

① ［日］宫崎市定：『自跋集—東洋史学七十年—』，岩波書店1996年版，第179頁。

② ［日］宫崎市定：「宮崎市定自訂年譜」，『宮崎市定全集』第24卷，岩波書店1994年版，第750頁。

其学恩颇大”①。这不仅因为该篇文章是宫崎发表在学术期刊上的第一篇稿件，亦成为“对其整个学术生涯的学风产生极大影响的原动力”②。以此为契机，宫崎此后皆主张采用脱离西方中心主义的研究取向，树立起了“东西平等观”的基本研究立场。东西交涉史在宫崎的学术生涯中占有重要地位，而这种立场成为宫崎东西交涉史研究的基本出发点。

第三节　担任高等学校教师的经历及其教益

宫崎从京都帝大毕业后，经过短暂的八个月的研究生院生活，于1925年12月赴宇都宫辎重兵第十四大队服一年兵役。以此为开端，若借用宫崎之言，他“与军队卷入很深的关系当中，缘分匪浅”。③入队数月后，宫崎先后经一等卒、上等兵晋升为伍长，一年的义务兵役结束之后，他晋升为军曹并退役转为预备役，其后回到京都复归研究生院的生活。1927年5月，宫崎因出任冈山第六高等学校的教授而身赴冈山，两个月后宫崎作为见习士官收到参加为期四个月演习的命令再次被编入军队，入营两个月后，宫崎因病入院。一般而言，一年志愿兵期满后若未升为少尉，则暂时退役，次年作为见习士官召集起来，经过四个月的演习并通过期末测验者则任命为陆军少尉。但是，宫崎因病错过这次召集结束前的期末测验，于是，翌年7月其再次入营才得以顺利通过年末的期末测验，并于1929年初被任命为陆军少尉。

在宫崎反复多次的入、退伍期间，仍担任冈山六高的课程。他不仅教

① ［日］礪波護：「宮崎市定コレクション—西洋刊の地理書と古地図—」，『静修』2002年第4號，第2頁。

② ［日］宮崎市定：『自跋集—東洋史学七十年—』，岩波書店1996年版，第347頁。

③ ［日］宮崎市定：『自跋集—東洋史学七十年—』，岩波書店1996年版，第402頁。

授历史课程，同时负责汉文和地理等课程的教学。据当时六高的学生佐伯富回忆，因宫崎取《史记抄》《琵琶行》等文本，能够非常简洁明了地译为日语并作出解释说明，所以他“在教授之间也因善解汉文而颇具名气”。① 如此，担任六高教师期间，宫崎发挥了自己擅长解读汉文的优势，对其以后的著述生涯作用甚大亦自不待言。此外，宫崎教授地理课程，让他充分认识到地理学与历史研究的内在关联，如后所述，特别是他转职到京都第三高等学校后更是清晰地认识到这一点。

1929年春，宫崎被聘为京都第三高等学校的教授，从冈山六高到三高任职。在三高，宫崎在担任东洋史课程之外，还教授西洋史，自此他不断地思考东洋史和西洋史之间的内在联系，更加确信了东方世界对西方的影响，而这无疑成为促使宫崎思考世界史体系的直接契机。同年7月，宫崎携38名三高生组成的“夏季满鲜见学旅行团”再度赴华，历访大连、旅顺、鞍山、辽阳、奉天、抚顺、长春等城市，归日途中又访问平壤、京城（今首尔）和大邱。此次旅行的见闻后由宫崎记录为《昭和四年夏季满鲜见学旅行团日记》。该文记录了他们一行访问满铁以及战争遗迹的见闻，而宫崎的感想也随处可见。特别是作为历史研究者的宫崎“大体可窥见中国城市的旧面貌，甚是欢喜”，② 好古的趣味显露无遗。

就职于三高的宫崎受当时三高的老教授影响颇深。其时的三高教授有着很强的自豪感，三高毗邻京都帝大，但宫崎感受到的是“我方睥睨天下之感”。③ 因为，与擅长对某个专门领域进行“局部的研究”的大学教授相比，高中的教师更长于“总览学问的全体”。宫崎在其后的著述生涯里主张用“通”这个视角来观察历史，异常推崇历史应该是通史、世界

① 「先学を語る—宮崎市定博士—」，『東方学』2000年第100輯，第318頁。

② ［日］宮崎市定：「昭和四年夏季満鮮見学旅行団日記」，『宮崎市定全集』第22卷，岩波書店1992年版，第415頁。

③ ［日］宮崎市定：「三高と私」，『宮崎市定全集』第23卷，岩波書店1993年版，第92頁。

史的学术立场，并且多有概说性的书籍问世，除了受内藤湖南影响之外，当与其在三高的经历有关。此外，三高时代的宫崎与地理学教授藤田元春（1879—1958）关系最近，常一起去图书馆学习。[①]结合宫崎主张历史研究与地理密不可分，并在其历史授课时多用地图，注重实地考察诸点来看，彼时的宫崎便已充分认识到地理学之于历史研究的重要性。

1932年一·二八事变时，时为三高教授的宫崎应家乡宇都宫师团召集，入第十四大队任马厂长赴上海执行任务。宫崎抵沪后因上海停战协定签订，其所在部队转而执行“治安维持”的任务，“进入一个完全陌生的世界不胜困惑，但总算得以完成任务回国”[②]。这时的军队“尚能保持良好的军规”，“从我率领的六十几名部下来看，因他们都是来自枥木、长野县的农民，所以性格质朴且忍耐性强”。[③]宫崎最后一次受部队召集是在战争结束前的1945年3月，其时的“军队风气已完全不同于十三年前，漂浮着一种枯木将折的氛围”，不仅如此，“最上层的指导部官僚腐败极为严重”。[④]早已对“素朴民族”和“文明民族”二元对立问题颇感兴趣的宫崎，通过前后两次应征入营前后截然不同的体验，更加深了对“素朴”与“文明”二元对立的文明发展范式的认知。

如上所述，宫崎在高中任职的经历，不仅强化了他的汉文读解能力，更因他担任地理学与西洋史的课程从而进一步深化了他对东洋、亚洲和世界等诸概念的认识。一方面，历史本应该是世界史这种学术立场成为贯穿宫崎日后整个学术生涯的基本原则；另一方面，宫崎与军队可谓“缘分不浅”，他首次被召集赴上海的体验与战争末期再次被征召入营的感受截然不同，反差甚大，而这些军队的经历无疑是其“素朴”与“文明”对立范

① ［日］宫崎市定：『自跋集—東洋史学七十年—』，岩波書店1996年版，第319頁。

② ［日］宫崎市定：『自跋集—東洋史学七十年—』，岩波書店1996年版，第394頁。

③ ［日］宫崎市定：『自跋集—東洋史学七十年—』，岩波書店1996年版，第394頁。

④ ［日］宫崎市定：『自跋集—東洋史学七十年—』，岩波書店1996年版，第394頁。

式的文明论形成的重要思想因素之一。

第四节　赴法留学与西亚旅行

在赴上海之前的1931年，宫崎被聘为京都帝国大学文学部讲师，讲授“宋代的制度（1932）”“宋代的党争（1933）”等课程。1934年12月他成为京都大学文学部助理教授，主要教授“王安石的新法（1934）”“宋代的役法（1935）”等课程。[①] 如此，我们可知宫崎在任职京大之初主要研究领域在中国历史，特别聚焦在毕业论文所涉及的宋代史上。宫崎也从一个必须掌握综合学问的高等学校老师转变为从事专业领域研究的东洋史学者。1936年2月，宫崎以在外研究员的身份赴法进行为期两年的学术交流，他从神户港出发，同船的有高浜虚子（1874—1959）、横光利一（1898—1947）等人。宫崎与他们在船上结识，并多次参加高浜氏召开的“洋上句会”创作俳句。

对初到巴黎的宫崎来说，印象颇深的是法国学术界并“不像日本那样官学的教授占据着主要位置，有众多研究者研究共同的课题”，而是“尊重研究者的主体性，各自选题，业绩各异”。[②] 如前所述，宫崎所抄译的雅各布的论文，脱离了西方中心主义式的西方优越感，受该论文的影响，宫崎独特的世界史、东西交涉史史观正在酝酿。但置身巴黎的宫崎感受到的却是“即使在相对开明的法国，西方优越论仍有着浓厚的残留”。[③] 当

① ［日］京都大学文学部：『京都大学文学部五十年史』，京都大学文学部1956年版，第162頁。

② ［日］宫崎市定：『自跋集—東洋史学七十年—』，岩波書店1996年版，第314頁。

③ 宫崎于1960年受巴黎大学聘请，作为客座教授再次赴巴黎。其时，法国的学术界方才实现东西平等观，“才最终追赶上先学雅各布的水准”（［日］宫崎市定：『自跋集—東洋史学七十年—』，岩波書店1996年版，第348頁）。

时的法国学界有着“研究东西方文化交流，特别是东方对西方影响的一大潮流”,[①] 并且在此一领域内论著成果颇多。对宫崎来说深感共鸣的是《中国与意大利：文艺复兴的黎明》一书，受该书思路的启发，宫崎在回日本后不久便写出《东洋的文艺复兴与西洋的文艺复兴》等文章。

在留法期间，宫崎还去东洋语言学校学习阿拉伯语，“收集了大量的在欧洲出版的早期耶稣会士编纂的中国方面的地理志和报告书等，并且往返于巴黎市内的多家铜版画店以及塞纳河河岸的旧书店，购买了很多珍本及大量地图册”[②]。宫崎对旧书店兴趣甚大，每到一地必定造访该处的旧书店。在此期间，宫崎购得中世伊斯兰历史学家伊本·赫勒敦所著《历史序说》的巴黎版。归国后，宫崎参考该书中“田舍”和“都会”二元文明对立的思想框架，并将该思想结合内藤湖南的学说出版了其首部著作，即1940年出版的《东洋的素朴主义的民族和文明主义的社会》，建构了东洋世界“素朴”与“文明”二元对立的论述框架。此外，宫崎还参照“撰写《耶稣传》（1863）的法国语言学家、宗教史家欧内斯特·勒南（Ernest Renan，1823—1892）的研究方法”[③]，撰写了论文《东洋史上孔子的位置》（1938）。也就是说，宫崎吸收19—20世纪法国史学的营养，将近代西方史学的研究方法适用到中国史、亚洲史的研究中。

滞留巴黎期间，宫崎各处旅行，特别是他在1937年耗时两月余游历西亚各国的长期旅行尤为值得关注。1937年8月，因作为日本代表参加在布加勒斯特举行的国际人类学先史考古学会，宫崎从巴黎出发途经德国等地到达布加勒斯特。会议结束后，宫崎又游历了伊斯坦布尔、叙利亚、伊拉克、巴勒斯坦、埃及等地，所到之处必访当地的博物馆和旧书店。

---

① ［日］宫崎市定：『自跋集—東洋史学七十年—』，岩波書店1996年版，第314頁。

② ［日］礪波護：「宮崎市定コレクション—西洋刊の地理書と古地図—」，『静修』2002年第4號，第2頁。

③ ［日］宫崎市定：『自跋集—東洋史学七十年—』，岩波書店1996年版，第237頁。

归来后宫崎依其经历写就《菩萨蛮记》一书，详细记载了游历当中的见闻。宫崎每游览一处，则论及西亚地区与欧洲、中国文化之联系与渊源，用实地探查的形式确信西亚文化在历史上的先进性以及各地域之间曾有过紧密的文化交流的事实。

回到日本后，宫崎关注的焦点为之一变，讲授“近世南方交通史（1938）”“近世东西交通史（1939）”“清朝的制度（1940）”①“水浒传所见‘支那’之近世社会状态（1941）”“西亚细亚史概说（1944）”等课程，并且发表了《条支、大秦与西海》（1939）、《昆沙门天信仰的东渐》（1941）等一系列以东西交涉为主题的文章，此时宫崎的东西交涉史观基本成熟，对世界史的宏大构想的基本框架也得以建立起来，其后宫崎的研究基本是用交涉史的方法，在其独特的世界史构想下展开的。

以上梳理了宫崎青壮年以前的经历以及这些经历对其思想形成产生的影响。宫崎走上东洋史学研究之路，跟他在中学时期便在父亲影响下创作和歌，特别是阅读父亲藏书当中的中国古典，逐渐形成好古趣味是分不开的。高中毕业时更养成了良好的汉学功底并进入京都帝大东洋史学科学习。京大时期的宫崎得以师从内藤湖南、桑原骘藏、狩野直喜以及羽田亨等东洋史、中国学的硕学，从而奠定他以后从事东洋史研究的基本素养。按时间维度上来说，从内藤处继承了“唐宋变革论”（《宋代以降近世说》）的时代分期法。而从空间维度来看，他又受桑原影响，对西亚史抱有持久的关心的同时，充分体认到用交涉史的立场来看待东洋及亚洲的历史的视野。此外，狩野直喜的授课使宫崎能够正确阅读史料，并成为贯穿其一生的学术习惯。也就是说，宫崎继承了各位老师之所长，并逐渐开始形成自己独特的史观，构筑自己史学的研究立场。

① 1939年，宫崎受日本内阁直属的国策咨询机关东亚文化研究所（成立于1938年）的委托，研究清朝的法律制度和官吏选拔制度，这是宫崎关注清朝制度的契机。宫崎著作《科举》（1946）即该研究的成果。

另外，军队生活的经历对宫崎思想的形成亦影响颇大，是不容忽视的一个侧面。作为陆军少尉赴中国的经验，也让宫崎成为战争的目击者、亲历者、直接参与者，对战争的认识更加直观。而几乎与军队经历重合的高中教学的经历，不仅让离开大学校园的宫崎保持了较好的汉文水平，还让他对东洋史、西洋史、世界史以及东西交涉史的认识得以不断深化，能够很好地驾驭西方历史知识以用比较历史的视野研究中国历史。随着他对东西文化交流进程认知的加深，宫崎自己独特的世界史观也逐渐萌芽并走向成熟。

两年的法国留学生活更是深刻地影响了宫崎的世界史观和东西交涉史观的形成。第一，宫崎对异于日本大学的法国学风产生共鸣，并将西方的研究方法和史学思想运用到东洋史的研究中，特别是要脱离西方中心主义的樊篱研究东洋史。第二，在巴黎期间，宫崎努力学习阿拉伯语，并且购入大量与中国相关的书籍和地图册。第三，尤为重要的是，1937 年宫崎独自一人的横贯西亚的旅行。这次旅行，让宫崎确定了西亚在历史上文明曾高度发达，不仅如此，宫崎还更加确信历史上西亚各国、中国和欧洲各地域之间曾有过频繁的文化交流。法国留学使得宫崎的东西交涉史观基本成熟。如此，宫崎的史学世界的基础基本构建完毕，可以说此后他的研究主要是从目前为止构筑起的研究立场出发而展开的。

第二章
宫崎中国史研究中的“二元对立论”

宫崎一生著述宏富，其中国历史研究的方法和视野有个逐步形成的过程，并非一成不变。比如，在其著述活动初期，他曾用“素朴民族”和“文明社会”二元对立的框架来描绘中国历史。该论述框架初见于1940年出版的宫崎的首部专著《东洋的素朴主义的民族与文明主义的社会》中。该著采用中国周边少数民族（即宫崎所说的“素朴民族”）和汉民族建立的政权（“文明社会”）相互对立的范式勾勒出中国历史进程的整体轮廓。这一“二元对立论”的主要内容大致可表述为：汉民族较周边民族文化先进（文明化），周边民族具有与汉民族截然不同的特点（素朴性），此为周边民族的一大优势；随着文明化的加深，汉民族会出现“文明中毒现象”，周边民族受汉民族先进文化的吸引以武力征服汉民族，此过程可为汉民族注入“活力”，使之“解毒”获得“新生”；周边民族在汉民族的影响下“文明化”后会失去素朴性，自身被消解；调和文明和素朴的关键是“科学”。

从宫崎“二元对立论”的逻辑中不难看出该论具有合理化战争的目的，国内学者对此早已有过激烈批判，[①] 宫崎自己亦坦然承认该论的“时局性”。

① 比如在1963年由商务印书馆出版的内部读物《宫崎市定论文选集》（上卷）前言中，即有大段文字对宫崎的论说进行相当激烈的批判。同时应留意到，该选集出版于1963年，其前言中对宫崎的批判也不可避免地带有鲜明的时代烙印。

本章在评述宫崎“二元对立论”的基本内容和构造以及梳理该学说之学术渊源和形成过程的基础上，将该学说置于宫崎所处时代的历史文化语境之中，揭露该学术在学术外衣下隐藏着的合理化战争的实质。

第一节　“二元对立论”的内容与致思进路

宫崎用“文明—素朴”二元对立的框架分析中国历史之前，先将整个人类社会的构成和发展描述为二元对立的。有关对立的二元文明的关系和特征，宫崎认为“文明社会的先进文化影响着周围的野蛮民族，同化着周围的野蛮民族”，但是，在野蛮民族受文明社会刺激并走向文明化的过程中要付出很大的代价，“他们失去的往往是本民族最为宝贵的东西”，宫崎称“这种最为宝贵的东西叫作‘素朴性’”。① 在宫崎的论述当中，汉民族和周边民族处于同等地位并共同构成了“东洋”，② 汉民族是东洋文明的中心，周边“分布着许多未开化的民族，文明社会的文明人将他们视作夷狄戎蛮并加以蔑视”，但是，宫崎强调这些“未开化民族”却有着“被文明人早已忘却了的一大优点”。他称：

> 文明人有文明主义的教养，素朴人有素朴主义的训练；文明人善于

① ［日］宫崎市定：《宫崎市定亚洲史论考》上卷，张学锋等译，上海古籍出版社 2017 年版，第 26 页。

② 宫崎所谓“东洋史”不外是中国史，无非是将中国历史描述为汉民族与周边民族的关系史，在东洋史学的框架下，汉民族被称为“中国”，在东洋这个更大的地理范围中被相对化了。同时，近代日本的中国史研究中，既往的“王朝兴替史”的研究传统亦有一大转向，即追随西方史学潮流用“民族—国家”的范式来研究中国史，这种研究方法的背后暗含将多民族统一的中国分裂为若干个“国家”的意图，应当警醒和批判。与此相关的论述颇多，可参见［日］窪寺紘一：『東洋史事始—那珂通世とその時代—』，平凡社 2009 年版。

思考，素朴人敏于行动；文明人是理智的，素朴人是意气的；文明人情绪缠绵，素朴人直截了当；文明人具有女性的阴柔，素朴人具有男性的刚强。更进一步说，文明人崇尚个人自由主义，素朴人囿于集体统制主义，总之，在几乎所有的方面，两者之间都表现出了相互对立的特征。①

宫崎对中国历史的把握和论述即在此预设的“文明—素朴”二元对立的框架中展开，换言之，中国历史被宫崎置于这个框架中考察，抑或可说他用中国历史上的某些现象去逆推预设的结论。与素朴民族所具有的种种特性相反，文明社会具有完全不同的特性，宫崎将汉民族建立的文明社会所呈现出的特性解释为“中毒”现象，概而言之，其内容大致可概括为：

（一）沉溺于文明和享受，学问“游戏化”“竞技化”。宫崎认为追求文化上的享乐贯穿整个中国历史，沉溺于文化的中国带有“建筑和文学展示出来的文饰”的特质。

（二）文明人身体逐渐弱化。比如，宫崎认为楚国人长期在文明发达的社会中生活，使得“楚人变得文弱，雄武之气象在僻远之地得以保存”。

（三）文明社会的人心逐渐复杂化。宫崎以中国历史上的魏国为例，他说魏国之衰亡，“并非是魏缺乏人才，而是政治家过多”所致。

（四）文明社会比素朴民族更加迷信。对此宫崎认为，“野蛮民族的迷信虽是荒唐无稽的，但尚是生活本身产生出的、一种可视为宗教的东西。文明社会的迷信是游离于基本生活之外的，规定着文明人的行为”。可见，所谓文明社会的“迷信”与周边民族在生存之中产生的原始信仰完全不同，宫崎意在表达文明社会在富足的生活中逐渐产生过于重视外在形式的倾向。

① ［日］宫崎市定：《宫崎市定亚洲史论考》上卷，张学锋等译，上海古籍出版社2017年版，第26—27页。

（五）文明社会使人丧失“意志的弹性”。宫崎亦将之称为“不感症”，他认为文明社会的人们“久居鲍市不闻其臭，一旦在某一社会中安定下来便视该地众多陋习为理所当然之事，毫不介怀，陷入一种不感症中。这种社会是停滞的社会，既无发展亦无进步，甚或是不断走向堕落的社会”。①换言之，就是社会弊端丛生，人们却习以为常，导致社会走向僵化和凋敝。

以上便是宫崎所指出的文明社会存在的各种文明“中毒”现象，这几种现象的界限并非泾渭分明，或可说，这几种现象是彼此存在内在关联的。总之，率先文明化的地区的文化会流向周边的未开化民族并刺激他们觉醒，例如春秋时期的历史便是“以周围中心的中原文明向周围开化程度较低的民族传播并使其觉醒的时代”②。周边的少数民族对传播而来的“文化”态度有迎有拒有沉溺，只有积极摄取者方得以存续并壮大，“新兴民族的势力一旦迸发，恰如堤坝无法阻挡奔流，任何人都难以阻止”，即周边民族在摄取汉民族文化后势力不断壮大，同时保留着素朴性，反而从“周边”入主“中心”，但不久会被同化，出现“文明中毒”进而腐化的现象，宫崎在此特别强调“这种现象不仅见于春秋时期，在以后的中国历史上也反复出现”。③

宫崎依据这种逻辑，将中国王朝兴替之因都归结于此。商周之替、汉之代秦、蒙元之兴、宋元更迭和明清易代等都是用此框架来分析和论述的。举例而言，宫崎一方面认为战国时期的秦朝人“极具素朴纯真的一面，有着战士最应具备的素质”，而当时的“魏国是中原文明最为烂熟”的，“六

① ［日］宫崎市定：《宫崎市定亚洲史论考》上卷，张学锋等译，上海古籍出版社2017年版，第47—65页。

② ［日］宫崎市定：《宫崎市定亚洲史论考》上卷，张学锋等译，上海古籍出版社2017年版，第39页。

③ ［日］宫崎市定：《宫崎市定亚洲史论考》上卷，张学锋等译，上海古籍出版社2017年版，第39页。

国平定之后，中原文明急速影响到了秦地，以皇室为首的统治阶层很快就中了文明之毒”，所以，秦朝灭亡除了“实力不足”外，主要原因便是“内部的腐化”。① 再如关于隋王朝短命而亡的原因，宫崎亦将之归于“隋炀帝嫌弃国家的根本所在关中地区的干燥无味，重蹈亡陈的覆辙，憧憬浮华的文明生活……沉湎于安逸奢华的生活”。② 另一方面，周边民族在汉民族文化刺激下逐渐壮大、勃兴，加之他们勇武有力，屡屡入主中原，这种现象在宫崎的解读中是为汉民族注入了新鲜“活力”，让腐朽堕落的文明走向重生的过程。比如，宫崎素承内藤湖南“唐宋变革说”，对唐帝国在中国历史上的地位和意义给予很高的评价，而对唐代的评价亦被宫崎置于二元对立论的脉络下，他认为“汉末以来，已经高度文明化并因此而堕落的中原社会，因被游牧民族的侵入而脱胎换骨，到了唐代，迎来了面目一新的新社会。唐人在世界范围内的活跃程度令世人瞩目，这其实是几个世纪以前就已经奠定下来的历史发展轨迹”。③ 从宫崎此论的结构和逻辑演进已不难看出其学术研究背后的时局论色彩。最值得注意的是宫崎对满族建立清朝这段历史的论述，此部分被冠之以“以素朴主义为理念建立的‘满洲帝国’”的标题，有关于此，将在本章的第三节详细考察。

第二节 “二元对立论”的形成过程与学术渊源

以上我们对宫崎“二元对立论”的结构进行了评述和分析，很容易

① ［日］宫崎市定：《宫崎市定亚洲史论考》上卷，张学锋等译，上海古籍出版社 2017 年版，第 48 页。

② ［日］宫崎市定：《宫崎市定亚洲史论考》上卷，张学锋等译，上海古籍出版社 2017 年版，第 90—91 页。

③ ［日］宫崎市定：《宫崎市定亚洲史论考》上卷，张学锋等译，上海古籍出版社 2017 年版，第 91—92 页。

让我们联想到《论语·雍也》中的文野之辨，“质胜文则野，文胜质则史，文质彬彬，然后君子”。① 不仅如此，日本东京帝国大学教授白鸟库吉（1865—1942）较早便提出“南北对立史观”来描述中国历史乃至整个亚洲的历史。② 但稍做比较，便知宫崎持论与以上诸论形似而实不同，自有其形成之脉络和学术渊源，以下即对此问题进行梳理和考察。

如第一章中提及的，宫崎很早便开始关注中国的汉民族和周边少数民族交涉之历史，至少可以追溯至其高中时代。1922 年，宫崎毕业于松本高中并被京都帝国大学文学部东洋史学科录取。入学前，宫崎的笔记当中有“赴京都后的工作”一文，其中即有“塞外民族与‘支那’”一项内容，③ 可知此时的宫崎已对“北方民族与汉民族之间的交涉史”④ 即民族关系史抱有兴趣。此外，据宫崎回忆，其入京大学习之际，“当时正值敦煌学、西域学、塞外学的全盛之时，鲜有未受其风影响者”。⑤ 前述所及，宫崎毕业后进入京都帝大研究生院师从桑原骘藏继续攻读东洋史，深受桑原治学路径的影响。

---

① 朱熹的《四书章句集注》中有如下解释：“野，野人，言鄙略也。史，掌文书，多闻习事，而诚或不足也。彬彬，犹班班，物相杂而适均之貌。言学者当损有余，补不足，至于成德，则不期然而然矣。”参见（宋）朱熹：《四书章句集注》，中华书局 1983 年版，第 89 页。宫崎的二元对立论虽与此形似，但宫崎的论述框架却要复杂而庞大很多。

② 白鸟库吉早在 1901 年便撰写「戎狄が漢民族の上に及ぼした影響」（『東洋哲学』1901 年第 1 號）一文，详论中国历史上南方民族和北方民族斗争的历史。尔后又有「史上より見たる欧亜の大勢」（『やまと新聞』1915 年 2 月 24・25・26 日）、「東洋史に於ける南北の対立」（『東洋史講座』1926 年第 8 號）、「東西交渉史上より観たる遊牧民族」（『東西交渉史論』1939 年上卷）、「アジア史論」（『アジア問題講座』1939 年第 7 卷）等论文持这种北方游牧民族与南方农耕民族二元对立的“南北对立史观”来观察中国和亚洲的历史。

③ ［日］礪波護、藤井譲治：『京大東洋学の百年』，京都大学学術出版会 2002 年版，第 223 頁。

④ 「先学を語る—宮崎市定博士—」，『東方学』2000 年第 100 輯，第 318 頁。

⑤ ［日］宮崎市定：「羽田博士と西域史」，『宮崎市定全集』第 24 卷，岩波書店 1994 年版，第 221 頁。

1927年，宫崎任教于冈山第六高等学校，在此期间，他主张应该将中国的唐朝和欧洲历史上的罗马帝国相比较，当时的授课笔记中载：

罗马帝国崩溃后各新民族勃兴并纷纷建立国家，由此形成今日欧洲之列国体制。东洋亦是如此，唐朝灭亡版图分崩离析之后，拥有清新活力的野蛮民族由此勃兴并建立国家，今日所见东洋各民族的分布之基础亦由此形成。①

从此段文字中不难看出，当时的宫崎已经具备比较历史的视野，在中国历史中寻找与欧洲史近似的现象。这时他的“周边民族—汉民族”对立的构想已经初见端倪，而这种“端倪”在内涵和细节进一步地深化和体系化则是在1939年前后。1939年，史学会50周年纪念大会在东京举行，宫崎在该会上做了题为“羡不足论”的演讲，该演讲的要旨载于1939年7月发行的《史林》杂志上。全文如下：

该论以《羡不足论》为题，从盐铁论中的“散不足”“聚不足”“前不足”说起，讨论了“支那”史上奢侈的变迁，进而论及生活水平的提高。具体来说，分三个时期来讨论奢侈的性质的变迁。首先是自殷纣王到汉代这一时期，以量大为奢侈；自六朝始关注奢侈的内在质量，但在手段上仍存颇多不合理之处；又至唐宋之际，奢侈则更为合理化，尤其分工形成、科学精神日盛，奢侈由此变得甚为考究。②

从以上引文可以看出，宫崎的二元对立论此时整体思路已初步成型，但并未完全成熟，仅从时间上来看，更是只论述到宋代则止。以该演讲的内容为基础，宫崎发表题为《羡不足论——“支那”奢侈的变迁》的论文，该论文仅在演讲题目上附上一个副标题，整体的论述框架与其演讲的内容一致。如前所述，宫崎该论真正体系化的全貌最初得见是在《东洋的素朴

① ［日］宫崎市定:『アジア史研究』第3卷，同朋舍1963年版，“序言”第4—5頁。

② ［日］宫崎市定:「羨不足論」,『史林』1939年第7號，第109—110頁。

主义民族与文明主义社会》一书中。

使宫崎该二元对立的思路走向成熟、体系化的重要学术渊源是伊本・赫勒敦所著的《历史序说》[1] 一书。伊本・赫勒敦（1332—1406）是中世纪伊斯兰世界的著名思想家、历史学家。他的著作《历史序说》问世之后影响巨大，1863 年被法国学者戴波美全文译为法语。该书第二章题为“农村与沙漠的文明、野蛮民族、各部族以及他们所呈现的各种状态贯穿其中的定理和说明”，[2] 此章用农耕民族和游牧民族二元对立的范式考察人类社会，分为 29 个条目详细论述了人类社会发展的内在规律。而正如伊本・赫勒敦巨著的中译本的译者李振中教授所言，伊本相信历史发展是周而复始的，他认为“历史是周而复始的”“一个国家经历了发展、壮大、衰败和灭亡的阶段后，另一个国家在前一个国家的废墟上重新建立起来，重复同样的阶段，周而复始、无穷无尽地延伸下去”。[3] 篇幅所限，以下仅对伊本・赫勒敦之学说作简单介绍，以窥宫崎之说与伊本・赫勒敦学说之渊源。例如，伊本・赫勒敦认为一个国家政权的发展要经过三个阶段：

> 第一阶段，创建者对过去艰苦的生活条件和艰难的创业过程记忆犹新，所以保持简朴的生活，受到人们尊重；第二阶段，权力加强了，各种物质条件具备了，开始从简朴的生活转向享受；第三阶段，完全忘记了过去的艰苦，也失去了艰苦创业的荣誉感，完全沉湎于物质享受之中，失去了尊严，也失去了威信，政权濒临灭亡。[4]

不仅如此，伊本・赫勒敦还将人类社会分为城市生活、平原和山区的

---

① 该书日文版本为『歴史序説』，内容包括伊本・赫勒敦《历史》一书的序论、第一部、第二部，日文版共分三卷，于 1987 年由岩波书店出版。该书中译本译者为李振中，题名为《历史绪论》，2015 年由宁夏人民出版社出版。

② イブン・ホルドゥーン：『歴史序説』，[日] 森本公誠訳，岩波書店 1987 年版，第 1457 頁。

③ [突尼斯]伊本・赫勒敦：《历史绪论》，李振中译，宁夏人民出版社 2015 年版，第 19 页。

④ [突尼斯]伊本・赫勒敦：《历史绪论》，李振中译，宁夏人民出版社 2015 年版，第 17 页。

农民生活和游牧生活三种。他认为游牧生活的人们“生活艰难，但思想自由”，比如“阿拉伯人、蒙古人生活在条件十分艰苦的沙漠地区，培养了他们坚忍不拔、英勇善战和不怕牺牲的性格。一旦机会成熟，他们就冲向生活安逸、满足于现状的文明地区的居民，席卷各个城邦和国家”，以此为据，伊本·赫勒敦“主张人类应该过艰苦的生活”，他还称“那些生活艰苦的沙漠民族，他们的身体要比生活安逸的城市居民强壮，他们的肤色更健康，道德更高尚，体形更俊美，思想更纯正、更敏锐……”① 通过比较，可发现宫崎的思路与伊本·赫勒敦此著的内容共通之处颇多。可以说，宫崎的整体思路、宏观框架和逻辑进路均受伊本·赫勒敦的影响。

前述所及，1936 年宫崎作为驻外研究员被派遣赴海外留学，开启了其为期两年的留法之旅。在此期间，宫崎流连于书店，注重搜集中国、西亚相关的书籍。② 除此之外，还不得不提及对宫崎学术和思想形成巨大影响的西亚旅行。1937 年 8 月，宫崎作为日本代表出席在罗马尼亚首都布加勒斯特召开的世界人类学及史前考古大会，“草草参加完人类学会后，我便直奔土耳其，在伊斯坦布尔停留了十几天，……进入叙利亚，……又前进至伊拉克，探访了摩苏尔和巴格达。……经由巴勒斯坦进入埃及，在探访了古埃及的古迹后横渡地中海，经由希腊和意大利返回了巴黎”。③ 宫崎游历了西亚各国后，感慨于“伊斯兰世界在历史上令人震惊的先进性，以及产业革命之前的欧洲与宋代以后的中国的相似性”④，如第一章所示，此次游历对宫崎史学论述的宏大的世界史构想的形成产生了深刻的影

① ［突尼斯］伊本·赫勒敦：《历史绪论》，李振中译，宁夏人民出版社 2015 年版，第 18 页。

② ［日］ 礪波護、藤井讓治：『京大東洋学の百年』，京都大学学術出版会 2002 年版，第 246 頁。

③ ［日］ 宫崎市定：《宫崎市定亚洲史论考》上卷，张学锋等译，上海古籍出版社 2017 年版，第 271 页。

④ ［日］ 宫崎市定：《宫崎市定亚洲史论考》上卷，张学锋等译，上海古籍出版社 2017 年版，第 271 页。

响。以这次游历西亚的游记为基础，宫崎增补了一些内容后以《菩萨蛮记》（1944）为书名出版。可以断定，宫崎与伊本·赫勒敦著作的邂逅即在法国留学或此次西亚游历期间。此事可从其同事田村实造那里得到确认。1959年，受亚洲经济研究所委托，京大文学部东洋史研究室由田村实造主持负责研究伊本·赫勒敦的经济思想。作为该项目的成果，伊本·赫勒敦的《历史序说》被译为日语并于1963年出版。田村在该书的序言中称：

> 接受此项事业之际，承蒙宫崎市定、吉川幸次郎、青山秀夫教授诸同道之多方关照。另，宫崎教授将其秘藏之E.M.Quatremère校订本长期地慷慨借予，还承蒙众簑内清教授多方指教有关伊斯兰的天文学、占星术方面的知识。①

文中提及的E.M. Quatremère校订本即是由法国东方学家卡特麦尔（E.M. Quatremère）校勘的版本，该书出版于1858年，是“质量极好而近于完美的版本”。② 由田村上述所言可知，宫崎甚为珍视该书。宫崎1938年自法归国后直至1960年才再次有机会身赴海外从事学术活动。此外，宫崎在其1948年出版的著作《亚洲史概说（续编）》③ 中亦曾直接提及伊本·赫勒敦和他的《历史序说》，并对伊本·赫勒敦大加赞赏，称：“最当注意的是，生于突尼斯而于15世纪初殁于开罗的伊本·赫勒敦，其不仅有卓越的历史著作传世，更因其著作之卷首所附‘绪言’被称为世界上的历史哲学的鼻祖。”④ 结合前述内容来看，此书极可能系宫崎在留法期间即购得并带回日本的。也正是在留法期间，宫崎在东洋语言学校学习阿拉伯

① ［日］田村実造：『イブン・ホルドゥーンの「歴史序説」』上卷，東京大学出版会1964年版，序言。

② イブン・ホルドゥーン：『歴史序説』，［日］森本公誠訳，岩波書店1987年版，第1452頁。

③ 初版由人文书林出版，书名为『アジヤ概説』，分正编（1947）和续编（1948）。后由学生社于1973年再版，1987年又由中央公论社出版文库本。

④ ［日］宫崎市定：『アジヤ概説』続編，人文書林1948年版，第261頁。

语，虽其自言“无功而废”，“但回国后还是召集了想学阿拉伯语的同好者，自己像一台录音机似的，把在巴黎学到的那一部分内容播送给了他们”，宫崎甚至不无自豪地称“今天我们研究室的阿拉伯问题研究者辈出，每念及此，我心中不免暗自骄傲”。① 此处亦可看出宫崎对西亚问题研究的关心和兴趣异常强烈。京大学生中，藤本胜次最早使用阿拉伯语史料做学术研究，他的阿拉伯语启蒙老师便是宫崎。据他回忆，宫崎的阿拉伯语水平虽未达到自如地处理阿拉伯语史料的程度，但用阿拉伯语阅读却是可以的。②

宫崎的二元对立思想最为重要的来源便是上述伊本·赫勒敦的著作，却不是唯一来源。宫崎该说亦与白鸟库吉和内藤湖南等人的论调有颇多共通之处。首先，宫崎的论述逻辑或受到内藤湖南“中国文化发展动态论”或“文化中心移动说”之启发。内藤将中国文化影响周边民族的过程比作石头投入水池之中，波纹从中心向四周不断地蔓延，周边民族受中国文化影响不断成长，在汉民族政权腐朽之时反而入主中原。内藤将这几个环节称为“中毒”“解毒”和“再生”。这种论述思路在 1924 年出版的《新“支那”论》中得以充分体现：

> 总之，无论是蒙古人还是“满洲”人在统治“支那”的同时，便会感染“支那”人的恶德，对贿赂以及其他政治之弊端悉数承袭。但老滑的“支那”人民受素朴、正直态度的冲击，颇显其效，“支那”人亦因之不知不觉间使其衰老之生命返老还童。③

由上可知，内藤将民族、文化比作人类，有着青春和衰老的过程，周边民族对汉民族的冲击变成了解毒和再造的过程。内藤在论述中对中国人

① ［日］宫崎市定：《宫崎市定亚洲史论考》上卷，张学锋等译，上海古籍出版社 2017 年版，第 14 页。

② ［日］藤本勝次：「古い『コーラン』写本」，『宮崎市定全集』第 20 巻「月報」14，岩波書店 2000 年版，第 4 頁。

③ ［日］内藤湖南：「新『支那』論」，『内藤湖南全集』第 5 巻，筑摩書房 1972 年版，第 512—513 頁。

的偏见以及其中包含的政治论色彩应当格外警醒，此处可以明显窥知宫崎的论述思路与内藤的论调在逻辑结构和政治意图上皆存在共通之处。

另外，如前所述，白鸟库吉很早便在日本学界提出“南北对立史观”的亚洲史论述框架，他的主要观点可以概括为：

> 地势差别以及气候差异造成了各地居民的性格以及从事行业的不同。北方居民彪悍残忍，擅长骑马射箭，能吃苦耐劳，但一旦生活安定下来，就会变得懒怠无力。与之相反，居住于南部的人们柔顺温和而狡黠多谋，善于学艺技术，又惯于奢侈骄慢。北方人善武，南方人则以文见长。①

简而言之，这种史观的核心便是“生活在严酷自然环境中的北狄入侵南方地带、占领它甚至在这片土地上安居乐业的历史运动，与南方人殚精竭虑地对之进行抵御与反击的历史过程之间的相互作用构成了亚洲大陆历史的核心”。② 无论是白鸟的“南北对立史观”，还是内藤的“文化波动论”抑或是宫崎的“二元文明对立论”，他们的论述有着类似逻辑结构和共同意识形态色彩，同时，这些观点与西方农耕民族和游牧民族对立的史观亦有相似之处。

第三节　“学术外表”下的“政治内里”

抗日战争期间，日本的中国研究往往与战争的需要契合，在行文中甚至直接露骨地合理化战争来为战争服务。旗田巍曾指出“自明治初年至战败，日本对亚洲的侵略大致以朝鲜→满蒙→中国→东南亚的路线推进，亚

① ［日］仓石武四郎：《日本中国学之发展》，杜轶文译，北京大学出版社 2013 年版，第 177 页。

② ［日］仓石武四郎：《日本中国学之发展》，杜轶文译，北京大学出版社 2013 年版，第 178 页。

洲研究亦大体沿此路线发展而来”，甚至可以说，当时日本的亚洲研究“不仅追随侵略亚洲的步伐不断扩展其研究范围，更是在与侵略势力紧密结合下得以迅速推进”，特别是“日本与中国之间爆发了全面战争后，有关中国的研究著作和论文可谓不可胜数”。①

1940年，京都帝大校长羽田亨（1882—1955）主持策划出版“‘支那’历史地理丛书”，即是在战争带来的“中国研究热潮”下的产物。此时，抗日战争正日趋激烈，日本国内亦因此格外关心战争动向，自然异常关注中国。在羽田亨为这套丛书撰写的序言中，我们不难窥知当时之情状。他这样说道：

> 因此事变，东亚新秩序建设之大任突加之于国民之上。当此之时，痛感有关东亚政治、经济、社会、民族等各方面之知识尚十分欠缺，现争相埋首探究亦见相关著述大为盛行，虽不免有稍迟之嫌，但亦可谓一大可喜现象。

从羽田亨的这段话中我们不难看出当时对中国的“研究”非常之多，但因战争之故，这些研究出发点往往就含有美化战争、配合军方侵略的意图。所谓“东亚新秩序建设之大任突加之于国民之上”云云，不过是合理化战争的一套常用的说辞，并不能掩盖侵略亚洲的事实。另外，羽田所谓“痛感有关东亚政治、经济、社会、民族等各方面之知识尚十分欠缺”，正能体现这些对包括中国在内的亚洲各国的研究实际是为侵略和殖民行为服务的。1938年9月，由企划院直接管辖的内阁直属的“国策咨询机构”东亚研究所成立，近卫文麿出任总裁。同年1月、11月、12月，日本当局抱着分化国民党政权之目的，近卫内阁发表三次“声明”，② 第三次声明

① ［日］旗田巍：「日本における東洋史学の伝統」，『歴史学研究』1962年第11卷第270號，第33頁。

② 有关于此，国内学者论及者甚众，如杨栋梁《近代以来日本的中国观》第一卷“总论”中即有详细论述。见杨栋梁：《近代以来日本的中国观》，江苏人民出版社2012年版，第234页。

中尤为露骨地提出：

> 日满华三方以建设东亚新秩序为共同目标而联合起来，共谋实现相互善邻友好、共同防共和经济合作。为此，中国方面首先必须清除以往的褊狭观念，放弃抗日的愚蠢举动和对“满洲国”的成见。换言之，日本直率地希望中国进而同“满洲国”建立完全正常的外交关系。①

稍微回溯当时之历史便知，羽田的这番言论可看作是积极配合日本当局的侵略行为而发的，这些丛书中的著作也不乏为建构合理化战争的理论、为侵略战争寻找历史依据而故意歪曲历史的内容。

上述提及宫崎的著作正是作为“‘支那’历史地理丛书”的第四册出版的。其中亦不乏露骨地为侵略行为寻找历史依据的言论。如宫崎将清王朝取代明朝的历史称为“以素朴主义为理念建立的‘满洲帝国’”，满族建立清王朝之初是素朴性的民族。而这种素朴的特性甚至有日本人做见证，这里宫崎引入一个故事：1644年，几名日本人乘船过程中被风暴吹至“满洲”，这几人后被送回日本，他们在接受幕府询问时对清王朝大加赞赏，却贬损明遗民“北京人之心与‘满洲’人不同，有盗贼，有虚言，似无慈悲”，他们甚至称“‘满洲’吏人与我等手势交谈，称传闻日本人义理坚强，精于武士之道，且有慈悲之心，与我‘满洲’甚似，并招待我等饮食”。宫崎在讲完这个真伪难辨的故事后评论道：

> 日本与“满洲”，在素朴主义的锻炼方面一脉相通，虽然语言不通，但以心传心即可交流，真可谓好汉知英雄。读到这里，我们不禁感慨万千。明朝人无法治理的文明社会，在注入了数万“满洲”人这个新要素后得以安稳了下来，这多少有些不可思议。蒙古人再也不南侵了，中国与日本的关系也得到了改善，不仅如此，清朝的威令西越葱领，南及缅甸的崇山峻岭。医治文明病，方子只有一个，那就是注

① 《中国近代对外关系史资料选辑(1840—1949)》，上海人民出版社1977年版，第94页。

入素朴主义。①

照此逻辑，宫崎的意图已非常明显了，即清王朝亦与之前的周边民族一样，无法逃出从“素朴”走向“文明”进而走向灭亡的“历史周期律”，如此，代替清王朝的是谁呢？宫崎此书就论述到此便已接近尾声，而全书最后一部分“东洋史上的新局面”最值得注意，宫崎的真正意图终于在此处彻底地、非常露骨地展现出来了。此部分的论述从“素朴主义与科学精神”“如何看待西力东渐”“日本尚存素朴主义”三方面展开。单从标题亦不难窥知宫崎的思想实质，此一部分，宫崎着力论述“欧洲在文明主义的表面下深藏着素朴主义”，并且欧洲社会“一直是以科学为轴心发展而来的”，欧洲科学技术不断进步，“自然科学以外，文化科学作为一门新科学的出现也就有了可能”，虽然欧洲“有时也出现过迟暮衰落的迹象，然而切中人类文化发展规律的文化科学会不断地引导社会的前进方向，将社会从堕落的危机中拯救出来”。② 由此，宫崎得出一个结论“只有科学才是联接文明生活与素朴主义共同协调发展的纽带”③，毫无疑问，日本掌握了这个关键的“纽带”。宫崎接下来继续论证“东方世界还有一个素朴主义社会的存在，这就是日本”，单纯夸耀文明的古老并无用处，“所幸的是日本一方面有着古老的文明，另一方面又没有完全舍弃素朴主义的精神，这才是日本值得向世界夸耀的事实”，日本精神的可贵之处并不在文学等方面，“而是讷于言敏于行的素朴主义精神，除此以外的一切，都不过是与本质相距甚远的存在”。④

① ［日］宫崎市定：《宫崎市定亚洲史论考》上卷，张学锋等译，上海古籍出版社 2017 年版，第 124 页。

② ［日］宫崎市定：《宫崎市定亚洲史论考》上卷，张学锋等译，上海古籍出版社 2017 年版，第 125 页。

③ ［日］宫崎市定：《宫崎市定亚洲史论考》上卷，张学锋等译，上海古籍出版社 2017 年版，第 125—126 页。

④ ［日］宫崎市定：《宫崎市定亚洲史论考》上卷，张学锋等译，上海古籍出版社 2017 年版，第 126 页。

正是因为日本有着这样的素朴精神，日本才对“西方的科学文明有着惊人的判断力”，宫崎进一步称“日本与清朝对科学的态度，决定了以后这两个国家的命运”。不仅如此，宫崎又称日本与“‘满洲’人、蒙古人不同”，日本“具有发展性”，即“我国的国民成功地将科学移植到了日本，以至于最终掌握了如何使文明生活和素朴主义相互协调的关键”。①

论及此处，宫崎的意图格外地清晰了，即保持了“素朴性”的日本要为“文明中毒”的中国注入“素朴”的元素来“解毒”，而且，因为日本已经掌握了“科学”这个调和“文明”和“素朴”的关键，所以日本可以避免重蹈中国历史上周边民族的“覆辙”，这种论调无疑是在用历史书写合理化侵略战争，为日本的侵略行为张目。

本章对宫崎市定的二元对立论进行了考察。首先勾勒出二元对立论的内容、逻辑和构造，并在此基础上爬梳宫崎此思想形成之过程和学术渊源。通过考察我们发现宫崎较早时期便非常关注汉民族与少数民族的关系史，但该论之论述框架和逻辑进路走向成熟的过程中，宫崎深受伊斯兰中世历史学家伊本·赫勒敦的影响。宫崎此论的确存在学术性的面向，但更加不可忽视其学术表象背后的思想实质。通过上述考察可知，宫崎的论述表面上是用“文明—素朴”这种二元对立的框架来勾勒中国历史图景，实际上更是一个逆推的过程。即他的立论过程似可看作是受伊本·赫勒敦等人的启发，预设一个充满思想性的结论（日本侵略中国的合理性）和框架（“文明—素朴”二元对立），然后通过这种框架分析中国历史发展过程来证明这种结论的正确性，可谓之“结论先行”。宫崎的意图是显而易见的，不仅为日本的侵略战争寻找“历史依据”，更在论述逻辑上合理化日本的侵略行为，其中国历史研究的学术外表下包含鲜明的时代性和政治性。

① ［日］宫崎市定：《宫崎市定亚洲史论考》上卷，张学锋等译，上海古籍出版社2017年版，第127页。

宫崎此论包含的合理化战争和分裂中国的目的应当加以警惕并且批判。在批判的同时，我们或许也要注意到宫崎的论述亦有其学术性的一个面向，即宫崎将伊本·赫勒敦的学说应用到中国历史上，以汉民族和少数民族此消彼长的框架来观察中国历史，而他认为一个民族是“此消”还是“彼长”取决于这个民族对“文化”和“科学”的态度。另外，宫崎注意到少数民族具备的一些显著优势和特点，并主张要保存这些“素朴性”，同时他批判过度文明化，反对沉溺于物质享受的生活方式，他认为过度文明化后，人们的身体会弱化、女性化，思维复杂化，行为个人主义化，所以他主张要调和“社会性”和“素朴性”。

第三章
都市国家论与中国古代史认识：宫崎世界史构想的逻辑起点

历史学家为方便研究历史或者以某些具有重要历史意义的标志性事件来划分历史时期，或者以自身的历史哲学为依据划分历史时期并赋予其时代意义，使得历史的进程符合学者自身的预设路径。所以，不同学者因立场和角度不同则有相异的历史分期论断。反向推之，研究和探讨一学者的历史分期论则可窥知其对历史宏观发展进程的认知，进一步可探知学者自身的历史观和历史哲学。

宫崎是最早在日本学界明确使用“都市国家”概念描绘中国古代社会形态的学者。①同是京都帝国大学出身、亦在京大任教的贝塚茂树(1904—1987）与宫崎持同一学术立场。贝塚入京都帝大学习较宫崎更晚。日本学者太田秀通曾将两人的中国古代都市国家论加以比较②，在讨论了“都

① 宫崎曾发表系列论文，力证中国历史上曾经出现过与欧洲“都市国家”类似的现象。如「中国城郭の起源異説」(『歴史と地理』1933年第3號)、「遊侠に就て」(『歴史と地理』1934年第4・5號)、「中国上代は封建制か都市国家か」(『史林』1950年第2號)、「中国古代史概論」(「ハーバード・燕京・同志社東方文化講座」之八，1955年)、「中国における聚落形体の変遷について」(『大谷史学』1957年第6號)、「戦国時代の都市」(『東方学会創立十五周年記念東方学論集』,1962年)、「漢代の里制と唐代の坊制」(『東洋史研究』1962年第21卷第3號）等。

② ［日］太田秀通：「日本における中国古代都市国家論の検討—貝塚茂樹・宮崎市定両氏の所論に関して—」,『中国古代史と歴史認識』，名著刊行会2006年版。

市”“国家”在欧洲史中原本的意义后，指出两人所主张的中国古代都市国家论中对概念的界定并不明确。国内学者王彦辉发表题为《早期国家理论与秦汉聚落形态研究——兼议宫崎市定的“中国都市国家论”》的论文，用实证的方法详细地考察了秦汉聚落的形态，认为“聚”“聚落”等词汇的原意与现代考古学中“聚落”的意思并不一致，他在以希腊都市国家的形态为参照考察了宫崎所论后，得出“秦汉时期的聚落形态与‘都市国家论’风马牛不相及、秦汉社会的组织形式与‘城市国家’的组织形式更是背道而驰”的结论。①

以下则将宫崎论中国古代都市国家的论文进行一个整体的考察，试图勾勒出其建构的中国古代史图景。同时，对这一问题的考察视野并不仅局限于此，而将宫崎对中国古代史这一个别问题的探讨置于其学问整体的脉络中进行考察，以期能够明晰宫崎史学的真意。具体来说，本章首先简要讨论中国社会史论战的情况，以勾勒出宫崎提出都市国家论的一个学术史背景。其次，梳理宫崎描绘中国古代史图景时所持都市国家论的内容及学术渊源，勾勒出宫崎以该论为基础建构的中国古代史发展路径。在此基础上，进一步明确宫崎的这一阐释中国古代史发展的学术框架的形成过程和学术渊源，进而探讨该论的特质及其与宫崎自身的世界史构想之间的内在关联。

第一节　“亚细亚生产方式”与中国社会史论战

1859年，在《〈政治经济学批判〉序言》中，马克思首次提及“亚细亚生产方式”的概念，他认为“亚细亚生产方式是人类社会经济形态

① 王彦辉：《早期国家理论与秦汉聚落形态研究——兼议宫崎市定的“中国都市国家论”》，《中国社会科学》2014年第6期。

的演进序列中的第一个时代，由此演进为古代的、封建的和现代资产阶级的生产方式"，但是，马克思却未明确给出亚细亚生产方式概念的具体内涵，"因此这一概念和理论也就成为中日学界聚讼的焦点"。① 以 1927 年大革命失败为契机，中国革命转入低潮时期，此时的中国社会正发生着深刻变动。中国的学者们都在思考中国社会所处的阶段以试图解决中国向何处去的问题，即"中国社会性质决定着中国革命的性质，影响着中国革命对象、步骤与方法等重大政治问题"。② 以此政治历史现实为背景，"中国社会史的问题，遂逼着各阶级、各党派的学者，为着它以斗争的姿态在思想战场上出现"。③ 于是，在 20 世纪 20 年代末至 30 年代中期的中国学界，持各种学术立场的学者们围绕中国社会史的诸多问题展开了激烈争论，这场学术论争后被称为"中国社会史论战"，"参加这场论战的人也是多而杂的。当时苏联、日本的学术界都对中国社会史问题展开过热烈的讨论，其中一些有代表性的观点对中国理论界产生过影响"。④ 参与这场论战的学者学派不一、学术主张各异，⑤ 但总体上均是围绕三个问题展开的："一是亚细亚生产方式问题；二是中国是否存在奴隶制问题；三是秦汉以后中国社会是封建社会、商业资本主义社会

---

① 杨鹏：《20 世纪上半叶中日学者关于"亚细亚生产方式"的争论》，《社会科学家》2015 年第 2 期，第 31 页。

② 左玉河：《政治性与学术性：中国社会史论战的双重特性》，《史学月刊》2019 年第 7 期，第 9 页。

③ 王礼锡：《中国社会史论战序幕》，转引自周书灿：《社会史论战背景下学术界对〈中国古代社会研究〉的辩难》，《河南社会科学》2014 年第 2 期，第 76 页。

④ 侯外庐：《韧的追求》，人民出版社 2015 年版，第 207 页。

⑤ 盛邦和从"陶希圣与'新生命派'的'亚细亚'特殊论及'封建主义与商业资本结合'论""'新思潮派'：中国已成为'半殖民地半封建'社会""王礼锡、胡秋原与'读书杂志'派的努力社会否定说集'亚细亚论'思想基础薄弱论""李季等人与'动力派'的奴隶制否定论及中国'资本主义社会'论"四个方面，详细梳理了参与论战的主要学者及其主张。见盛邦和：《20 世纪 30 年代前后中国社会性质大论战》，《上海财经大学学报》2012 年第 4 期，第 3—9 页。

还是其他类型的社会问题。”①

这一时期的中、苏、日三国的中国史学界的研究有着广泛的互动，“在中国和日本对于这一问题之各种不同的见解，可说完全是发生于苏联的各种见解的延长”。②特别是日本学者深受马札尔和魏特夫理论的影响，为日本学界的中国社会性质论争注入了活力。③日本马克思主义学者羽仁五郎在《帝国大学新闻》发表题为《谈“亚洲的生产方式”问题》④的文章，主张亚洲的生产方式本质上是奴隶制乃至农奴制的生产方式，而发达的亚洲的生产方式其本质则为封建体制。以此为契机，伊豆公夫、森谷克己、早川二郎、相川春喜、永田广志、秋泽修二以及渡部义通等众多学者围绕亚洲的生产方式问题展开了讨论。⑤有学者指出，“受中国、苏联左派史学的影响而写成关于中国史的书，也有很多种，比较有代表性的是森谷克己《中国社会经济史》(1934)、相川春喜《历史科学的方法》(1935)、早川二郎《古代社会史》(1936)”⑥。而中日两国学界的密切互动无疑促进了唯物史观视野下的中国历史研究的发生和发展，“中日两国之间则互相影响与启发，中国左派学人引证日人观点，比比皆是，而日本如森谷克己、

---

① 左玉河：《政治性与学术性：中国社会史论战的双重特性》，《史学月刊》2019年第7期，第9页。有关中国社会史论战的主要问题，不同学者表述略有不同。见何干之：《中国社会史问题论战》，生活书店1932年版，第2页；侯外庐：《韧的追求》，人民出版社2015年版，第207页；李孝迁：《国际左派中国研究与中国左派史学》，《上海大学学报(社会科学版)》2014年第5期，第105页。

② 吕振羽：《社会发展过程中之“亚细亚生产方法”问题》，《中苏文化》1936年第6期，第124页。

③ [日] 福本勝清：「アジア的生産様式論と日本の中国史研究」，『明治大学教養論集』2003年第3號，第52頁。

④ [日] 羽仁五郎：「『アジア的生産様式』の問題によせて」，『帝国大学新聞』1931年12月21日。

⑤ [日] 五井直弘：『近代日本と東洋史学』，青木書店1976年版，第197—198頁。

⑥ 李孝迁：《国际左派中国研究与中国左派史学》，《上海大学学报(社会科学版)》2014年第5期，第106页。

佐野袈裟美、秋泽修二的论著亦经常引证或批评郭沫若、陶希圣、吕振羽等人的观点”①。

在中国学界，郭沫若最早提及“亚细亚生产方式”并直接参与了此次中国社会性质大论战。② 他在论战初期便出版著作《中国古代社会研究》，提出中国历史的“四阶段论”，即“西周以前的原始共产制、西周时代的奴隶制、春秋以后的封建制及近百年来的资本制。他认为马克思‘所说的“亚细亚的”是指古代的原始共产主义社会’，从中国历史来看，‘大抵在西周以前就是所谓亚细亚的原始公社社会，西周是与希腊罗马的奴隶制时代相当，东周以后，特别是秦以后，才真正进入了封建时代’。”③ 郭沫若的著作于1931年即被日本学者藤枝丈夫译介到日本。④ 而在日文版著作出版的前一年，郭著绪论被赖富贵译为日文，并以《“支那”社会的历史发展阶段》为题刊发在日本学术杂志《思想》的第97期上。有关中国社会性质的持续和深入讨论，无疑直接刺激宫崎思考中国先秦社会的性质和中国古代史发展路径。而与众多马克思主义史学家不同的是，他采用了一种殊为不同的学术立场和治学路径来描绘中国先秦时代的历史。晚年的宫崎曾忆及这段往事，他批评郭沫若的研究方法，认为郭沫若主张周代为封建制，并将中国周代的封建“等同于唯物史观的封建，因为封建制是中世时期，周代便成为与欧洲的中世等同的历史阶段了，那么劳动者的身份便是农奴了”，若依唯物史观的发展阶段论来看，周代的社会发展阶段相当于10世纪前后的欧洲，那便意味着中国社会

---

① 李孝迁：《国际左派中国研究与中国左派史学》，《上海大学学报（社会科学版）》2014年第5期，第108页。

② 杨鹏：《20世纪上半叶中日学者关于“亚细亚生产方式”的争论》，《社会科学家》2015年第2期，第32页。

③ 涂成林：《世界历史视野中的亚细亚生产方式——从普遍史观到特殊史观的关系问题》，《中国社会科学》2013年第6期，第33页。

④ 郭沫若：『「支那」古代社会史論』，［日］藤枝丈夫訳，内外社1931年版。

的发展领先欧洲2000年左右。[①] 宫崎称日本的中国古代史研究者中出现了颇多郭氏的追随者，醉心甲骨文的解读，他自己却未亲近这种治学路径，而是感觉古代史的撰写“不能靠别人，除自己亲自撰写外别无他法。于是我下定决心自此开始研究，记忆中我是首次下如此大的决心。自此，虽然极缓慢，但我逐渐涉足古代史的研究了”。[②] 如此，当时的中国社会史大论战似乎成为宫崎着手从事中国古代史研究的直接契机。

第二节　都市国家论与日本学界中国先秦史研究

先秦时代的研究，特别是对中国当时的社会构造的探求，素来被该领域的日本学者所重视。尤其中国最初的统一帝国秦直承春秋战国时代，为勾勒中国第一个大一统的古代帝国的形成过程和构造，则须考察春秋至战国这一历史时期的社会构造，还原其变迁轨迹。该领域的学者从自身学术立场出发作出不同角度的探讨。除上述马克思主义历史学家运用社会发展阶段论展开讨论外，日本学界有很多学者将先秦社会与西方历史发展进程相比较，认为该历史时期的社会形态经历了都市国家的发展阶段。其实，早在20世纪20年代的日本学界，便有学者注意到中国古代城郭和早期国家形态的问题。其中则以中江丑吉（1889—1942）和那波利贞（1890—1970）较有代表性。中江丑吉是日本近代史上著名思想家中江兆民（1847—1901）之子，他在滞留北京期间，于1925年出版《“支那”古代政治思想》一书，该书经修订后由岩波书店再版，更名为《中国古代政治思想》（1950）。中江不仅认为中国古代存在都市国家，他更是将城市周

① ［日］宫崎市定：『自跋集—東洋史学七十年—』，岩波書店1996年版，第43頁。

② ［日］宫崎市定：『自跋集—東洋史学七十年—』，岩波書店1996年版，第43頁。

边的村落也纳入进来并将之命名为“邑土国家”。并且，中江通过考察居住在城市的贵族阶级的经济基础，试图梳理出都市国家从春秋中期以后逐渐演变为领土国家的原因。① 在这一问题的考察上，中江明显将西方都市国家的概念应用到中国史的研究中了，他认为：

> 夏、商“国家”，在其存在的范围内，是与同族构成如影随形的“邑土国家”。甚至在周建立“封建”诸侯制度之时，武王也从同族中选择诸侯。据中江看来，两者的重要区别在于，周王室为向四方属国发布命令而迁都于王国的中心，而夏商统治者同族在原聚居之地到处建设“王邑”，而“王邑”常常不在国土的中心位置。而且夏商时代的“王邑”的位置还常常变化。“邑”的规模可能显得狭小，与后来的带城墙的首都相比，更是如此。“邑”通常位于丘之上，这是出于防卫共同社会的目的，这是在土木工程知识还很幼稚的时代，对天然地势的利用。在这一点上，它们有点像罗马和特洛伊等其他古代城市国家。②

在这一思路中，中江描绘了中国社会形态从周代到春秋、战国时期的演变进程，他认为：“周朝征服了异族的商（殷），是重新创造了在自己的早期论文中曾提及的‘Geschlechterstaat’（中江称之为‘族人式国家’）。但从春秋战国起，族人式国家（周朝的‘封建’制度）开始衰退，继而‘属地性’国家代之而兴。占地较小的国家间争夺权力的斗争使国家的‘土地’概念流行起来，以支配者的权威作为神权政治的基础渐渐被动摇，最后不得不让位给作为最后裁决的暴力。”照此逻辑，中江认为在秦代之前，中国的国家形态是分割的，一直未有飞跃性的变化。③

---

① ［日］中江丑吉：『中国古代政治思想史』，岩波書店 1950 年版。

② ［美］傅佛果：《中江丑吉在中国》，邓伟权、石井知章译，商务印书馆 2011 年版，第 64 页。

③ ［美］傅佛果：《中江丑吉在中国》，邓伟权、石井知章译，商务印书馆 2011 年版，第 136 页。

那波利贞则通过征引诸多中国古典文献，细致梳理指称城郭的汉字之原始意涵和意义流变，在提出“邑”与“或”等同、“都”与“国”相若的主张之基础上，试图勾勒出中国城郭起源与变迁的轨迹。中国的城郭往往被称为府城、县城，且在中国古籍中，汉民族素称自己为“城郭之民”，与此相对，游牧民族因过着逐水草而居的生活而被称为“行国之民”。那波该论文由此谈起，并指出“在极远古的时代，密集部落构成的都邑四周建有城墙，所谓‘城郭之民’便生活于此”[①]。接下来，那波用了大量篇幅针对中国城郭起源问题提出自己的学术主张。

那波首先否定了《淮南子》所谓“昔者夏鲧作三仞之城”的说法，认为该记录不过是传说，并非中国城郭的最早起源。他接着强调商代频繁迁都的现象颇值得注意，并据商代都城屡易其址的记录推断商代都城的设施极为简单，“仅以帝王宅邸为中心，其周围形成了由臣僚部曲的住宅组成的密集部落”，这一城市形态较“行国之民”的生活仅略进一步而已。[②]但商代都城周围是否建有城墙仍无法依此作出准确判断。殷墟出土的甲骨文中又有将都城称为“京师”或“大邑”的记录，那波援引《史记》《说文解字》及罗振玉（1866—1940）《殷墟书契考释》中对聚、邑、都的记录和考证，认为邑与阜二字同源。加之，上古时期都城名称之中的帝丘、蒲坂、商丘、营丘中皆带有“丘”字，于是，那波据此断定中国古代都邑多依丘陵营建，其目的不外利用丘陵之地势起到防御外敌之作用。他还进一步推断，其时的城邑应无人工筑造的城墙，其形态与西方早期城市相若，“如从古代西方寻求近似现象，则与罗马建立之初依凭卡皮托利山丘和帕拉蒂诺山丘建造城市是同样的现象”，那波进一步主张，“殷的首都，至少河亶甲以前的殷代首都称大邑，……换言之，大邑即众多人民依丘陵

① ［日］那波利貞：「『支那』都邑の城郭とその起原」，『史林』1925年第2號，第14頁。

② ［日］那波利貞：「『支那』都邑の城郭とその起原」，『史林』1925年第2號，第22頁。

而建的群居之所。将之与后文中将论及的‘国’以及‘都’字表达的含义对比可知，至少河亶甲时代以前之殷朝都城的周围很难觅得人工筑造的城郭的痕迹”①。

可以窥知，那波显然在用西方历史中出现的现象“探求”中国先秦时代的社会形态。如前引文所示，那波进而继续考证“國”与“都”二字的原始形态及意义变迁。他首先列举《战国策》及《礼记》中“邑”与“國”混同的例子，并重申邑字原意为“不存在城郭而仅利用丘陵建立的密集部落”的主张。据那波的看法，“國”字的“囗”象征着用以划定某一区域、且为人工筑造的外围的城墙，而“戈”部象征着武力，“一”部象征着土地，如此一来，那波认为“國”字本意为“周围有人工筑造的城墙环绕，且其中的居民以武力结合的 Citystate 区域”。② 由此，“邑”与“國”二字在古文献中的混用则造成后世理解古代社会形态上的困难。于是，那波继续考察这两个汉字在形态上的变迁。他认为，流传至今的“國”字的古字有四种形态，除了“囗”“囯”“圀”这三种外，尚有一个上“或”下“土”结构的古字年代最早。前三种从字形即可窥知，其意与“國”并无二致。至于國字的第四个形态从其字形即可窥得其意为武器、人和土地构成的以武力统合民众的群居之所，并且其周围并无人工建造的城墙。推论至此，那波认为“邑”“國”二字混用而产生的误解即可迎刃而解。他这样解释道：

> 在古代，國字的书写方式为“或”字又或者为上“或”下“土”的时代，尚未形成在密集部落的周围修建区隔建筑的习惯。如此，邑、或二字分别为据丘陵之险、聚居于平原的密集部落的古称。要言之，邑、或、國三字意为密集部落的 Citystate，其中的國字为密集部落周围修建城墙的传统形成之后在“或”字外加上“囗”后形成的文字。③

① ［日］那波利貞：「『支那』都邑の城郭とその起原」，『史林』1925 年第 2 號，第 24 頁。
② ［日］那波利貞：「『支那』都邑の城郭とその起原」，『史林』1925 年第 2 號，第 25 頁。
③ ［日］那波利貞：「『支那』都邑の城郭とその起原」，『史林』1925 年第 2 號，第 26 頁。

那波又由“都”字的古字推断其含义为地理界线分明的特定区域的邑之周围存在人工筑造的区隔设施之意。于是，那波抛出“邑”与“或”意同，“都”与“国”相等的论断，并从这一立场出发，通过点检中国古籍，在否定了大禹及夏代的都城周围存在城郭的说法后，他将中国城郭的起源追溯至盘庚奠都。通过梳理那波的该论文的整体思路，不难看出其参照西方历史发展路径，在比较历史的视野中寻找中国历史中与西方近似的历史现象的治学路径。那波的这一思路和结论或直接给宫崎以启发，成为其都市国家论萌芽的重要契机。

日本战败后，日本中国学界依旧持续关注中国先秦时期社会形态问题，特别是进入20世纪50年代，有诸多学者撰有相关著述来探讨此问题。1952年，松本光雄发表《中国古代的邑与民、人的关系》[①]，充分运用了《左传》《史记》以及诸多先秦史料，梳理了邑、民、人三个字在西周、春秋和战国三个历史时期的内涵。松本主张，西周至春秋初期中国社会的根本构成便是古文献中记载的“邑”，即自然发生的聚落，邑这一组织的核心是“宋人”“郑人”中的“人”，而民则是被统治阶级，是耕作邑之所属土地的生产者。照此思路，春秋中期以降，随着人与民这一关系的解体，古邑这一组织随之崩溃，于是出现了新的地方统治组织。[②] 翌年，松本延续前述论文思路，发表题为《关于中国古代社会的分邑、宗与赋》[③] 的文章，有力地完善和补充了之前的观点。该文认为本族与分族之间以“宗”这一精神纽带维系，“赋”则是它们之间存在的军事上的义务关系，春秋中期以后族的分族再分族使得邑制国家变质并走向解体。约言之，松本此文通

① ［日］松本光雄：「中国古代の邑と民・人との関係」，『山梨大学学芸学部研究報告』3，1952年。

② ［日］史学会編：『日本歴史学界の回顧と展望』12「中国Ⅰ殷～漢」，山川出版社1987年版，第24頁。

③ ［日］松本光雄：「中国古代社会における分邑と宗と賦について」，『山梨大学学芸学部研究報告』4，1953年。

过梳理“族”“赋”二字的内涵来还原西周春秋初期的社会构造的变化。① 综合松本的论文可知，他将春秋中期至战国时代的中国社会发展脉络描述为从都市国家逐渐向领土国家过渡的历史过程。这一历史过程大致可描述为，周王朝对诸侯的支配关系因诸侯实力不断增强而发生改变，特别是随着周支配诸侯的能力逐渐减弱，血缘纽带亦随之变弱，于是诸侯代替贵族实现了对地方的直接统治。如后所示，松本的这一论述思路与宫崎颇为相似。

在日本的中国史学界，贝塚茂树（1904—1987）是另外一位明确使用都市国家概念研究中国先秦史的颇具代表性的学者。贝塚的父亲是日本著名地理学家小川琢治（1870—1941），其三弟汤川秀树（1907—1981）于1949年获得诺贝尔物理学奖，成为第一位获得诺贝尔奖的日本人。其四弟小川环树（1910—1993）亦是日本非常著名的汉学家，他与贝塚同为京都大学教授，且曾译介大量的中国古典文学作品，尤擅唐宋文学领域的研究。贝塚小宫崎三岁，宫崎从京都帝国大学毕业的1925年，恰好是贝塚进入京都帝大文学部史学科的年份。贝塚所以用都市国家的范畴来探究中国先秦社会形态，据他自己说，是因为受到法国著名史学家甫斯特尔·德·库朗日（1830—1889，Fustel de Coulanges）的著作《古代城邦：古希腊、罗马祭祀权利和政制研究》的影响。② 综观公元前的古代文明世界，希腊、罗马为中心形成的地中海世界、埃及、美索不达米亚各国、印度河流域文明以及中国周代各国，虽然文化各具特色，但是其社会在本质上皆经历了都市国家的历史阶段。贝塚的思考便是由以上现象引发的，即

① ［日］史学会編：『日本歴史学界の回顧と展望』12「中国Ⅰ殷～漢」，山川出版社1987年版，第41頁。

② 据贝塚自己回忆称，“我对古代都市抱有兴趣，是从我尚就读于第三高等学校文科丙类时入手 Fustel de Coulange 的 La Cité Antique 一书开始的。书架上还有该书的1923年版，卷头书有1923年10月购入”。见［日］貝塚茂樹：『貝塚茂樹著作集』第1卷，中央公論社1976年版，第383頁。

他在探寻世界各地共同经历这一社会形态的原因。并且，他认为都市国家阶段是从以血缘结成的氏族团体向地缘团体转变过程中的过渡阶段。贝塚无疑是站在世界史的立场上作出的这一论断，他称："我坚信，与其将周代社会看作是封建制、古代封建制抑或是早期封建制，倒不如将公元前的古代文明世界理解为普遍经历了古代都市国家的发展阶段，这一看法能够更好地理解世界史的意义。"①

可见，贝塚与宫崎皆在追求都市国家的世界史普遍性，在这一点上他们两位学者可以说是一致的。但是，他们对都市国家概念的界定，以及通过这一概念对中国历史的阐释却大异其趣。贝塚茂树讨论中国古代都市国家的论著不少，1951 年出版的《孔子》初步阐释了这一概念，但贝塚的都市国家概念及其在中国历史上的适用年代并非一成不变。他的这一学术思路经过《从卜辞看中国古代国家》②《中国古代都市的民会制度》③《中国古代都市国家的性格》④ 等系列论著的阐发后，其有关中国古代都市国家论的思考集大成于 1976 年写就的《中国的古代国家》⑤ 一书，此著尤能集中体现其学术观点和研究特色。在《孔子》一书中，贝塚首先将中国古代都市国家定义为以氏族为单位结成的祭祀共同体，又因其四周建有围墙起到共同防御外敌的作用，所以贝塚将中国古代都市国家视作祭祀军事共同体，即以祭祀和防御为目的结成的氏族集团。在《中国古代都市国家的性格》一文中，贝塚认为中国的殷周时代经历了都市国家的发展阶段，他在该文中将中国殷周时期的社会形态与埃及、美索不达米亚地区作了横向对

① ［日］貝塚茂樹:「孔子」,『貝塚茂樹著作集』第 9 巻，中央公論社 1976 年版，第 27—28 頁。

② ［日］貝塚茂樹:『卜辞を通じて見た中国の古代国家』，弘文堂 1952 年版。

③ ［日］貝塚茂樹:「中国古代都市における民会の制度」,『東方学論集』1954 年第 2 號。

④ ［日］貝塚茂樹:「中国古代都市国家の性格」,『世界考古学大系』第 6 巻，平凡社 1958 年版。

⑤ ［日］貝塚茂樹:「中国の古代国家」,『貝塚茂樹著作集』第 1 巻，中央公論社 1976 年版。

比，并认为中国古代都市国家的特点为官僚、祭司、商工业者等支配阶层形成一个团体，他们依靠直接从事食物生产的农民、渔猎民生产的食物生活，与外界则有城墙相隔。从考古学上来看，与普通农民的居所相差很大的神殿、宫殿、工场以及城墙等遗迹皆能体现都市的特色。① 迨至《中国的古代国家》出版，贝塚的都市国家论才得到系统的阐释，首先要注意到的是该书将中国古代史定义为春秋时代以前的历史时期，并且贝塚将这一历史时期的发展脉络描绘为古代都市国家成立到解体的过程。在该书中，贝塚不再单纯追求中国都市与西亚、欧洲都市国家的相似性，而是充分意识到它们的差异，他认为中国都市的特色在于有着“朝”和“门”这些特殊建筑，它们承载着政治和宗教方面的重要功能。至于“国家”，贝塚则探讨了殷周时代的“方”与“邦家”的意义，并据此认为当时都市的性质是征服民族的战士集团的定居形态，也就是军事性质的殖民都市。② 该书的第二部分题为“春秋时代的都市国家”，贝塚意图解决梳理殷周时代都市国家经历春秋时期后，如何演变为战国时期的领土国家的这一问题。所以，作为过渡时期，贝塚着重讨论了春秋时期的国家构造，他认为这一时期的社会形态的转变是血族集团向地缘集团的转变、是同族共同体向主从关系(君臣关系）的转变。具体来说，构成中国古代都市国家的亲族团体，即中国古代的宗族因为君臣关系为伦理的主从制度的发展而逐渐解体，由此亦导致了都市国家在实质上走向崩溃，向封建国家转变。贝塚的这番言论实际上是在提示出自己对中国古代史断代的思考，在他看来，春秋时期的社会变迁实际上是中国历史从古代向中世转变的过渡时期。如后所示，贝塚与宫崎虽同用都市国家概念来描绘中国的春秋时代，但他们对概念本

---

① ［日］貝塚茂樹：「中国古代都市国家の性格」，『貝塚茂樹著作集』第2卷，平凡社1977年版，第121—132頁。

② ［日］西嶋定生：「貝塚さんとその著作集」，『貝塚茂樹著作集』付録10，中央公論社1976年版，第3頁。

身的界定以及中国从上古社会到战国时期的宏观勾勒均大异其趣。

1963 年，伊藤道治发表论文《先秦时代的都市——考古学视野下的都城》，运用考古学的成果，对临淄、曲阜、平望古城、午汲古城、邯郸赵王城、芮城县魏城、夏县安邑、宜阳县城等位于山西南部、河南北部以及春秋末期晋国地区的诸多先秦古城的形态进行了还原。通过以上梳理，伊藤试图考察春秋时期至汉代中国都城之盛衰流变，他的结论是，春秋战国时期中国都城面积广大，战国末至汉代逐渐缩小。伊藤对这一现象的解释是，春秋战国时期主要都城皆以政治、军事目的修筑的，自秦汉以降，政治方面的考虑不再占主导，所以都城急剧地缩小。伊藤对先秦至两汉社会转型原因的解释明显受到宫崎的影响。1962 年，宫崎发表论文《战国时期的都市》中提出，“战国时期大都市的发展并非源于纯粹的经济性原因，更多的是因政治性或军事性的原因而繁荣起来的。但无论如何，随着财富向大都市聚集，都会导致其作为经济力量促使工商业的发展，使大都市同时成为经济的中心”。① 在这里，明显可以看到伊藤的思路受到了宫崎的启发。

第三节　宫崎对都市国家概念的认知

宫崎的学术生涯自宋史研究开始。自 1930 年发表首篇论文至 1939 年，宫崎的学术论文大多聚焦于宋代。这段时期内，发表于 1933 年的《中国城郭起源异说》和 1934 年的《关于游侠》两篇论文却将关注焦点投向了汉代以前的中国城郭形态上。在这两篇论文中，宫崎从西方历史中抽离出来所谓都市国家的诸要素，以一种比较的视野从中国古代历史中寻找近似

① ［日］宫崎市定：《战国时期的都市》，《宫崎市定亚洲史论考》中卷，张学锋等译，上海古籍出版社 2017 年版，第 31 页。

的现象，并主张中国历史上亦存在都市国家的发展阶段。但这个学说的形成，经历了从模棱两可到明确断定的过程。

众所周知，都市国家是呈现世界史上出现的早期国家形态的概念，西方学界使用这一概念来描绘古希腊、罗马时代由城市群构成的城邦。这种模式亦被运用于其他地区文明的研究，“往往把两河流域、印度河流域、地中海沿岸乃至中国黄河流域产生的原始类型的国家都泛称为‘城市国家’”。但是，后来通过深入的研究发现，“东方的所谓城市国家的内部结构和原始民主政体的发育程度毕竟不同于希腊城邦”，所以有学者认为东方的城市国家与真正的城邦制度存在差距。① 宫崎则认为中国古代的社会形态与欧洲一样，都存在类似都市国家的历史现象。那么，要作出这种判断，宫崎首先要对欧洲古代的社会形态有所认知。这种认知的最重要的来源应是京都帝国大学欧洲史教授坂口昂（1872—1928）的论著。早在20世纪之初，坂口便将都市国家概念介绍到日本。具体来说，宫崎对都市国家形态的认识及支撑其论说的概念基础最主要来源是坂口所著的《世界中的希腊文明潮流》② 一书，宫崎曾多次提及该著作，并在论文中直接征引过该书中的文字。

坂口昂1907年就任京都帝国大学西洋史专业副教授，后又于1912年升任教授。此后，直至其于1928年去世，他一直负责教授欧洲史课程，“其讲授的课程涉及颇广，不仅讲授普通西洋史概说课程，还开设以希腊为核心的古代史、神圣罗马帝国史、文艺复兴时代史等特别课程，晚年则以全部精力专攻19世纪德国史学史”。③ 坂口昂毕业于东京帝国大学，师

① 王彦辉：《早期国家理论与秦汉聚落形态研究——兼议宫崎市定的“中国都市国家论”》，《中国社会科学》2014年第6期，第180页。

② ［日］坂口昂：『世界における希臘文明の潮流』，岩波書店1924年版。

③ ［日］京都大学文学部：『京都大学文学部五十年史』，京都大学出版会1956年版，第171頁。

从对日本近代史学的建立和发展产生深远影响的德国历史学家李斯。李斯是德国著名历史学家兰克的弟子，坂口受其学，“这给教授的学风带来决定性的影响，特别注重以世界史的视野来观察研究个案”。[①]1912年，坂口以《古代史研究的发展》为题演讲，他称：“古代史研究从启蒙期的阶段经尼布尔（1776—1831）的史料批判性研究现已转变为科学化的研究，其研究动向已经从罗马史、希腊史扩大到古代东方的整体，通过这种古代史研究的发展，已经可以证明古代世界业已形成一个庞大的国际关系体系。这便是在勾勒近世时期的古代史研究发展轨迹的同时，主张以古代世界的联系来研究古代史。”[②] 上述坂口著作《世界中的希腊文明潮流》正是基于这种世界史观的产物。应当说，此书对宫崎的古代史观影响不在小，甚至为其进行世界史理论框架的学术建构提供了重要的线索和启示。对宫崎的影响特别体现在该著所采用比较历史的研究方法，注重以超越一国史的世界史的视野来关照历史的细部研究的取向，以及从世界各地区的彼此联动中重构世界古代历史发展图景的主张。

在该书中，坂口称“都市国家是希腊语都市（ポーリス）polis的意译”，他说“若依据我国的历史及现状来理解希腊都市国家的概念史是非常困难的”，[③] 紧接着他便通过描绘现实中希腊城市呈现出的面貌来勾勒古代都市国家的形态。如后所示，宫崎曾在自己的文章中引用了这一大段坂口描述都市国家的文字，并称之为讨论都市国家形态之“最好的参考”。[④]

实际上，宫崎曾屡次在论著或回忆自身学术生涯的文字中提及坂口，

---

① ［日］京都大学文学部：『京都大学文学部五十年史』，京都大学出版会1956年版，第171—172頁。

② ［日］京都大学文学部：『京都大学文学部五十年史』，京都大学出版会1956年版，第172頁。

③ ［日］坂口昂：『世界における希臘文明の潮流』，岩波書店1924年版，第25—26頁。

④ ［日］宫崎市定：「中国における聚落形体の変遷について—邑・国と郷・亭と村とに対する考察—」，『中国古代史論』，平凡社1988年版，第81頁。

并直言自己深深服膺于坂口的著作。比如，宫崎曾回忆自己读大二时的景况，他称“大正十二年，升入大学二年级，其时正是决定选择攻读东洋史专业之际，最令人困惑的是无书可读”，而与东洋史专业的情况不同，在西洋史领域，“坂口昂的《世界希腊文明的潮流》等著作不仅内容高精，且写得通俗易懂，人人可读”①。宫崎对该著流露出格外欣赏的态度，亦可想见宫崎受其影响之大。在 1955 年“哈佛燕京同志社东方文化讲座”中刊载的一篇题为《中国古代史概论》的长篇论文中，宫崎陈述称“坂口昂博士的《世界希腊文明的潮流》一书的第 25 页以下给我们提供了明确的概念”。此外，宫崎晚年曾忆及发表于 1957 年的《中国聚落形态的变迁——关于邑、国、乡、亭、村的考察》一文，他更是直言自己“对于此，我深深感佩并受教于坂口昂博士在《世界希腊文明的潮流》一书中的描述”②。总而言之，宫崎曾数度提及坂口及其著作，足见其受坂口学术研究的影响之巨。从宫崎今后的学术特色看，也不难窥知其的确深受坂口比较历史的视野和方法的影响。宫崎此后对中国古代城市形态乃至中国历史的研究皆采取比较历史的学术取向，而比较的基准便是西方历史发展进程。

发表于 1933 年的论文《中国城郭起源异说》中，宫崎首次论及中国古代城市形态与西方的相似性。在该文中，宫崎勾勒出中国古代城市形态变迁的轨迹，并将之与希腊作比较，但未明确断定中国古代存在都市国家的现象，这体现出宫崎对该问题仅有初步思考，尚无明确论断。不妨先看宫崎对中国先秦社会城郭形态变迁的描述。宫崎在该论文中征引《战国策》、《史记》以及《左传》等文献，按照年代逆推上溯，将中国的城墙依形状分为三种类型：第一种为城壁式。城墙多为方形，被城墙包围的

① ［日］宫崎市定：「私の中国古代史研究歴」，『中国古代史論』，平凡社 1988 年版，第 310 頁。

② ［日］宫崎市定：「私の中国古代史研究歴」，『中国古代史論』，平凡社 1988 年版，第 319 頁。

民居整齐排列，以战国以后至秦汉时期居多。第二种为内城外郭式。两重城墙，外层为郭，内层为城。城中多为君主的居所以及宗庙所在，一般民众居住在城与郭之间的地带。春秋时代多为这种格局。第三种宫崎称之为山城式，并未有考古发掘的遗迹支撑该论。宫崎认为这种最古老的城郭的形态为：城依小的高岗而建，上有宗庙社稷与王的宫殿，人民散居于城之下，其周围尚未筑造城墙。战争期间，城可迅即转变为要塞，人民悉数聚拢其中。① 通过以上的考察，宫崎对中国城郭起源和沿革做了如下描绘：

> 中国古代黄河沿岸的平原上居住的民族分为众多的部落，他们依较高的小丘为中心修筑城塞，其中亦建有王宫、宗庙，是为神圣之所。人民散居于山麓，一旦有战事，皆向城塞聚拢。然而，部落逐渐发达，工商业兴起，住宅密集之后在聚落周围设置屏障，这便是郭或郛。若有敌来犯，可以恃郭抵御，但若遇敌人太强，则可退居内城。随着人民财富增加，又不堪外敌的屡次劫掠，于是将郭筑造得高且厚。最终，内城被无视而郭则被称为城了。此外，在实际上，若郭被占领，内城则毫无防御之作用。采用这种形式城墙的城市逐渐成为主流后便不再依凭小山的险峻地势，人们选择交通便利的、低湿的土地建造新的都市，并且随着都市的发达和富足，人们修筑坚固的城墙来防御外敌。②

因为宫崎的文章据现存文献进行了逆向追溯，所以在他看来，中国的城郭形态从第三种向第二种、再由第二种向第一种演化。他认为，自战国时代以降，中国城市城郭的形态皆如第三种了，迨至秦汉，因采用郡县制，内城早已完全消失难觅其痕迹了，这也就使得后世难以了解城郭形态

① ［日］宫崎市定：「中国城郭の起源異説」，『宮崎市定全集』第 3 巻，岩波書店 1991 年版，第 99—106 頁。

② ［日］宫崎市定：「中国城郭の起源異説」，『宮崎市定全集』第 3 巻，岩波書店 1991 年版，第 108—109 頁。

的变迁。接下来宫崎便比较中国与希腊、罗马的城郭形态，在此，他无疑是参照了坂口描绘的希腊、罗马城市形态的图景，宫崎称：

> 古典时代的希腊诸国大致四周有坚固的城墙包围，其城市中心有称为卫城（アクロポリス）的小山岗，这里建有神殿和金库。最初，小山岗作为王的居所而发达起来，战时人民皆聚拢于此。城市周围的城墙是在后来发展中建立起来的，波斯战争时期的雅典人中仍有人主张据小山岗以抵御波斯。波斯战争后，雅典城周围修筑起坚固的城墙并以此为唯一屏障与斯巴达作战，城墙被攻陷的同时也意味着雅典的降服。

宫崎描述罗马的情形则为：

> 罗马城最初建于七个山丘之上。高卢人入侵之时，罗马人退守卡匹托尔丘才免于全军覆没。而城下町只能任由敌人肆意蹂躏了。其后，罗马周围修建起坚固的城墙，并以此抵御汉尼拔的军队。①

经过这一番对比，宫崎似乎从中国历史中“发现”了与希腊、罗马的早期都市国家现象相近的情形，他在该文中虽尚未明确提出中国历史上存在都市国家现象的主张，但却不无深意地称：“中国与希腊、罗马等西方城郭的发展相比较，共同之处非常多，我们感到无比的趣味。”②这篇论文或可视为宫崎世界史构想的萌芽。翌年，宫崎发表《关于游侠》一文，不仅明确断定“在我看来，中国古代社会是小规模的都市国家，抑或部落国家相互对立的社会”③，而且将中国上古至战国的历史描述为都市国家之间相互兼并、弱肉强食，经领土国家走向秦汉帝国大一统的过程，他称：

---

① ［日］宫崎市定：「中国城郭の起源異説」，『宮崎市定全集』第3卷，岩波書店1991年版，第111頁。

② ［日］宫崎市定：「中国城郭の起源異説」，『宮崎市定全集』第3卷，岩波書店1991年版，第110—111頁。

③ ［日］宫崎市定：「遊侠に就て」，『中国古代史論』，平凡社1988年版，第253頁。

> 黄河沿岸比较小的地区中，肯定是存在为数颇多的独立的都市国家的，抑或可能有部落国家，大概那些国家的规模亦甚是有限。但是，可以想见，这些国家即便不似后世所谓封建制度那般统一，至少未必处于像一盘散沙般的割据纷争的无统治状态。定是以血缘或者地缘为纽带结成某种同盟。实力较强的国家成为中心，居于监督同盟条约的实施的地位，或对加盟的小国家有相当大的威慑。但是，长期的从属关系促使合并、吞并的发生，弱肉强食，从另一面看则产生大同团结的倾向。随着诸国数量的减少，出现了实力超强的国家。这种强国之间复又结盟、合并，结果中国走向全国统一，这便是春秋战国时代的大势。①

从引文中可知，宫崎把中国从上古至春秋战国的历史描述为若干政权和国家形态相继出现的过程。首先出现的是都市国家林立的状态，经过“弱肉强食”的兼并出现若干实力较强的领土国家，而它们继续相互争霸，最终走向建立统一帝国。如后述，宫崎此后形成的世界史构想中，认为从都市国家走向大一统帝国的古代史发展路径是世界各地区均要经历的具有普遍性的历史进程，这成为其描绘的世界史图景的逻辑起点。

宫崎提出中国古代都市国家论以后，基于该思路，其又发表数篇论文来为该说做“注脚”，以论证该思路的有效性，这也使得该论述框架较最初更加地精细化和体系化。换言之，《关于游侠》一文发表后，宫崎这一整体思路便未有大的改变，之后他有关中国古代史的论说皆是对该文所提出的概括性框架作更加深入和细致的阐发。

《关于游侠》一文发表后，直至1940年出版的《东洋的朴素主义民族与文明主义社会》一书中，才又再度论及中国都市国家的问题，他称“殷人就已经筑起了城郭，过上了都市生活。到了周代，城郭生活更加普及”，

---

① ［日］宫崎市定：「遊侠に就て」，『中国古代史論』，平凡社1988年版，第253—254頁。

这里宫崎援用那波对“國”字的解释，即“表示城郭的‘囗’符号中加入了‘戈’字、‘口’字和‘一’字。‘口’代表人民，‘一’指的是土地，‘戈’则是主权的象征”，然后宫崎称“这有点像古希腊的 polis”。① 此处不过是简单提及，并未做细致的探讨。1947 年出版的《亚洲史概说（正编）》的“绪论”中，宫崎方又再度正面论及都市国家的问题。在该文中，宫崎主张国家的形成标志着历史的开始，而城邦则是最初的国家形态之一，他进一步认为城邦出现的原因是“生活在狭小地区的人们倾向于聚集到城市中，这座城市就逐渐变成一个政治上、经济上独立自治的国家”，且这种城邦的分布遍及“西起美索不达米亚，途径波斯、中亚和印度，东至中国北部的黄河流域平原”。② 接下来，宫崎描绘了人类历史从都市国家演变为领土国家的历程。首先，城邦的存在并非各自孤立，它们一般呈现出国家联盟的形态。其次，每个城邦都会企图建立领导其他国家的“霸权”，且“强国之间存在争夺霸权的现象”在东西方历史上普遍存在。宫崎进一步主张，因为城邦时代并未形成历史性的民族，所以民族问题并未占最重要的位置，那么，何为这一历史阶段最重要的问题？宫崎认为，这一历史阶段主要存在文化先进的城邦群与外界落后民族之间的都鄙对立、国家内部的阶级对立以及城邦群之间的对立。在历史演进过程中，城邦吸收了其外部要素，其内部的阶级对立便被消解，“近邻城邦之间的联盟在维持了较长的一段时间之后，逐渐使单个城邦丧失了政治上、经济上的独立自主地位；而当整个城邦群都不再独立自主，拥有广阔领土的国家也就随之形成了”。③

1950 年，宫崎发表《中国上代是封建制还是都市国家》，在论文的第

① ［日］宫崎市定：《东洋的朴素主义民族与文明主义社会》，《宫崎市定亚洲史论考》上卷，张学锋等译，上海古籍出版社 2017 年版，第 31 页。

② ［日］宫崎市定：《亚洲史概说》，谢辰译，民主与建设出版社 2017 年版，第 4 页。

③ ［日］宫崎市定：《亚洲史概说》，谢辰译，民主与建设出版社 2017 年版，第 4 页。

一节“世界史与中国古代史”中，宫崎便开宗明义地阐述了自己先前提出的构想。该文的论述不仅具体而详细，他更是将自己的论述框架表述为一个“公式”：

> 从我的历史观看来，全世界各地区古代史的发展路径似皆可作如是观，即都是先从人类构成的氏族性质的小集团逐渐统合为规模较大的集团，最后出现统一的大帝国。而且，从氏族制度到出现大帝国的过程中，普遍都会出现都市国家的发展阶段。在我的头脑中，存在着这样一个公式，即氏族制度—都市国家—领土国家—大帝国。①

宫崎进一步称，他坚信这一公式可以毫无障碍地应用到中国历史上，并认为“殷末至春秋为都市国家的时代，战国时代为领土国家的时代，接下来的秦汉即大帝国时代”。② 可以看出，这里的论述虽较 1934 年提出的初步构想要完整得多，但整体框架并未变化，只是更加清晰而肯定地描述了之前的构想。并且，宫崎认为这个古代史的发展路径是适用于“全世界”的通用法则。该文便为证其假说的有效性展开了论述，宫崎重申中国上古时期的社会形态迥异于欧洲中世纪时期的封建制度，特别是春秋时期出现的城郭都市与希腊的都市国家极其类似的主张。但是，宫崎在该文并未彻底否定中国上古时期施行“封建”制度，他认为中国的“封建”因宗族制度而产生形变，且分封的国与“母国”之间有着较强的分离独立之倾向。在分别分析了“邑”“都”“城”“郭”各字的含义后，他提出这些被分封而建的国大多以城市为中心，生活在其中的人们具备较强的自立观念的主张。而且，这些城市大都建有城郭，宫崎认为这种城市呈现出的形态颇类似于希腊的都市国家。他进一步分析中国氏族制度的变迁，特别注意到中

① ［日］宫崎市定：「中国上代は封建性か都市国家か」，『宮崎市定全集』第 3 巻，岩波書店 1991 年版，第 115 頁。

② ［日］宫崎市定：「中国上代は封建性か都市国家か」，『宮崎市定全集』第 3 巻，岩波書店 1991 年版，第 115 頁。

国姓氏的发展脉络，以此为线索勾勒出中国古代都市的构造。他认为城市的市民由氏族集团构成，城市的耕地以氏族为单位进行分配，拥有姓氏的市民与属于劳动者阶层的庶民存在很大区别。照此逻辑，也就意味着氏族成员相当于西方都市国家的市民，而农民则相当于奴隶阶层。随着城市的发展，姓逐渐消失，仅余氏而已。通过以上的论述，宫崎进一步梳理中国春秋列国的封建制的状况，且勾勒出春秋战国时期中国城市发展的脉络，他认为春秋时期的城市逐渐形成国家联盟，弱小的国奉强有力的国为霸主，之后弱小国渐失其政治上的自主性，这一变化为中国社会向战国时代的领土国家转变开辟了道路。因此，“春秋时期作为世界史体系中的一环，与其将之视为封建制的时代不如将之看做都市国家的历史阶段更为合适”。① 从标题中即可窥知宫崎的意图，即该文包含有对郭沫若中国历史分期四阶段论这一学术主张的批驳。

1955 年，哈佛燕京同志社东方文化讲座之八，宫崎系统地阐述了其中国古代史的研究立场和学术框架，该文后由哈佛燕京同志社东方文化讲座委员会刊行，题为《中国古代史概论》。在该长篇论文中，宫崎分“何为‘中国古代史’”、“中国历史的黎明”、“春秋时期的都市国家”、“战国时期的领土国家”以及“秦汉古代帝国”五个部分的内容，简明扼要地勾勒出具有鲜明宫崎特色的中国古代史发展路径的宏观叙事。从文章的五个标题中不难看出，这篇文章仍是其之前所提观点的系统化论述，整体思路依旧没有大的改变。只是该文第一部分对都市国家的形态有着更加详细的描述。宫崎再次强调氏族是人类建立的最早的社会共同体，氏族逐渐发展为都市国家，“许多氏族协同起来，密集地居住在有城墙围绕着的都市国家里面，过着集体生活；都市的郊外原则上无人居住，市民每天早晨到郊

---

① ［日］宫崎市定：「中国上代は封建性か都市国家か」，『宮崎市定全集』第 3 巻，岩波書店 1991 年版，第 114 頁。

外的土地上去耕作劳动，夜晚回到城内欢乐地过集体生活”。① 这便决定了都市国家的规模不能过大。都市国家的另一特征是市民的爱国心极强，他们之间互相协助合作使文化发达，并且他们在战争中作战英勇。高大的城墙是都市国家的又一特征，以此来提供监视奴隶之便。另外，宫崎还认为当时战争频繁，经常需要向邻国求援，所以都市国家往往成群地建立起来，因此，战争会从两个国家之间的对抗演变成都市国家群之间的对抗。因为都市国家同盟内部成员的实力有强弱的悬殊，这种同盟关系逐渐演变为保护与被保护的隶属关系，由此便出现了“霸者”。这一隶属关系进一步发展，都市国家联盟便转变为以霸者为中心的领土国家，被保护的国其政治、外交上的自主地位便由此消失了。

可见，宫崎以上几篇论著的论述不过是对 1934 年所发表观点的详细而具体的细节补充，可以说，其整体思路几未有变。通过以上的梳理我们可以发现，宫崎对都市国家这一概念的界定是含糊不清的，他虽依据坂口昂的著作对欧洲和中国历史上的“都市”形态多有描绘，但也是着眼于两者外部形态的相似性，极少涉及东西方所谓“都市国家”的内部社会结构和政治体制的细节对比。1957 年，宫崎发表题为《中国聚落形态的变迁——关于邑、国、乡、亭、村的考察》的长篇论文，依旧在比较史的视野中寻找中国历史上与西方都市国家相近的现象。这篇文章与以往论都市国家的论说不同，宫崎抛出一个“集村型聚落”的概念，并且认为这是都市国家形成的前提，而中国古代的聚落之形态恰是这种集村型的典型。这篇文章使得宫崎对中国古代都市国家的研究在细节上继续推向深入，用宫崎自己的话说便是“迎来了第二阶段”。②

宫崎在该文中依旧未对“都市”“国家”等概念进行明确地界定，依

① ［日］宫崎市定：《中国古代史概论》，《东洋的古代》，马云超等译，中信出版社 2018 年版，第 4 页。

② ［日］宫崎市定：『自跋集—東洋史学七十年—』，岩波書店 1996 年版，第 49 頁。

旧主张“必须通过对‘都市国家’的直接观察来探究其实态”，他再度强调坂口昂著作中描绘的都市国家景象“对我们来说最值得参考”。[①] 为了更好地理解宫崎对都市国家外部形态的认知，我们不妨来看一下坂口著作中的这段描述：

> 在意大利东海岸，从巴里到伦巴第；在西海岸山清水秀的那不勒斯湾，从那不勒斯市到庞贝城遗迹，这两大片区域中分布着既有一定的间隔又相互连续的都市群。这种都市群正是古代都市国家并立的最好例证。简而言之，今天的那不勒斯市虽然已经发展成为大都市，但在古典世界中却不应该是这样的状态；除那不勒斯这个例外外，其他城市的人口均在一至六七万之间，如果乘火车旅行的话，每开出二三里，就会看到一座这样的城市。城市与城市之间的山丘田地上，橄榄繁茂，葡萄丰实，豆麦青秀，其间除偶见劳作者居住的小屋外，看不到任何有人定居的村落。农民们都住在什么地方呢？其实，他们都住在各自的城市中。如果有幸在早晨或傍晚正好经过这一带的国道，那你就会看到这样一幅景象：农夫们赶着马车，车上装着农具，早晨成群地离开城市，傍晚则又成群地回到城市。这一带之所以能够形成为数众多的城市，且各城市的人口也比较多，主要原因并不是由于工商业者的聚集。造成这一现象的最大原因，是几乎所有的农民都远远地离开各自耕种的土地而居住在城市之中。或许南欧的地主和农民都意识到了城市生活对他们的重要性，认为这种生活对他们来说是一日不可缺的。每到傍晚，他们必定迈出家门，到市中的散步道去逍遥闲逛，到经常出入的咖啡店与朋友邻人谈笑嬉玩。在这等日常行为中，实践着与他们身份相符的

① ［日］宫崎市定：《中国聚落形态的变迁——关于邑、国、乡、亭、村的考察》，《宫崎市定亚洲史论考》中卷，张学锋等译，上海古籍出版社 2017 年版，第 525 页。

所谓政治运动。①

宫崎以此为“想象”和规定都市国家形态的依据，指出都市国家的本意非指雅典、克里特等规模较大的国家，而是可被称为“集村型聚落”的一个聚落，并认为这是典型的都市国家的形态。那么，从这篇长文的标题即可明显地窥知其主要意图，即宫崎试图通过考察中国历史上邑、国、乡、亭、村等聚落形态及其变迁，证明中国早期社会形态便是他所谓的“集村型聚落”。宫崎首先从“国”字入手，他征引《战国策》的“赵策·襄文王”中的“古者四海之内分为万国，城虽大无过三百丈者，人虽众无过三千家者”一句，认为上古中国是存在“万国”的，也就是存在着数量众多且形制小的“国”，“在中国古代，存在着众多的‘国’，而且越往古代，保持独立的国的数量就越多”。宫崎再次采用“逆推法”，从上古时期的古国遗留到汉代的遗迹为线索反向逆推汉代之前历史时期的社会形态。

在这一逆推的过程中，宫崎特别重视《续汉书·郡国志》，反而认为成书较早、离上古时期更加接近的《汉书·地理志》参考价值不大。宫崎首先根据《续汉书·郡国志》整理出县、乡、聚、亭与上古时期特别是春秋时期对应的古国名称，又根据《水经注》整理出乡、亭的名称与古代邑、国的对应关系，之后他得出这样的结论：“上古时代的邑国，到了汉代而作为县、乡、亭等聚落存续下来的很多，而且这些聚落为上古时期的邑国自不必说，即使到汉代变成了一般的聚落名称之后，也可以想象其周围仍然保留着城郭。不仅延续上代邑国的聚落是这样，就是一般的汉代县、乡、聚、亭，其周围似乎也应有城郭围绕”。② 而这种梳理，直接关乎秦汉时期与先秦时代的延续，亦关系到如何认识秦汉时期的社会形态的

① ［日］宫崎市定：《中国聚落形态的变迁——关于邑、国、乡、亭、村的考察》，《宫崎市定亚洲史论考》中卷，张学锋等译，上海古籍出版社 2017 年版，第 526 页。

② ［日］宫崎市定：《中国聚落形态的变迁——关于邑、国、乡、亭、村的考察》，《宫崎市定亚洲史论考》中卷，张学锋等译，上海古籍出版社 2017 年版，第 530 页。

问题。

接下来宫崎继续梳理县、乡、聚、亭的形态及相互关系，他的结论是，上古时期的万国即无数的邑，至汉代后“依据其规模的大小或地理位置的重要与否，上者名为县，中者名为乡、聚，下者名为亭”，所谓的县，其实与乡是同质的，“其本身就是一个大的乡（都乡），同时又统辖着附近的小乡；同样，乡本身就是一个大的亭（都亭），同时又统辖着附近的小亭”，也就意味着，县、乡、亭三者其实是几无不同之处的聚落，并且宫崎特别强调，这三者周围均修筑有城郭。①

在解决完这些问题后，宫崎进一步梳理“里”的内涵以及里与亭、乡之间的关系。宫崎通过检索《汉书·百官公卿表》《续汉书·百官志》《宋书·百官志》等文献，指出其中有关里、亭、乡存在着“十里一亭、十里一乡、十亭一乡”的相互矛盾的记录。经过分析，宫崎认为，这一时期的聚落形态“恰似一个个细胞，在一定面积的耕地中央，存在着细胞核似的城郭。城郭之内，被区分为数个区域，这就是里”，工商业者和农民均居住在里中。宫崎在此基础上进一步指出，汉代根据城郭大小、重要程度以及里民人口的多少来进行县、乡、亭的行政划分。虽说“亭隶属于乡，乡隶属于县”，但其性质是完全一致的。②那么，促使这一制度走向崩溃和瓦解的主要因素为何？宫崎认为其最初契机是城内居民移居城外，而促使这一社会形态走向快速瓦解的最主要因素是“汉代日益膨胀的豪族势力”。其原因有二：一是豪族势力占有负郭之田、带郭之田，使得贫民到更远的地方去开垦新地；二是豪族也在远离城郭之处开拓庄园，招募劳动者，这也成为促使城内的农民离开城郭的原因。于是，宫崎认为“村”作为一种

① ［日］宫崎市定：《中国聚落形态的变迁——关于邑、国、乡、亭、村的考察》，《宫崎市定亚洲史论考》中卷，张学锋等译，上海古籍出版社2017年版，第535页。

② ［日］宫崎市定：《中国聚落形态的变迁——关于邑、国、乡、亭、村的考察》，《宫崎市定亚洲史论考》中卷，张学锋等译，上海古籍出版社2017年版，第540—542页。

新的聚落形态出现了。

针对宫崎所提出的上述中国古代都市国家论的观点，中日两国学界赞成者有之，提出异议者亦不在少数。国内学者王彦辉通过爬梳相关史料对中国秦汉时期的聚落形态进行了细致考察，不仅从都市国家概念上否定了宫崎的学说，更对宫崎的“汉代的乡聚亭都筑有城郭”这一立论基础进行了有力的驳斥。王彦辉综合国内外学者界定“城市国家”的学说，认为其主要特征可归纳为以下几点：

> （一）“城市国家”必须成群或网状分布，是一个个领土面积小、国民少、地位平等的政治独立的主权实体，其领土面积从国家中心步行至国境只需一天。
>
> （二）从外观上说，“城市国家”是一个个有着轮廓分明的中心，即城郭或护城河所防护的城市，这些城市拥有提供生产物资的临近腹地以实现经济上的自给自足。
>
> （三）从内部权力结构来说，“城市国家”通常包括三个权力成分——民众大会、长老会议、首脑会议或领袖会议。而城邦制度最重要的基础是公民平等原则和民众大会的立法权，以及作为公民大会主权原则的“直接民主”。①

王氏据此认为，“把‘城市国家’要件之内部权力结构因素予以考虑的话，或许只能得出中国古代不存在‘城市国家’发展阶段的结论”，他又从四个方面驳斥了宫崎“汉代的乡聚亭都筑有城郭”的结论。最后王氏认为宫崎“以汉代遗迹为线索，上溯更远古代的研究方法”在实际运用的过程中，“掺杂了太多的想象成分，甚至是偷换概念”，宫崎的论述实际上“是以有限的实例考察，撑起巨大的通观主张，主观性很强。所谓的‘中

---

① 王彦辉：《早期国家理论与秦汉聚落形态研究》，《中国社会科学》2014年第6期，第180页。

国古代都市国家论’、所谓的汉代乡聚亭的‘周围都筑有城郭’的结论，是根本站不住脚的”，总之，王氏认为“秦汉时期的聚落形态与‘都市国家论’风马牛不相及，秦汉社会的组织形式与‘城市国家’的组织形式更是背道而驰”。①

宫崎自 1934 年开始明确使用都市国家的概念来描绘中国古代的社会形态，旋即又以欧洲古代史发展的进程套用在中国古代史上，提出了中国古代史发展进程的框架，这成为他毕生坚持的学术主张。他的中国古代史个案研究都是在此框架下展开的。换言之，宫崎进行的个案研究都是为了证明这种框架的有效性。其实，自宫崎正式抛出都市国家概念以后，日本学界多有不同的甚至是批评的声音。但是，这并没有使宫崎“重起炉灶”大力修正自己的整体思路，反而是不断地从细节处寻找依据来论证自己学说的有效性。总而言之，宫崎的都市国家论存在一定的学术价值，他尝试从与唯物史观不同的角度提出解释中国先秦时期的社会形态的框架，同时也勾勒出中国上古至秦汉的古代史发展图景。当然，宫崎所处的时代中国聚落考古发掘尚未开展，加之受限于资料的运用和解读等技术性问题，使得宫崎的都市国家论的学术史意义失其大部。但是，通过以上梳理的宫崎都市国家论的整体思路不难看出，其主要的目的或者动机是建构一种体系化的世界历史图景，下节拟对此问题做一探讨。

第四节　宫崎都市国家论的动机与目的

通过以上的考察可以确知，宫崎以坂口描述的希腊、罗马古代史中的

① 王彦辉：《早期国家理论与秦汉聚落形态研究》，《中国社会科学》2014 年第 6 期，第 186—187 页。

都市国家现象为标准，在中国古代史中寻求一些类似的现象，从而主张中国古代亦曾存在都市国家现象。但是，宫崎寻找所谓类似现象只是追求外部形态的相似性。这种追索成为宫崎建构中国古代史发展历程的一个起点，从这一点出发，他勾勒出一幅中国古代史发展的宏观图景，而这种历史图景所依据的“蓝本”，不外是欧洲历史发展进程。换言之，宫崎将西方历史发展的进程套用在中国历史上，并总结出一套描述历史发展规律的“公式”。那么，宫崎在 1933 年论述中国历史上存在都市国家现象尚未作出明确论断，缘何至 1934 年一改含蓄不明的态度，撰文明确断定中国历史上存在都市国家呢？以下试对这一问题作简单梳理，明确宫崎该学说产生的契机以及该学说与其世界史构想之间的内在关联。

从中国古代都市国家论到完整地提出中国古代史的发展路径，宫崎或受同僚中原与茂九郎（1900—1988）西亚史研究的启发。中原与茂九郎年长宫崎一岁，但与宫崎同是 1922 年 4 月入京都帝国大学史学科，主攻西洋史，并与宫崎同年毕业。1928—1930 年留学英国牛津，归国之后先入职广岛大学，1951 年调入京大工作，直至退休。[①]1951 年，宫崎主持出版五卷本《京大东洋史》，其中第五册《西亚史、印度史》（1953）卷首的“概述”的西亚部分之内容即由中原与茂九郎负责执笔。1956 年，京都大学西南亚研究会成立，宫崎任副会长并兼任该学会机关刊物《西南亚研究》的顾问，中原与茂九郎不仅是该学会的成员，亦是该学会机关杂志的顾问之一。可以想见，宫崎与中原、茂九郎存在着不少交集。

1934 年 9 月，中原与茂九郎的《西南アジアの文化》(《西南亚的文化》)一书作为“岩波讲座东洋思潮”系列书籍的一册出版。此书中，西亚的古代历史被论述为从都市国家到领土国家继而形成统一帝国的过程。

---

① ［日］京都大学西南アジア研究会：「中原与茂九郎の略歴と主要著作目録」，『西南アジア研究』1963 年第 10 號，第 2 頁。

美索不达米亚即底格里斯河、幼发拉底河两河流域地区出现的国家政权，从公元前40世纪左右的都市国家时代到公元前6—4世纪的波斯帝国时代始终贯彻了王政。大体言之，苏美尔、阿卡德地区建立的各都市国家间为争夺霸权相互抗争，之后，这些都市国家统合为领土国家，由此出现官僚政治并建立起专制君主政体（萨尔贡的阿卡德王朝）。不久，此政权形态又转变为君主政体（法典编纂者汉穆拉比所属的汉穆拉比第一王朝），这是一种采用法治的商业化的国家形态。最后，又出现了以武力统一各国民、各民族后欲统治世界的军国主义式的帝国（亚述帝国、波斯帝国）。①

从上述引文可知，中原与茂九郎描绘的西亚古代史发展路径与欧洲古代史的历史进程别无二致。这种思路在前述1953年出版的《京大东洋史》第五册《西亚史、印度史》中体现得更加具体而详细。此书第一章“古代东方世界”中，他首先强调美索不达米亚和埃及地区“这里出现了地球上最早的都市国家”，然后又分“都市国家的成立”、“都市国家的崩溃”、“领土国家的成立”和“世界帝国的出现”等小节展开详细论述。② 简而言之，从早期都市国家，经过相互兼并形成领土国家，最终通过武力征服而形成统一的大帝国，是中原与茂九郎描述的西亚古代史发展大势。比中原与茂九郎文章稍晚，宫崎发表《关于游侠》一文，一改《中国城郭起源异说》一文中“我们将之与希腊、罗马等西方城市的发达相比较，发现共同之处甚多，不免对此饶有兴趣”③ 的含糊态度，笃定地将“都市国家”这个欧洲史中常用的概念套用到中国历史上的同时，并提出了中国古代史发展的

① ［日］中原与茂九郎：「西南アジアの文化」，『岩波講座東洋思潮』第8巻「東洋思潮の展開」，岩波書店1934年版，第17頁。

② ［日］中原与茂九郎：『西アジア史・インド史』，創元社1953年版，第2—27页。

③ ［日］宫崎市定：「中国城郭の起源異説」，『宮崎市定全集』第3巻，岩波書店1991年版，第111頁。

“公式”。在这个过程中，宫崎或多或少可能从中原与茂九郎那里得到了启发。即宫崎先是用比较历史的视野从中国古代史中寻找与古代希腊、罗马都市国家相似的要素，而对欧洲古代的发展进程的书写向来是“从分散的都市国家走向统一帝国”的过程，如果西亚的古代史发展路径亦是如此，那么东亚、西亚和欧洲这欧亚大陆的三个文明圈则经历了相同的历史发展路径。这或许给宫崎带来思考世界史体系的契机，若中国古代史发展历程与西亚、欧洲均经历了“氏族制度—都市国家—领土国家—大帝国”的过程，那么，这几个地区出现相近的历史发展阶段的背后是否存在因果关联？若能“证明”这种因果关联的存在，对这种现象作出合理的解释，则能够建构一种宏大的世界史叙事。毫无疑问，宫崎的世界史构想以对这一问题的观察和思考为契机得以进一步地深化和体系化。

如本章第一节所示，20 世纪 30 年代中期前后，正值日本学界的马克思主义史学家围绕中国古代社会形态问题展开大讨论的节点。在这一背景下，宫崎明显受到学界围绕这一问题展开的诸多讨论的影响，他在 1933 年、1934 年先后发表的前述两篇论文的动机之一，便是站在与唯物史观史学相异的另一立场提出解释中国先秦社会形态的框架。与此同时，一幅不同于唯物史观历史发展阶段论的世界史图景在宫崎的脑海中得以形成。事实上，与其说宫崎坚持中国古代都市国家论是试图建立中国先秦社会的解释框架，倒不如说其直接目的就是建构一套自己的世界史体系，并且通过这一世界史视野来“观察”中国，使中国历史发展路径与其世界史构想的整体步调相合。可以说，中国都市国家论能够为宫崎建构的世界史体系提供有力的支撑，我们似可从两个方面进行讨论。

第一，如果中国都市国家论能够成立，那便可以印证“中国文化西来说”，这亦能够成为“人类文明西亚起源论”这一文化一元论观点的有力佐证。在宫崎的思路里，人类文明起源于西亚，然后向东传播影响印度、中国，向西传播影响欧洲历史进程。据宫崎自己回忆，他的这一思路受日本京都大学第一代梵文学教授榊亮三郎（1872—1946）的影响颇深。1936年，榊亮三郎以“上古波斯与古代印度”和“中世纪波斯与中国、日本”为题连续做了八场演讲，宫崎回忆称，“听讲以后的我，感动得难以言表，我当年一直抱有的疑问，因为听了这次讲座，一下子就全部消除了”。这里宫崎所说的“抱有的疑问”当是指西亚文化对周边产生的影响以及如何建立体系化的世界史的问题。他继续说，“博士讲座的大要是，世界文化的根源在西亚，将之集大成的是古代波斯帝国。在波斯帝国强大势力的影响下，西亚文化也向东西两方传播，在西方促成了罗马帝国的形成，在东方促成了印度孔雀王朝的出现，更促成了中国秦汉帝国的诞生”，宫崎似乎充满感慨地言明，“这才是真正基于宏大构想之上的古代史概观”。在宫崎看来，这种认识框架下，“东方的古代中国与西方的古希腊、罗马以位于两者之间的西亚为媒介平行向前，经历了古代史特有的发展阶段”。①也就是说，西亚文化向东西两个方向传播的事实可以解释中国、西亚和欧洲经历近似的古代史发展历程的现象。所以，宫崎所说的“都市国家”更多地接近于一种概念化的历史阶段，他反对从西方都市国家现象中抽离出详细的具体指标来否定欧洲以外的地区，曾经经历过都市国家发展阶段的做法，宫崎认为都市国家“指的是世界上主要地区国家形态发展过程中的一种模式。在这一模式中，都市国家脱胎于最早的部族国家，然后逐渐朝着领土国家发展，最后发展成为古代帝国”。②在宫崎这里，都市国家是早期氏族社会向领土国家转变过程中的处于过渡阶段的社会形态，成为解释古代史发展进程的重要指标，论证中国历史经历了都市国家的发展阶段也就成为其建构世界史体系工作的第一步。论证中国存在都市国家现象也

① ［日］宫崎市定：《我的中国古代史研究》，《东洋的古代——从都市国家到秦汉帝国》，马云超等译，中信出版社 2018 年版，第 264—265 页。

② ［日］宫崎市定：《我的中国古代史研究》，《东洋的古代——从都市国家到秦汉帝国》，马云超等译，中信出版社 2018 年版，第 249 页。

就意味着中国文明西来说成立，中国文明西来说成立同时也意味着世界史构想的成立。

早在 19 世纪末，西方学者拉克伯里（Lacoupérie，1844—1894）便提出中国人种西来说，意图证明中国文化起源于西方。1894 年，拉克伯里出版《早期中国文明起源于西方论》（*Western origin of the Early Chinese Civilization*）一书，提出中华文明的始祖黄帝来自古巴比伦，实际是巴克族的酋长奈亨台，在公元前 2282 年前后，他率领族人东迁，其中一部分历经千难万险来到中国西北部的黄河上游地区，成为日后的汉族。① 为证明他的观点，拉克伯里从政治制度、语言文字、天文历法等方面找寻出中国文明与古巴比伦两者众多的共同之处。该说甫一问世，在日本学界引起较大反响。有迎合者，如三宅米吉（1860—1929）、白鸟库吉，此外，尚有白河次郎、国府种德于 1900 年出版的《“支那”文明史》便大量援用了拉克伯里的学说。有批判者，如宫崎硕士时期的导师桑原骘藏早在 1896 年便注意到拉氏的学说，在他发表的《论东洋学者关于“支那”太古的学说》这一文章中“批判中国文明起源于西亚的‘西来说’，而主张中国文明起源于中亚”。② 该文发表两年后的 1898 年，桑原出版了东洋史教科书《中等东洋史》，其中论及汉族的由来时称汉族是“东洋史上最重要的人种，此族大概于久远的时代自西方移居‘支那’内地，栖居于黄河沿岸，后逐渐向四周发展开去”。③ 可见，桑原与拉克

① 杨思信：《对“中国文化西来说”的历史考察》，《淮阴师范学院学报》1999 年第 4 期，第 102 页。

② 孙江：《拉克伯里“中国文明西来说”在东亚的传布与文本之比较》，《历史研究》2010 年第 1 期，第 124 页。

③ ［日］桑原騭藏：「中等東洋史」，『桑原騭藏全集』第 4 卷，岩波書店 1968 年版，第 23 頁。该书出版一年后因分量太大，并不适合中学的教学，所以又出版了简化版本的『初等東洋史』，该书作为中学历史教材被沿用近三十年。该书更是被翻译为汉语，版本若干，其中有一版题为《东洋史要》，译者为东文学社学员樊炳清，王国维为之作序。

伯里的观点虽有不同，但都是在建构一种中国文化西方起源的观念。在中国，1903年蒋智由在《新民丛报》上连载题为《中国人种考》的文章，其中便有大量篇幅介绍拉克伯里的这一学说，将拉克伯里的西来说介绍到国内。另外，章太炎、刘师培等诸多学者亦支持该说。可以说，中国人种西来说在近代中国思想界产生了一定影响。宫崎曾在自己的文章中提及拉古伯里的这一著作，他虽否定了该著作的研究方法，但却接受了中国文化起源于西方的观点。宫崎如此执着于中国古代都市国家论即是明证。

在前文中提及的《中国古代史概论》中，有题为“中国历史的黎明”的一节，宫崎试图通过考古发掘出土的陶器证明在西方文化的影响下中国历史才出现了“黎明”。有关彩陶、黑陶、白陶及灰陶这些史前时代出土的土器系统的考察，是新石器时代研究中不可回避的问题。中国彩陶的发现和研究始于1921年，契机是瑞典学者安特生（J.G.Andersson）在河南省渑池县仰韶村的考古发掘中发现了大量彩陶。安特生将在中国发现的彩陶与西方的特里波里、中亚的安诺等地发现的彩陶相比较，认为它们花纹、图形皆极近似。两年后，安特生发表题为《中华远古之文化》（*An Early Chinese Culture*）的报告，认为“仰韶文化是中华远古文化的同时，提出了以彩陶为代表的仰韶文化西来的假说”。①1923年至1924年，“为了探寻彩陶的传播路线，安特生一行在甘肃进行了大规模的考古调查”，并且认为，“甘青地区的陶器可归入仰韶文化，是由西方传入”。②1925年，安特生发表《甘肃考古记》（*Archaeological Research in Kansu*），“建立了甘肃史前文化‘六期说’的年代框架”，使之前提出的仰韶文化西来说更

① 周书灿：《仰韶文化西来说的形成及论争——学术史视野下的考察》，《河北师范大学学报》2016年第4期，第5页。

② 刘学堂：《史前彩陶之路：“中国文化西来说”之终结》，《中国社会科学报》2012年11月21日。

加完善。① 安特生的观点甫一发表即引起国内外考古和史学界的广泛讨论。1930 年至 1931 年，李济与梁思永等国内考古界的学者对山东省龙山镇城子崖黑陶遗迹进行考古发掘，在此期间，他们又不断推进殷墟的考古发掘工作，随着这些考古工作的全面展开，仰韶文化西来说渐被证明是不可靠的假说，至 20 世纪 40 年代，“随着齐家文化得到确认，仰韶文化西来说在学术界的普遍质疑与批判声中，不攻自破”。②

1931 年，梁思永在殷墟后岗遗址的发掘工作中，采用“地层学”的方法，基本确定了殷墟后岗文化层由“白陶期（小屯文化）、黑陶期（龙山文化）、彩陶期（仰韶文化）”三叠层构成的结论。宫崎吸收了考古界的成果，认为彩陶广泛分布于中国北方地区，并且与山东的黑陶文化圈的交接点便是殷墟，“彩陶在最下层，其次是黑陶，白陶在最上层”。③ 但是宫崎对此提出疑义，认为单凭这一考古结果并不能判断彩陶出现的时间最早。他还进一步作出大胆推测，提出山西省南部可能为中国文明最早发祥地的见解，其依据是山西省南部的解县盐池颇为著名，尧、舜的都邑传说便在此地附近。基于当时考古学界的成果，宫崎认为当时的历史进程为：

> 殷商兴起于黄河以南的黑陶文化圈，它往北越过黄河，与彩陶文化圈发生接触，从而知道了可能是与彩陶文化同时传来的金属器，于是就在这一带建立起都市国家，其势力以今河南省北半部为中心，向四周扩展，并达到了相当广阔的范围。④

---

① 周书灿：《仰韶文化西来说的形成及论争——学术史视野下的考察》，《河北师范大学学报》2016 年第 4 期，第 5 页。

② 周书灿：《仰韶文化西来说的形成及论争——学术史视野下的考察》，《河北师范大学学报》2016 年第 4 期，第 8 页。

③ ［日］宫崎市定：《中国古代史概论》，《宫崎市定亚洲史论考》上卷，张学锋等译，上海古籍出版社 2017 年版，第 140 页。

④ ［日］宫崎市定：《中国古代史概论》，《宫崎市定亚洲史论考》上卷，张学锋等译，上海古籍出版社 2017 年版，第 141 页。

从上述引文中可知，宫崎认为中国都市国家建立的前提是西方先进文化和生产力的传入，这一论述掺杂了太多推测和想象的成分。其实，早在1945年，即宫崎发表这篇文章的十年前，中国考古学者夏鼐在甘肃齐家文化墓葬中就发现了彩陶残片，使得学界逐渐认可齐家文化是与仰韶文化分属不同体系的史前文化，同时能够证明安特生的学说存在序列颠倒的关键性错误。宫崎是并未关注中国考古界的进展还是“别有用心”地罔顾事实，以达到建构自己的世界史体系的目的，我们无从知晓，总而言之，宫崎想方设法地证明中国文化西来说，为的就是证明世界文明西亚起源论的有效性，从而将之作为建构世界史图景的立论基石。

中国考古事业的不断发展，得到日本考古学界学者的关注。此外，日本考古学界更是利用侵华战争之便在我国各地进行考古发掘，① 这些考古成果的一部分在日本战败后方得到整理发表。而且能看到宫崎的学术研究与这些学者提出的观点呼应的影子。1949年，关野雄发表论文《华北先史土器的一个考察——关于灰陶和黑陶》，提出灰陶的定义，并将灰陶的发展分为三个时期。在此基础上，关野提出自己的推测，他认为黑陶早于彩陶出现，并且黑陶不仅在山东地区分布，很可能起源于山西南部地区，继而向东方传播。② 关野的这些观点旋即被新的考古成果证明是错误的，并且，他所谓灰陶自仰韶期便存在、黑陶起源于山西南部的观点亦被批评为臆测而已。③ 翌年，关野再发表论文《白陶的系谱》，主张白陶有些源自黑陶，有些源自彩陶，他结合先前提出的黑陶的发生来自彩陶的主

① 比如，1935年滨田耕作、水野清一等人在中国东北、蒙古地区挖掘的赤峰红山后遗址，1941年、1942年梅原末治主持的长山列岛、四平山与老铁山石冢的考古发掘，1942—1944年和岛诚一发掘山西省南部的先史遗迹，1942年小野胜年发掘山西临汾金城堡的先史遗迹，此外尚有大同云冈安阳后岗、杭县老和山等遗迹均有日本人进行考古发掘。

② ［日］関野雄：「華北先史土器の一考察—特に灰陶と黒陶について—」，『史学雑誌』1949年第5號。

③ ［日］水野清一：「中国先史時代研究の展望」，『東洋史研究』1957年第3號。

张，认为彩陶、黑陶和白陶在本质上没有区别，共同构成了与中国本土的灰陶相异的另一体系。由此可见，宫崎的研究方法和论述思路与关野虽有差异，但结果却是“异曲同工”，都在试图找寻中国文化受外来文化影响的证据。

第二，中国古代都市国家论可以让中国古代史的发展进程符合宫崎预设的世界史发展路径。在宫崎的思路中，西亚和欧洲的古代史发展路径都是从氏族国家发展至都市国家阶段，再经历领土国家之间的兼并最后走向统一帝国。并且，都市国家是氏族国家向领土国家过渡的中间阶段，上承史前时代，下启领土国家至帝国形成的历史阶段。在宫崎这里，都市国家论是古代史进程中的重要指标和具有普遍性的历程，是其打通上古至帝国形成这段历史时借助的主要概念，更是其用来解释统一帝国最终走向分裂的中世的关键所在。那么，在这一从西方历史抽离出的、宫崎预设的“古代史路径”中，要证明中国亦存在都市国家，且经历了相同的古代史发展路径，才能使得西亚、东亚和欧洲拥有共同的历史现象和历史发展路径，并进一步建构世界历史的发展大势。

宫崎打通中国上古至秦汉历史的尝试和意图在前文提及的《中国聚落形态的变迁——关于邑、国、乡、亭、村的考察》一文中尤为明显。宫崎的这一意图在该论文中具体体现为他尝试勾勒出“集村型聚落”向散村型聚落，即向村（邨）变迁的轨迹，因汉代正好处于这两者之间，所以宫崎使用大量篇幅来讨论乡、亭、里等的形态。① 宫崎得出的结论是：“汉代的官僚组织是很不成熟的，就像一种大小长官的集结体。所谓政府，也不是后世那种由上至下阶层重叠式的系统，而恰似大小军舰集结时的那种平面关系。与官制完全相同，汉代的地方组织也可以说是大小细胞的集结，只

① 王彦辉：《早期国家理论与秦汉聚落形态研究》，《中国社会科学》2014 年第 6 期，第 164 页。

不过大的统率小的而已”。[①] 照此逻辑，被学界公认为中央集权制的统一帝国的秦汉，在宫崎这里却成为在很大程度上遗留了上古都市国家集合体形态的国家。很明显，宫崎是有意为之，因为古代统一帝国走向分裂便进入世界历史的下一个时期，即“中世”。如此建构，则秦汉帝国走向分裂割据的历史便“顺理成章”了。宫崎在该论文的第五节“都市国家论的意义”中这样论道：“如果上古时期不存在都市国家，那么就不能很好地理解汉帝国的构造，而且也很难理解汉、唐的区别”，[②] 直抒其主张都市国家论是为打通中国上古至古代再到中世的历史之意图。

如前所述，只有打通了这段历史，才能使中国历史与欧洲和西亚的历史路径“保持一致”，中国历史才能成为宫崎建构世界史宏观论述的“方法”。所以，有学者主张指称欧洲以外的城郭集团时应当使用与“都市国家”表述略有不同的概念，对此宫崎提出了坚决的反对意见，他坚称“用不同的词语来称呼西方和东方是别扭的”，他重申了自己对世界上都市国家分布的看法，认为“以西亚的美索不达米亚一带为中心，西至地中海沿岸，向东通过丝绸之路至中国，曾广泛分布着古代都市国家”，只是这些都市国家发展的程度却不一致，希腊的都市国家得到了快速且充分的发展，即便如此，“也没有任何理由将它们与其他都市国家进行切离，单称它们为都市国家，而其他国家则不称为都市国家”。宫崎进一步论道：

> 即使都是希腊的都市国家，但恐怕也找不出一例完全相同的。最明显的，也是经常提到的，就是与其他都市国家相比，斯巴达甚至连作为都市国家特征的城郭都没有。雅典与斯巴达的差异，或许比斯巴

① ［日］宫崎市定：《中国聚落形态的变迁——关于邑、国、乡、亭、村的考察》，《宫崎市定亚洲史论考》中卷，张学锋等译，上海古籍出版社 2017 年版，第 542 页。

② ［日］宫崎市定：《中国聚落形态的变迁——关于邑、国、乡、亭、村的考察》，《宫崎市定亚洲史论考》中卷，张学锋等译，上海古籍出版社 2017 年版，第 547 页。

达与坎达哥的差异还要大。如果非要在相似的聚落形态之间划出一条明确的界限来区分都市国家和非都市国家，那我倒要反问一句，这条界限又是根据什么划出来的？我把都市国家看作是世界古代史的共同现象，希腊的都市国家也好，中国的都市国家也好，都应该把它们看成是世界古代史中的一环。这种态度，与将欧洲的罗马帝国和中国的秦汉帝国同称为古代帝国，将德累考斯和五铢钱同称作货币一样，没有任何的不妥。①

由此可见，宫崎虽坚称中国古代史上存在都市国家现象，但同时也承认中国古代的社会形态与欧洲的都市国家存在着不同。即便两者存在差异，宫崎仍要坚持用都市国家这一概念，实际上更可凸显出他的意图在于论证东亚、西亚和欧洲构成的“世界”有着相同或者类似的历史现象，那进一步也就可证明它们有着相同或类似的历史发展进程。也就是说，中国古代都市国家现象的存在才更加符合宫崎构想中的世界史的“步调”。用宫崎的话说就是“现今学界中，古希腊被作为具备都市国家形态的典型代表，而与此相近的国家形态在中近东各地区，甚至更遥远的东方的古代印度也存在过，历史学家将之统称为都市国家。在我看来，现实中作为这些地区的文化余波，都市国家也曾在中国出现过，这应当理解为大的世界历史的潮流。也就是说，在古老的文明地区，血缘性质的人类部族集体逐渐壮大，到最后形成古代帝国的大一统的过程中，如同一种通过仪式一般，几乎必定要经历都市国家的阶段”②。

文中的“一种通过仪式”值得格外注意，所谓“一种通过仪式”是人一生中必定要经历的重要阶段，比如成年等人生节点。宫崎在此虽是论都市国家乃至世界各地区必定经历的“一种通过仪式”，但背后有一个世

---

① ［日］宫崎市定：《中国聚落形态的变迁——关于邑、国、乡、亭、村的考察》，《宫崎市定亚洲史论考》中卷，张学锋等译，上海古籍出版社 2017 年版，第 546 页。

② ［日］宫崎市定：『中国古代史論』，平凡社 1988 年版，まえがき。

界史构想在起作用，他试图思考建构世界历史整体框架的原理。再回到1934年宫崎发表《关于游侠》一文的时间节点，可以说，这就是他构建世界史的出发点，即若可证明中国古代史上存在都市国家，那么古代的中国就与西亚、欧洲之间存在共同的历史现象和共同的历史发展轨迹。问题是，仅证明这三个地区在“古代”这一历史时期存在共同的历史现象、经历了类似的历史进程，尚不能建构体系化的世界史。这就是宫崎接下来要解决的问题，也就是要证明三个地区的历史进程在“中世”和“近世”两个历史时期均存在相近的历史现象和相似的发展进程，只有如此，宫崎的世界史构想才能得以体系化地建构完成。这一问题留待下一章考察。

本章首先勾勒出宫崎先秦社会形态研究的一个学术史背景，其次明确了宫崎市定对都市国家这一概念的认知来源于坂口昂的著作，进一步还原了其描绘的中国古代历史图景及其学术渊源，并分析了宫崎中国古代研究与其世界史构想的内在关联。通过以上的考察可以看出，宫崎学问的根基虽在中国史（东洋史）领域，但他并未受研究领域的壁垒所限，而是广泛地摄取欧洲史、西亚史及东西交通史的研究成果，超越中国一国历史的框架，在宏大的世界史视野中观照中国历史。但是，宫崎之所以用世界历史的视野来研究中国的同时，又以中国历史来反向思考和建构世界历史的框架，这种建构世界史的尝试，很可能是试图勾勒出一种不同于唯物史观的历史发展路径。

较为笼统地讲，京都帝国大学“东洋史学派”的学风与东京帝国大学“历史学研究派”的风格差异颇大。1932年，历史学研究会于东京成立，“这个研究团体的特征在于，超越日本史、东洋史、西洋史的专业壁垒，以世界史的视野观察历史现象。另外，他们格外关注社会经济史及民众史”①。京都帝国大学的东洋史学者以及一批埋首于实证研究的历史学者，成为马克思主义历史学者以及“皇国史观”派学者们批判的对象，被他们批评为“无

① ［日］谷川道雄編著：『戦後日本の中国史論争』，河合出版1993年版，第10頁。

思想”“无气力”的史学。[①] 历史学研究派的马克思主义史学家们将古代 = 奴隶制、中世 = 封建制、近世 = 资本主义制这种从西方历史抽离出的线性发展进程套用在中国历史上，而宫崎则一贯对这种框架先行的研究取向敬而远之。换句话说，宫崎在建立世界史构想之初，即有尝试建立一种与唯物史观不同的世界史认识框架的意图。

但是，从欧洲史中抽离出历史发展阶段中的现象作为“指标”，再从中国古代史中寻求对应的类似现象，宫崎所采用的这种比较历史的研究方法从本质上说与马克思唯物史观有着相似之处。为建构一种新的认识世界历史的框架，宫崎的中国历史研究似乎成为用来证明他构想的依据，或者说对历史的细部研究服务于整体框架。换言之，把宫崎用世界史的立场来把握中国历史发展的进程表述为使中国历史发展路径符合其世界史构想，或许更为准确。这种研究方法和研究取向并非从中国历史发展的内部来认识中国，而是用适用于世界历史的“普遍法则”和西方历史的一些外部指标来论说中国。总而言之，宫崎用一种超越一国史框架的视野来研究中国历史的确值得肯定，同时不可忽视，这种比较历史的研究取向亦存在忽视中国历史自身发展规律和特色的危险。

---

① ［日］永原慶二：『20 世紀日本の歴史学』，吉川弘文館 2003 年版，第 128 頁。

第四章
宋代“文艺复兴论”、东西交通史与文化传播论：宫崎世界史构想的体系化

前文反复言及，宫崎借助自身建构的世界史理论框架来描绘中国历史图景。在上一章中，我们考察了宫崎中国古代都市国家论与其世界史构想的内在关联，并且认为这是他构想世界史的逻辑起点。具体而言，宫崎的思路是，若在东亚、西亚和欧洲这三个地区皆存在都市国家现象，那么，探明其背后的原因便可找到体系化地建构世界史的线索，甚至可以抽离出具备普遍意义的历史发展规律。但问题在于，这三个地区若仅是古代史存在着类似现象，且发展路径相似，也未必能体系化地表述世界历史。那么，按照宫崎的思路，接下来便要证明在这三个地区都存在类似的历史现象且经历了相同的历史发展路径。

宫崎市定的研究纵横驰骋于中国历史的各个时期，涉及政治、经济、文化和思想等各个领域。不仅如此，他更是广泛涉及东西交流史、亚洲史等领域，在此基础上建构出自己宏大的世界史构想，并用此架构来观察和解释中国历史的发展进程。如此，考察其世界史构想是了解宫崎中国史认识和研究的特色和内涵的重要前提。

前述所及，宫崎在1934年发表的《关于游侠》一文中明确指出中国历史上存在都市国家现象。其后，宫崎关注的焦点重新回到宋代。两年后

的1936年2月，作为文部省的驻外研究员，他从神户港出发，开启了为期两年的留法之旅。正如第一章所示，宫崎于1937年赴西亚旅行，足迹遍布西亚各个国家，这次旅行的经历使他对中国与西亚、欧洲三个地区在历史上的文化交流有了新的认识，这无疑对宫崎世界史构想的体系化有着深远的影响。自欧返日后，宫崎旋即发表论文《条支、大秦和西海》(1939)等东西交通史领域的论文，并且开设"近世东西交涉史"（1939)、"西亚细亚史概说"（1944）等课程。① 这自是得益于其留法期间搜集的资料和旅行的经历。对世界史问题持续不断的思考最终在长篇论文《西洋的文艺复兴和东洋的文艺复兴》一文中走向成熟。

该长篇论文分为上、下两部分，分别载于京都大学史学研究会杂志《史林》的第25卷（1940）和第26卷（1941)，第一次较为系统和全面地呈现出宫崎对"世界史"框架的整体思考。此后，宫崎对中国历史发展进程的解释和描绘都是基于此世界史构想，其主体架构几未有变。或可说，这成为宫崎毕生持有的中国历史解释框架。② 可以说，宫崎的世界史构想和他的中国历史研究存在密切的内在关联：宫崎将"中国"作为方法来思考世界历史构成的原理；宫崎同时又是在其世界史的构想下理解和解释"中国"。诞生于抗日战争期间的世界史构想具备学术性的同时，也充满了丰富的思想性。这既成为他观察中国历史的学术视域，又是其思考日本文化身份和日本在亚洲乃至世界的自我定位的思想工具。

---

① ［日］京都大学文学部：『京都大学文学部五十年史』，京都大学文学部1956年版，第162—163頁。

② 宫崎自1940年首次提出此世界史的论述框架后，又曾在不同时期反复论及，细节上虽稍有更动（如将时代划分为古代、中世、近世、最近世四阶段；又，对古代、中世、近世的概念界定更加的清晰等)，但整体框架未有大的变化。比如，见『アジヤ史概説』(1947）的「序论」,「東洋的近世」(1950）的「绪论」,『京大東洋史』(1952）的「总论」,『新しい世界史』(1953）的「序说」,『世界史序説』(1959),『東洋的古代』(1965）晚年所著通史性著作『中国史』（1977）的「总论」等。

因此，宫崎的世界史构想成为了解其学术和思想的至关重要的线索。考其源流，方可明其实质。以下拟在与宫崎的中国历史研究的内在关联中，进一步考察其世界史构想的致思进路、学术渊源及思想内涵。具体来说，首先梳理其世界史构想的内容、结构和论述逻辑，考察其建构世界史理论框架的主要学术渊源，进而结合日本当时的社会文化思潮，探讨该世界史构想中包含的思想实质。

第一节　中国宋代"文艺复兴论"

上述论文共由六个部分组成，分别是"绪论——三个世界与三个时代"、"东洋文艺复兴之存在"、"最迟的西洋文化"、"东洋画对伊斯兰绘画的影响"、"东洋画对西方文艺复兴时期绘画的影响"和最后的"结语"。

宫崎这篇论文在先前提出的世界各地区经历了相同的古代史发展路径的思路的基础上，进一步论证中国亦存在与西方文艺复兴时期类似的历史发展阶段，且西亚、东亚和欧洲三个地区文艺复兴现象是相继出现的。实际上，如宫崎这篇论文题目《东洋的文艺复兴和西洋的文艺复兴》所示，他将论述的重点放在"近世"这一时期，而在宫崎这里近世阶段的核心指标便是"文艺复兴"。宫崎的思路是先证"东洋文艺复兴之存在"，再证西方文艺复兴时间上最迟但却最优越，着墨最多的是证明中国画对西方文艺时期的绘画产生的影响，以此作为支撑自己构想的证据。通过比较史的方法，从中国历史当中寻找西方"文艺复兴"时期出现的"要素"，试图证明中国的宋代为文艺复兴时期，进而主张宋以后为中国的"近世"。具体而言，宫崎通过"哲学""文体""印刷术""科学""艺术"五个方面，比较西方文艺复兴时期与中国的宋代，寻找二者的相似性。

（一）哲学

众所周知，诞生于15世纪的文艺复兴一词，含有向理想的古典时代复兴、否定被称为“黑暗时代”的中世纪之意味。该词语特指勃兴于意大利、后波及欧洲全境的文学、艺术、宗教和道德领域的变革。宫崎认为西方的哲学“最初以回到罗马时代为理想、之后又以复兴希腊文化为目的，不管怎样，其目标均不在中世，而在古代”①。

宫崎认为，11世纪东洋出现了复兴儒学的现象，宋学的基础由此建立，“宋学使命有二，一是针对风靡中世社会的佛教来发扬中国固有的儒教，二是针对汉唐以来传统的训诂学，试图直接了解古圣贤思想的精髓”②。

（二）文体

文体与哲学相关联，与思想互为表里。宫崎认为意大利文艺复兴时期使用的语言有两个倾向：一是但丁使用的托斯卡纳方言，一是站在复古主义的立场上主张使用古拉丁语。

而在北宋，古文被倡导的同时，“口语体文学逐渐流行”，宫崎认为“这亦是近世性质的现象，乃是应与但丁等使用方言相提并论”③的现象。所以，唐代韩愈、柳宗元倡导的古文体自欧阳修的时代“方成为支配文坛的势力”。

（三）印刷术

西方的文艺复兴运动最初本是“少数上流社会的贵族趣味”，印刷术传入之后，“因印刷术传入而使得书籍普及开来”，文艺复兴运动由此也

① ［日］宫崎市定：「東洋のルネッサンスと西洋のルネッサンス」（上），『史林』1940年第4號，第6頁。

② ［日］宫崎市定：「東洋のルネッサンスと西洋のルネッサンス」（上），『史林』1940年第4號，第6頁。

③ ［日］宫崎市定：「東洋のルネッサンスと西洋のルネッサンス」（上），『史林』1940年第4號，第8頁。

“给社会造成广泛影响，终成汹涌澎湃的社会大潮流”。[①]

中国的木板印刷可以追溯至唐代，宫崎称“持续宋太祖、太宗两代的佛教大藏经的出版是首屈一指的、划时代的出版事业”，仁宗年间，毕昇发明活字印刷术，更使“市场上书籍如洪水泛滥”。[②]

（四）科学的发达

宫崎向来十分重视科学在推动人类进步中起到的作用，他认为“科学、特别是自然科学的发达，才正是刺激人类思想弃旧迎新的推动力”。在论述西方的文艺复兴时，他认为这“既是复古运动，同时又是进步主义的。进步主义的根底，潜藏着这个时代科学思想的显著发展”。[③] 代表当时科学发展水平的是“罗盘针和火药的发明”，[④] 而中国宋代已经有罗盘和火药的使用记载了，均比西方要早。

（五）艺术的发达

宫崎认为文艺复兴时期的绘画和雕刻是“永远不会过时的”东西，两者的区别在于“雕刻是古典美术的复兴，而绘画与之旨趣不同。（中略）文艺复兴时期的画家并未有吸取古典绘画的痕迹，所以他们并非从古代寻找典范，而是靠自己开创一个新局面”。而且，文艺复兴时期的绘画传至北欧，影响波及北欧各国。中国北宋时期，形成了南画、北画流派，“北

---

① ［日］宫崎市定：「東洋のルネッサンスと西洋のルネッサンス」（上），『史林』1940年第4號，第9頁。

② ［日］宫崎市定：「東洋のルネッサンスと西洋のルネッサンス」（上），『史林』1940年第4號，第9頁。

③ ［日］宫崎市定：「東洋のルネッサンスと西洋のルネッサンス」（上），『史林』1940年第4號，第9頁。

④ ［日］宫崎市定：「東洋のルネッサンスと西洋のルネッサンス」（上），『史林』1940年第4號，第9頁。

画有李成、范宽，南画有董源、巨然等，大致形成了如今‘支那’画技法的基础”。①

由以上内容可以看出，宫崎用比较史的方法，从西方文艺复兴运动中抽离出若干代表性的历史现象作为指标，再从中国宋代历史中寻找类似的现象。宫崎总结以上的论述，认为“与之几乎一致的现象，东洋约早三个世纪便经历了”，这便是“我们论述东洋史时，大体以唐末宋初作为中世和近世的转换期”的理由。② 也就是说，中国宋代存在与欧洲文艺复兴时期相似的历史现象，因此宋代是东洋的近世，而且中国的文艺复兴时期早于西方三百多年。

一般而言，宫崎被视为内藤提出的中国历史分期论的主要的继承者和倡导者，宫崎注重从社会经济史的角度来证明内藤“唐宋变革说（宋代以降近世说）”的有效性，以弥补内藤文化史观之不足。但是，内藤从未主张中国宋代存在文艺复兴现象，有学者曾指出：“湖南并未明确比较宋代的中国和文艺复兴时期的欧洲。但是，京都大学的宫崎市定教授和岛田虔次教授均正面论及此问题。如今，宫崎教授深入说明文艺复兴精神，将之作为‘近世’性的核心要素。”③

日本学界较早明确地将宋代作为中国近世起点的是内田银藏。④1918年1月，应西村天囚⑤之邀，内田在怀德堂纪念会上发表题为《近世的日

① ［日］宫崎市定：「東洋のルネッサンスと西洋のルネッサンス」（上），『史林』1940年第4號，第12頁。

② ［日］宫崎市定：「東洋のルネッサンスと西洋のルネッサンス」（上），『史林』1940年第4號，第12頁。

③ J.A. フォーゲル：『内藤湖南―ポリティックスとシノロジー―』，井上裕正訳，平凡社1989年版，第219頁。

④ 内田银藏（1872—1919），日本经济史研究的先驱，专攻日本近世史。

⑤ 西村天囚（1865—1924），大阪朝日新闻社主笔，历任京都帝国大学讲师等职。日本记者、汉学家。

本》的演讲。翌年，该演讲集《近世的日本》由日本出版社富山房出版。在该演讲中，内田论道：“隋唐时代，于政治而言与之前南北分裂的时代大异其趣，但于文明性质而言，则继承前代。但是，至宋代则增加了颇新的色彩，学问艺术的风气均摆脱传统的束缚，带有清新明快的新味。换言之，带有近世性质了。……这便是我欲将宋以后的历史视为‘支那’历史的近世之原因。”①与内藤一样，内田虽以西方历史历史进程中的近世套用在中国历史上，但也未明确主张中国历史上存在文艺复兴时期。

在宫崎这里，他明显更进一步，明确地提出中国宋代与西方历史的文艺复兴时期相似，且称之为“东洋的文艺复兴”。而且，如前所述，宫崎是在一种比较历史的视野下展开论证的。他认为：

> 在西洋史上，这些现象最为典型，同时对其内容的研究也最为透彻。本来只用来说明西洋史的词语，推而广之，将之应用在东洋史上时，势必要采用比较法，即以西洋史上的现象为基准，在东洋史上寻找类似现象。②

毋庸赘言，在论证中国历史上的文艺复兴时，宫崎采用的研究方法与论证中国古代都市国家论别无二致，即在中国历史中探求西方历史的存在的现象。但这种方法会有忽视中国历史内在的、独特的发展路径的危险，所以，宫崎也强调，这种方法仅是当下不得已而为之的，他说：“这不过是权宜之计，待东洋史的研究更为进步之时，再以东洋史上的事实为基准在西方寻求类似现象的比较法也是可能的。”③很明显，宫崎已经意识到他的这种研究方法难逃西方中心主义的窠臼。总之，中国文艺复兴论的提出

① ［日］内田銀藏著，宮崎道生校注：『近世の日本・日本近世史』，平凡社1975年版，第9頁。

② ［日］宮崎市定：「東洋のルネッサンスと西洋のルネッサンス」（上），『史林』1940年第4號，第5—6頁。

③ ［日］宮崎市定：「東洋のルネッサンスと西洋のルネッサンス」（上），『史林』1940年第4號，第6頁。

意味着宫崎世界史构想的整体框架和思路的成熟。

其实，在中国亦多有学者和文化人讨论中国的文艺复兴[①]，先有梁启超、章太炎，后又有刘师培、周作人、王克私等，他们均有文章谈论该问题，这其中比较有代表性的还有胡适。1923 年胡适用英文写就题为《中国的文艺复兴时代》的文章，文中胡适断言中国的“文艺复兴时代”始于宋代，“宋人大胆的疑古，小心的考证，实在是一种新的精神。印书之发达，学校之广设，皆前此无所有”。之后，胡适虽又多次论及中国的文艺复兴时代，“但在大的断代方面没有再改变”。[②] 胡适的文艺复兴分期与宫崎的论述不尽相同，他将文艺复兴分为三个时期，刚才提及的宋代为第一期，“明代王学之兴，是第二期。清学之兴是第三期。近几年之运动，则是第四期”。[③] 所谓“近几年之运动”则是指的新文化运动。而这才是胡适关注的重点，也就是说，胡适虽将“中国文艺复兴”的起始时间追溯至宋代，“然其实际的关注当然是新文化运动那狭义的‘中国文艺复兴’”。所以，胡适与宫崎皆论中国历史上的“文艺复兴”时代，虽断代相同，但宫崎在日本的学术脉络中，从本国政治、经济、文化情势出发来理解“文艺复兴”，致使两者论旨大异其趣。以下进一步梳理宫崎基于“中国文艺复兴论”建构的世界史构想的内容、逻辑与真实意图。

---

① 有关“文艺复兴”在中国学术思想史上传播和影响的研究，可参见罗志田：《中国的文艺复兴之梦：从清季的古学复兴到民国的新潮》，《汉学研究》2002 年第 20 卷第 1 期；李长林：《欧洲文艺复兴在中国的传播》，郑大华、邹小站主编：《西方思想在近代中国》，社会科学文献出版社 2005 年版；赵立行：《建国以来文艺复兴史研究述评》，《史学理论研究》2001 年第 2 期；葛兆光：《一个历史事件的旅行——“文艺复兴”在近代东亚思想和学术中的影响》，《学术月刊》2016 年第 3 期等。

② 罗志田：《裂变中的传承——20 世纪前期的中国文化与学术》，中华书局 2009 年版，第 80 页。

③ 罗志田：《裂变中的传承——20 世纪前期的中国文化与学术》，中华书局 2009 年版，第 80 页。

第二节　世界史构想的内容与逻辑

大体而言，宫崎在此论文中从时间和空间两个维度展开来建构世界史的。在该文开头部分的“绪论——三个世界与三个时代”中，宫崎便开宗明义地称“为了理解过去数千年的人类历史，为方便计，需要纵向进行若干期的时代区分，而横向将之分为若干地区”①。一方面，宫崎对空间维度的描述或者划分相对简单，我们先看其对世界史的地域划分。

19 世纪下半叶，日本学界将世界笼统地分为“东洋”和“西洋”进行论述的方法得以确立。一般认为，1894 年由那珂通世首倡建立“东洋史”学科，此科目先在中学历史教育中普及，后又成为日本大学教育和研究中的一个学科领域。字面上看，东洋与西洋相对，在地理范围上当涵盖整个亚洲，而在实际的教学中所讲授的主要内容仍以中国历史为主，虽兼及中亚，却罕涉西亚。宫崎首先对此通行的地域划分方法提出了异议，他主张应当将“亚细亚”进一步两分为“东亚”和“西亚”，由此，宫崎世界史当中的“世界”便成为他绪论当中所说的“三个世界”了，即东亚、西亚和欧洲三个地区。这三个地域虽同处亚欧大陆，但是文化形态却呈现出巨大的差异，所以，宫崎的地域划分的依据似是近于以“文明圈”为标准来划分世界史。这三个“世界”在历史上存在着互动和联结，宫崎如此进行地域划分有其深刻的用意，有关于此稍后详述。不得不说，这种划分方法具有明显的缺憾，即不仅整个美洲大陆和澳大利亚均在视野之外，就连印度等南亚地区亦没有进入宫崎世界史的涵盖范围。

另一方面，在时间维度上宫崎的论述则要详尽得多。宫崎援用当时西

① ［日］宫崎市定：「東洋のルネッサンスと西洋のルネッサンス」（上），『史林』1940 年第 4 號，第 1 頁。

方历史研究中惯用的历史分期方法，将世界历史分为“古代”“中世”和“近世”三个时期。前述所及，他规定“古代”是从部落进而发展为都市国家，在历史中通过不断兼并、融合最后发展为统一帝国的过程。宫崎这种主张提出较早，早在20世纪30年代初他即发表论文，论述中国历史上的“都市国家”现象，并据此归纳出具普遍性的“古代史”的发展路径。有关宫崎此论的学术渊源等问题已在上一章中详论，在此不赘。在宫崎的世界史构想中，“中世”则被其定义为与“古代”从分裂走向统一的“向心”过程相反，是统一帝国分崩离析走向分裂的历史过程。不难看出，宫崎对各历史阶段的界定无非是从西方历史发展进程中归纳出的一些“原则”。如后述，在宫崎这里，这些阶段是各国各族必然经历的普遍的过程。

如上所示，宫崎论述中国历史的发展历程时，实际上是将中国历史套入线性发展的西方历史路径中，这是其历史研究的最大特色，亦是宫崎的真实意图所在。另外，值得一提的是，宫崎并未从政治、社会等多个维度进行比较式的论证，这体现出其历史观深具文化史观的特色。①实际上，宫崎的历史观是一种进步史观基础上的整体史观。

线性进步史观的一个重要面向是把西方历史发展进程视为普遍的“公理”，世界各地文明发展路径皆与之相同。而且，整个历史演进的过程前后具有因果关联，一个阶段有一个阶段之标志。如果我们将宫崎的地域划分和时代区分结合起来看，可窥知宫崎试图论证他所谓的“三个世界”的历史发展过程都同样经历了“三个时期”，即东亚、西亚和欧洲的历史都经历了宫崎规定的“古代”“中世”和“近世”的发展过程。但是，当格外注意的是，这三个地域虽然经历了同样的“平行现象”，但却未必具有

① 对宫崎学术研究生涯产生重大影响的内藤湖南即深受德国文化史家布克哈特（Jacob Burckhardt，1818—1897）、兰普雷希特（Karl Lamprecht，1856—1916）的影响。见陶德民：《他山之石可以攻玉》，［美］傅佛果：《内藤湖南：政治与汉学（1866—1934）》导言，陶德民等译，江苏人民出版社2016年版，第23页。

共时性。用宫崎的话来讲，“虽然这三个世界大体上经历了相似的社会发展阶段，……但这三个世界，古代到中世，中世到近世的转换期未必相同。概而言之，波斯、伊斯兰世界的社会发展最早，东洋次之，西洋为最迟”①。宫崎进一步追问，如果三个世界经历相似的历史发展进程但在时间上有先后之别，那么，后进的世界在发展过程中有无受到先进世界的影响，影响到何种程度？

那么，这三个世界如何彼此“联动”呢？在此，宫崎用自己的“交涉史观”来描绘了一幅世界史图景。宫崎特别重视不同地区彼此“交涉”在推动历史发展中的作用。在他看来，这三个“文明圈”的历史进程之所以呈现相似的状态，是因为这“三个世界”在历史长河中不断“交涉”、相互影响。宫崎断言，这三个地区先后经历“三个时代”是有因果关系的，而且越后出的越先进。宫崎论证说古代最早的文明是波斯、伊斯兰地区，“东洋以及西洋古代史的发展，是受波斯世界指导的”。②而中国在唐代中期，大量波斯人移居入唐，中国和波斯、伊斯兰世界通商贸易盛况空前，“波斯、伊斯兰世界对东洋产生的影响绝不可轻视之”。③由于这种外来文化对中国的刺激，“东洋发生了文艺复兴，以至社会面貌为之一新，在某些方面后进的东洋文化甚至凌驾于波斯、伊斯兰世界，此亦值得注意”。④中国发生文艺复兴现象是因为伊斯兰文化的影响，那么，如果证明西方发生的文艺复兴运动受中国文艺复兴的影响，则足可证明这三个地区之间经

① ［日］宫崎市定：「東洋のルネッサンスと西洋のルネッサンス」（上），『史林』1940年第4號，第2頁。

② ［日］宫崎市定：「東洋のルネッサンスと西洋のルネッサンス」（上），『史林』1940年第4號，第13—14頁。

③ ［日］宫崎市定：「東洋のルネッサンスと西洋のルネッサンス」（上），『史林』1940年第4號，第14頁。

④ ［日］宫崎市定：「東洋のルネッサンスと西洋のルネッサンス」（上），『史林』1940年第4號，第14頁。

历相似历史进程是存在因果关联的。他的思路是：

> 如果火药、罗针盘最初确由“支那”发明的话，它们通过何种路径传入伊斯兰世界、又再远播西洋的情形，现如今已无从知晓，这个问题似乎永远也得不到解释了。但是，这里有一个自此以后通过努力便可明确解决的问题。那便是在世界历史上，首先出现在东洋的臻于化境的绘画技术，进入伊斯兰世界、几乎同时传入西洋并对文艺复兴时期的绘画产生了影响。若果能确切证明此事，则可确定东西洋之间存在密切的因果关系。①

为证明西方文艺复兴的发生亦受东方文化的影响，以说明东西方之间存在相互影响、先进刺激后进的因果关系，宫崎花费大量篇幅来论证中国绘画对伊斯兰世界和欧洲绘画产生的影响。通过论证，宫崎得出的结论颇值得注意。他称：

> 如果我的推论无误，西洋的文艺复兴运动比伊斯兰世界约晚五世纪，较之东洋约迟三个世纪。……而此三个世界的文艺复兴之价值却未必等同。概而言之，文艺复兴发生的时代愈晚，愈趋近于完善。即东洋的文艺复兴胜过伊斯兰世界的，而西洋的文艺复兴又凌驾于东洋的。②

也就是说，文明先行的“先进”地区的文化流动到“后进”地区并刺激“后进”地区获得更大、更快、更完善的飞跃和发展，且很大程度上会凌驾于之前的先进地区。宫崎直言“越晚出的事物，会受惠于更有利的条件、会处于更合宜的环境中，这样一条原则起到支配作用”。③ 如后述，

① ［日］宫崎市定：「東洋のルネッサンスと西洋のルネッサンス」（上），『史林』1940年第4號，第16頁。

② ［日］宫崎市定：「東洋のルネッサンスと西洋のルネッサンス」（上），『史林』1940年第4號，第92頁。

③ ［日］宫崎市定：「東洋のルネッサンスと西洋のルネッサンス」（上），『史林』1940年第4號，第92頁。

宫崎“总结”出的这条“历史规律”可以视为宫崎世界史构想的主轴、原点甚至说是目的。显然，这条历史规律不外是基于进化论的立场，归纳近代西方的经验所得的“原则”，由此我们可以说，宫崎的世界史构想是近代主义立场下的进步史观。那么，宫崎的世界史构想似非“正着看”历史的发展进程，更像是“倒着看”，即先有了西方 = 近代主宰的当下世界，然后倒推到古代和中世。

关于宫崎世界史构想的思路，国内学者孙歌指出：“在宫崎对于三个世界的文艺复兴的讨论中，有一个基本的思路是值得注意的，这就是他在空间上强调了文艺复兴的横向关联，但在时间上否定了它在三个世界中的同时性。这就是说，宫崎注意到了不同地域中文化的内在发展线索，尽管由于他强调亚洲与欧洲的历史模式的一致性，致使他不得不在进化论层面上落入了单线历史进化论的圈套。”①线性进步史观的特点是认为人类历史的演化过程是由野蛮到文明，世界各国经历都是一致的、普遍的，可以分为若干个特定的阶段，而历史分期论则可为此提供一种架构，说明历史从某个阶段发展或飞跃到另一阶段。宫崎这种历史观当属较为典型的线性进步史观。它的核心是主张人类社会的历史都会照“古代—中世—近世”的线性发展路径向前演进，地区之间的文化流动是世界历史发展的推动力，即世界历史的进程便是在这种因果关系得以推进的。如此，世界历史的进程被描述为一个进化的过程，前后相因，后者优于前者，历史便成为一条线性发展的轨迹。宫崎便是通过这种世界史的架构来论述中国历史的，他通过将中国历史置于依照西方历史发展路径构建好的框架中，将中国历史发展进程拉成一条线性进步的直线。但是，宫崎是主动为之还是“落入圈套”，或值得思考。

宫崎基于“都市国家”论、“文艺复兴”论提出的世界史构想有着深

① 孙歌：《文学的位置》，山东教育出版社 2009 年版，第 213 页。

刻的日本本土学术和思想背景。20世纪初，随着日本近代化程度的加深和国力不断增强，日本学术文化思潮经历着不断地递嬗演变，从大的宏观脉络而言，经历了从接受欧风美雨洗礼、拥抱西方的“脱亚入欧”到民族主义情绪高涨、试图做亚洲盟主的“亚洲主义”的重大转向，这种思想的变化清晰地体现在史学研究领域中。就日本史和东洋史学来讲，日本学者们不再满足于“按照‘文艺复兴’‘宗教改革’‘启蒙运动’‘民族国家’进入近代的历史途径，而是努力寻找东亚自己的近代历程”，于是，“照着欧洲近代史，又超越欧洲近代史，重新建立一个东亚的‘中古—近代’的时间表”成为他们的任务和目标。① 所以，宫崎虽是用西方历史进程作为参照或“标尺”，但这种历史建构本身却暗含“超越西方”的尝试。葛兆光教授一针见血地指出：

> 简单地说，就是仿照欧洲文艺复兴、宗教改革、启蒙运动的历史模式，用单线历史观念，找出一个复线历史，在东亚各国寻找比欧洲更早的“近代”。内藤湖南、宫崎市定的“唐宋变革论”，就是对东亚历史的重新叙述，也可以说，是超越欧洲历史模式的尝试。在这一意义上说，内藤、宫崎“假说”，就是在日本自己的近代历史新论述的背景中，加上对唐宋中国史的理解而产生的。他们认为，中国在宋代已经走出中世纪（汉魏晋南北朝—隋唐），出现了文艺复兴（宋代文化繁荣）、宗教改革（理学取代佛教成为主要信仰）、城市市民（宋代商业发达）、民族国家（贵族衰落、王权强化）。②

因此，宫崎利用西亚、中国先于西方出现“文艺复兴”现象这一论述逻辑，建构一种“复线历史”论述模式的同时，暗含“超越西方”的真实

---

① 葛兆光：《一个历史事件的旅行——“文艺复兴”在东亚近代思想和学术中的影响》，《学术月刊》2016年第3期，第126页。

② 葛兆光：《一个历史事件的旅行——“文艺复兴”在东亚近代思想和学术中的影响》，《学术月刊》2016年第3期，第126页。

意图，完全可以理解为“近代的超克”论的史学表述方式，“这种对欧洲历史叙述模式既模仿又超越的写法，隐含了一种‘文明间的竞赛’，也隐含着后来所谓‘近代超克’的意图”①。宫崎这一论述思路包含的思想性，与第二次世界大战中“陷入帝国文化狂热的日本政治背景”密切相关，有关于此，留待本章第四节考察。

第三节　东西交通史视野的形成

上述该论文虽述及世界古代、中世的发展路径，但论近世最详，尤重爬梳中国画对欧洲文艺复兴时期的绘画产生的影响。宫崎主要目的不外通过论证历史上各地区文化交流之存在，以此来建构和支撑自己的世界史理论框架。在宫崎这里，文艺复兴成为近世阶段的重要特征和核心指标，他试图论证西方的文艺复兴产生的直接诱因来自中国文化的影响，即在中国近世文化的刺激下才产生了“趋于完善的”西方近世文化。在此，宫崎的“交涉史观”颇值得留意，他就是立足于这种“交涉史观”构想世界史的。②

---

① 葛兆光：《一个历史事件的旅行——“文艺复兴”在东亚近代思想和学术中的影响》，《学术月刊》2016 年第 3 期，第 126 页。

② 宫崎此史观和东西交涉史的视野和方法曾被其运用到亚洲史的书写中。1942 年，宫崎受文部省委托与铃木俊一同负责编纂充当战争宣传工具的《“大东亚”史概说》，后因战败作罢。战后，宫崎将战时的原稿交给人文书林出版，为『アジヤ史概説　正编』(1947)。翌年，宫崎写就续篇『アジヤ史概説　続編』，宫崎的世界史构想被充分地运用到此书中。所以，宫崎的世界史构想形成过程与编纂该书应无关联，只是得益于此使得其构想进一步体系化。另，荒木敏一为正编撰写书评时称该书体现了一种“交通史观”。佐口透为续编所写的书评中称“宫崎博士的《亚洲史概说》综合了中国、东方（后为伊斯兰世界）和印度的历史，构建了体系化的具有统一性的亚洲史。我尤其关注其所用的方法和立足于的历史观”，佐口称之为“交涉史观”。见『東洋史研究』1950 年第 11 卷第 1 期，第 66—69 頁。

众所周知，东京帝国大学的白鸟库吉首倡东西交通史研究，[①]桑原骘藏更是中国的伊斯兰研究乃至中西亚的伊斯兰研究领域的开拓者。[②]羽田亨与桑原同是东京帝国大学出身的学者，两人皆为东西交通史的硕学。并且这两位学者后来皆任教于京都帝国大学，将东京重视实证的学风带到京都帝国大学。同时，东西交通史的研究视野也对当时的京都帝国大学的学术研究产生了影响。宫崎在京都帝国大学就读期间，师从桑原，也受教于羽田。桑原是宫崎硕士时期的导师，羽田在宫崎入职京都帝大后对他颇为关照。可以说，宫崎关注西亚和东西交通史与其老师的影响密不可分。这或是宫崎对西亚史和东西交通史研究领域的关注贯穿了其整个学术生涯的重要原因。当然，宫崎的主要学术成就是在中国史研究领域，但除《菩萨蛮记》一书外，[③]宫崎撰写的有关西亚史、东西交通史的论文亦不在少数，在此不赘述。

1924年，宫崎在研究生入学不久，受桑原嘱托抄译《东洋对西洋的影响》一书。宫崎节选该书部分内容翻译成日文，分上、中、下三部分刊发。该文详细论述了中国、印度等东方国家的物质和精神财富在西方产生的影响。比如，该文称“我们用东方发明的音符文字在中国人发明的纸上书写，用阿拉伯人发明的数字计算。再者，印刷术的发明乃是东亚执其先鞭，远洋航海必备的指南针亦是中国人先采用的。……香料、咖啡、茶、砂糖等日用品均为来自东方的馈赠”，[④]书中不但全无西方中

---

① ［日］石田幹之助：「我国に於ける西域史の研究」，『歴史教育』臨時增刊「明治以後に於ける歴史学の発達」，1932年，載［日］石田幹之助：『欧米に於ける「支那」研究』，創元社1942年版，第303頁。

② ［日］羽田明：「わが国におけるイスラム研究—中西亜篇—」，『西南アジア研究』1959年第4號，第1頁。

③ ［日］宫崎市定：『菩薩蛮記』，生活社1944年版。

④ ［日］宫崎市定：「西洋における東洋の影響」，『宫崎市定全集』第20卷，岩波書店2000年版，第408頁。作者论述的面极广，还涉及纸币、艺术、神话传说等诸多方面，阐述东方对西方的影响。

心主义的倾向，更是能从中读出作者对西方的傲慢和优越感的批判。此外，该文还特别强调东方的物资和观念在西方的流播和影响。在编辑《宫崎市定全集》时，虽原则上不收录译文，但单收此一篇，宫崎称其原因是“不仅仅因为这是我最初给学术杂志投稿的纪念物，更是对我终生的学风产生了巨大影响的原动力”①，足可见该文对宫崎学术思想产生的深远影响。

宫崎整个学术生涯都对西亚史、东西交通史抱有强烈的关怀，这还体现在宫崎只身前往西亚开启的长期旅行上。有关于此，在本书的第一、二章已有论及。约略言之，1937 年宫崎在欧洲访学期间，受羽田亨指示赴罗马尼亚首都布加勒斯特参加“世界人类学及史前考古学大会”，成为其接触人类学的契机。会议结束后，宫崎只身开始了横跨西亚的旅行，所到之处均踏查史迹、参观博物馆和游历书店，特别注意搜集地图和书籍，思考西亚、欧洲和中国之间的文化交流和历史关联。回国后，宫崎写就《条支と大秦と西海》一文，“简洁明快地论证大秦为罗马、条支为叙利亚、西海为地中海”，② 并将之作为自己“一生的杰作”，足见其对西亚研究的热忱。

宫崎关注西亚史和东西交通史的出发点一部分来自求学时代的老师们的影响，除此之外，他对西亚的持续关注和学术兴趣，或与当时的学术氛

① ［日］宫崎市定：『自跋集—東洋史学七十年—』，岩波書店 1996 年版，第 347 頁。负责整理和出版《宫崎市定全集》的宫崎私淑弟子砺波护亦曾屡次提及此文对宫崎的影响，他认为：“宫崎毕业以后成为教研室的助手，走上学术研究之路。他在导师桑原的指示下抄译乔治·雅各布的著作《东洋对西洋的影响》，刊于诗学研究会的官方杂志《史林》上。手抱德日词典翻译毫无欧美优越感的雅各布的学说的日子，给其后的宫崎带来巨大影响。”见［日］礪波護、藤井譲治：『京大東洋学の百年』，京都大学学術出版会 2002 年版，第 223 頁。

② 『日本における歴史学の発達と現状—日本史・東洋史・西洋史』，東京大学出版会 1965 年版，第 396 頁。

围和时代背景有关。20世纪30年代，日本学界在西亚史[①]和东西交通史等研究领域积累了相当丰硕的成果。举其要者，如《西南亚细亚的文化》[②]《西南亚细亚文化的源泉》[③]《“支那”文化与西方文化之交流》[④]《印度文化与希腊以及西南亚细亚文化之交流——特论希腊文化之东渐》[⑤]等。羽田明称日本的西亚研究“以1936—1937年为界，终于进入新的阶段。《伊斯兰》《回教圈》《回教事情》等各种杂志相继创刊即为明证。……1940—1944年先后出版了十数种概说、概论类书籍，对伊斯兰史、西亚史的关心普遍提高”[⑥]。但是，日本学界此时如此关注西亚及南亚地区，纷纷开展对该地区的研究而掀起的这股研究热潮有着配合日本侵略行为的意味，正如臼杵阳所说，“亚洲、太平洋战争前至战争期间日本的伊斯兰研究是从‘回教徒问题’的战略关心出发的，这无论如何强调都不过分”[⑦]，同时，该学者亦强调日本战败之前的伊斯兰研究的水平，“虽具备国策、战略性质，但也达到了相当高的程度”。[⑧]如前所述，截至日本战败，宫崎发表数篇东西交涉史领域的论文，亦有著作《菩萨蛮记》出版于1944年，可以说，宫崎对西亚史的关心与当时日本学界的氛围亦不无关联。

---

① 关于日本西亚研究的历史，[日] 羽田明：「わが国におけるイスラム研究—中国篇—」，『西南アジア研究』1958年第3號；前注［日］羽田明：「わが国におけるイスラム研究—中西亜篇—」等文章有详细介绍。

② [日] 中原與茂九郎：『西南アジアの文化』，岩波書店1934年版。

③ [日] 杉勇：『西南亜細亜文化の源泉』，岩波書店1936年版。

④ [日] 石田幹之助：『「支那」文化と西方文化との交流』，岩波書店1936年版。

⑤ [日] 原隨園：『印度文化と希臘及び西南亜細亜の文化との交流—特に希臘文化の東漸について—』，岩波書店1936年版。

⑥ 『日本における歴史学の発達と現状—日本史・東洋史・西洋史—』，東京大学出版会1965年版，第397頁。

⑦ [日] 臼杵陽：「戦前日本の：『回教徒問題』研究—回教圏研究所を中心として」，『岩波講座　帝国日本の学知』第3巻「東洋学の磁場」，岩波書店2006年版，第218頁。

⑧ [日] 臼杵陽：「戦前日本の：『回教徒問題』研究—回教圏研究所を中心として」，『岩波講座　帝国日本の学知』第3巻「東洋学の磁場」，岩波書店2006年版，第218頁。

其时，学界有关西亚史和东西交通史的研究成果或给宫崎构想世界史整体框架的思路带来一定的启发。在众多对西亚地区的研究中，石田干之助（1891—1974）发表于1931年的《"支那"文化与西方文化之交流》值得注意。在该著作中，石田梳理了太古、春秋、汉代、隋唐、宋元、明清各历史时期的中欧之间文化交流的历史事实。据石田弟子称，"老师研究的核心问题正是东西文化的交流，这部论著实属老师研究的集大成之作"①。该著第四部分内容"隋唐时代伊朗文化传入'支那'"是石田"研究的关键所在，不仅涉及宗教方面的祆教、摩尼教、景教，更是论述了艺术方面的绘画、雕刻、音乐、舞蹈、杂戏以及衣食住等社会风俗史的全部内容，可谓汇集了老师迄今为止发表的所有研究成果"②。石田论说宋元的观点颇值得注意，他认为宋代是"隋唐大量吸收西方文明之后产生某种反动的时代，是国民文化形成的时代"③，他进一步详论道：

> 经过五代的纷乱，曾盛极一时的与西域之间的交通衰落，或是因为西方文化无法流入，大放异彩的隋唐上层文化逐渐被咀嚼消化，向民间普及。"支那"文化顺应本民族固有的、原本的方向发展，呈现出其应有的面貌。或与我国平安时代文化之形成过程约略相同。（中略）"支那"隋唐时期乃古代文明发展的极盛期，经五代五十余年的黑暗时期，下一幕拉开后发现，舞台风景为之一变，与前一时代完全不同的新文化出现了，风气完全改变。恰如文艺复兴后欧洲历史进入"近代"一般，"支那"自宋代以降面目一新的新文化得以发展，此即为"支那""近世"之开端。④

① ［日］松村潤：『石田幹之助著作集』第2巻「解説」，六興出版1985年版，第371頁。

② ［日］松村潤：『石田幹之助著作集』第2巻「解説」，六興出版1985年版，第372—373頁。

③ ［日］石田幹之助：『「支那」文化と西方文化との交流』，岩波書店1936年版，第56頁。

④ ［日］石田幹之助：『「支那」文化と西方文化との交流』，岩波書店1936年版，第56—57頁。

通过以上文字可以窥知，石田此说与内藤湖南的论说颇有相通之处，或是受内藤“唐宋变革说”的影响。两人均将中国宋代文化视为中国历史发展的新阶段，都认为宋代文化呈现出与以往不同的新面貌，并主张中国的近世发端于宋。石田更进一步，与宫崎一样，将宋代文化与欧洲历史上的文艺复兴相比。石田认为，中国宋代是受外来文化影响微弱的时代，因此，他反而主张应当考察中国宋代文化对欧洲产生的影响。他论道：

> 反倒是宋元时代“支那”向西方输出的文化的情况如何呢？罗针盘、火药之类的物品在宋代通过海路传至阿拉伯地区的事实广为人知。在元代，随着“支那”人移居波斯的伊尔汗国，“支那”文化得以传播。另外，因国都大不里士附近发行纸币，这些技术可能与木板印刷术一同西传至更远的欧洲，这是可以充分料想到的。……特别是，若将伊尔汗国视为中转地，则能够从新角度重新审视这一问题。不能忽略的是，“支那”绘画的手法传至伊尔汗国，成为其后波斯画所谓“‘支那’派”的基础。①

如上，当时学界颇为注重西亚地区的研究，或可说出现了东西交通史研究的热潮。石田受内藤的影响，将中国宋代与西方的文艺复兴时期相比，不仅如此，他还主张讨论宋代文化对西方文化产生的影响，特别强调中国绘画影响西亚地区的事实，这与宫崎的思路颇为接近。当然，宫崎的学术视野则更为广阔，他在东西交通史的视野上，试图体系化地建构世界史的发展路径。

在宫崎的学问体系中，特别重视交通在历史发展过程中的作用，他称“某一地区的文化发达程度，与其交通量是成正比的”，但是，交通对某一地区文化发展的促进作用仅是物资的流动其效果是不够的，也就是“文化

① [日]石田幹之助：『「支那」文化と西方文化との交流』，岩波書店1936年版，第70頁。

的发达还需要基地”。① 对此他说：

> 文化的积累离不开物质。只有物质积累的基础上文化才能得以积累。而且，这种积累若分散进行，则其效甚微，因此，若要使其能发挥较大威力则需要将之集中。就此而言，农村文化分散，积累不够充分，商业密集的城市才为文化积累提供了合适的地盘。无论如何，文化的母体就是城市。②

此处宫崎所谓“物质的积累”是文化发展的前提这一主张，或与他20世纪60年代初提出的从社会经济史角度言说中国历史的“景气史观”有内在联系，有关于此留待本书第六章讨论，在此不赘述。在宫崎看来，交通成为一个地区文化发展至关重要的影响因素，他认为中国与世界联结的道路主要有陆上和南海两条。一条是“横贯亚洲大陆的交通线，自长安出发向东延伸，经洛阳沿黄河入渤海湾，再经‘满洲’、朝鲜的海岸抵日本九州北岸”的路线。另一条是“经南方海域的迂回线”③。通过两条路径，东西之间的文化交流成为可能，这给世界史的发展带来深远影响，同时，宫崎强调因交通给中国带来的文化输入也极大地影响着中国历史的发展。

众所周知，德国地理学家李希霍芬（1833—1905）最早将中国物产输入欧洲的路线命名为“丝绸之路”。后来这一名称被广泛应用，20世纪被英国人译为英语，之后传入日本，“在因第二次世界大战被缚住手脚、陷入孤立状态的日本，因其被大肆宣扬而一跃成为流行语”④。石田干之助的论文《关于中国与欧洲之间最古的通商》⑤ 就讨论了丝绸之路的问题。在

---

① ［日］宮崎市定：「東洋的近世」，『アジア史論』，中央公論新社2002年版，第125頁。

② ［日］宮崎市定：「東洋的近世」，『アジア史論』，中央公論新社2002年版，第126頁。

③ ［日］宮崎市定：「東洋的近世」，『アジア史論』，中央公論新社2002年版，第127—128頁。

④ ［日］松田壽男：「シルクロード論」，『東西文化交流史』「総論」，雄山閣出版株式会社1975年版，第27頁。

⑤ ［日］石田幹之助：「『支那』とヨーロッパとの間の最古の通商に就いて」，『日本経済史学』1940年第9巻，載『石田幹之助著作集』第2巻，六興出版1985年版。

这篇论文中，石田将联结东方和西方的交流通道分为两条，一是“古来最有名的东西交通要道”，被西方人称为“Silk road，Seidenstrasse”；另外一条便是“通过海路联结两者的路线”，具体来说就是以“现在的广东（当时的番禺）以及附近的徐闻、合浦（现在的海康、合浦）为起点，自印度支那半岛东岸经马来半岛、马六甲海峡出印度东海岸 Kanchipura，在此附近，‘支那’船将货物转给印度人或阿拉伯人。他们经红海、埃及往来于东欧地区，以他们的活动为媒介间接地与欧洲方面存在联系”①。可见，丝绸之路之说早已在日本传播并产生了广泛影响，成为宫崎基于其东西交通史视野体系化地建构世界史的一大依凭。

宫崎建构世界史理论框架的学术过程中，特别是他的东西交通史观的形成很有可能受到文化人类学传播论的影响和启发。20 世纪初，文化传播论影响渐盛。前述所及，宫崎早在 1937 年即有接触。宫崎在该年参加了在罗马尼亚首都布加勒斯特举办的“国际人类学先史考古学会”，他遍游西亚各国的旅程便是在会议结束之后开始的。宫崎格外重视交通对历史发展的作用，在 1950 年出版的《东洋的近世》一书中，他认为“交通影响历史进程的重要性向来过于被忽视”，他特别强调交通对历史和文化的重要性：

> 人类文化因交通而发达。极地的爱斯基摩人、南非、澳洲的原住民文化并不繁荣，并非单是因为其地的自然资源贫乏。而是因他们离世界交通的干线过远，以致落后于一般人类的进步。毕竟人类的文化是人类整体合作的产物。一个地区的发明因交通而成为人类全体的共有物，受此刺激，其他地区会有更新的发明。人类的文化虽因时因地多少会呈现凹凸的形状，但整体上是不断向上发展的。此事对纸、火药和罗盘等的传播路径稍加探寻便可一

① ［日］石田幹之助：『石田幹之助著作集』第 2 卷，六興出版 1985 年版，第 170 頁。

目了然。①

如上，宫崎这种主张与日本战败前其提出的世界史构想中重视交通的作用的观点并无任何变化，只是战后他对交通推动历史进程的作用的论述更加详细而明确。他还称：“因交通而获益，不限于因知识交换而产生的内容。仅对来自外界的异物的惊异和热爱，已能成为推动历史发展的强大原动力了。”②从这一点来看，宫崎的论述与文化人类学的传播论之间的共同之处则更加明朗了。众所周知，进入20世纪后，文化进化论的影响式微，取而代之的是文化传播论。其基本理论否定文化进化论，认为“地球上不同的地区存在相同的现象绝非相互独立发生的，而是因为文化从一个地区流向其他地区”③。20世纪初，曼彻斯特大学解剖学教授史密斯(1871—1937）开始提倡传播论。他认为，“公元前四千年左右人类尚处于非常原始的状态，仅埃及文明达到了相当的高度，文化从这里逐渐向世界传播，世界的文化全部起源于埃及文明”④。但是，史密斯的学说仅在人类学等学科产生了短暂影响，之后出现的关于德国、澳大利亚文化圈的学说则更加精密。这种学说将“世界各地分为极北文化圈、南方文化圈，详细分析各文化圈内部要素，细致讨论一个一个文化圈的何种文化要素在何种情形下传播的”⑤。

文化传播论派的“第一个真正的传播论者”是德国传播论派学者格雷布内尔（1877—1934)。与史密斯提出假说性的理论不同，格雷布内尔“不但创成一条民族学的学说和方法，还成为一个学派的领袖”⑥。格雷布内尔

① ［日］宮崎市定：「東洋的近世」，『アジア史論』，中央公論新社2002年版，第124頁。
② ［日］宮崎市定：「東洋的近世」，『アジア史論』，中央公論新社2002年版，第125頁。
③ ［日］宮崎市定：「東洋的近世」，『アジア史論』，中央公論新社2002年版，第48頁。
④ ［日］宮崎市定：「東洋的近世」，『アジア史論』，中央公論新社2002年版，第48頁。
⑤ ［日］祖父江孝男：『文化人類学入門』，中央公論社1999年版，第49頁。
⑥ 林慧祥：《文化人类学》，商务印书馆2011年版，第48页。

的研究方法在他的著作《民族学的方法论》① 一书中有充分地体现，他主张对资料进行彻底的批判，同时他认为“民族学的目的并非在于抽离出文化现象的理念类型，也非提出普遍适用的法则，而是要把握一个一个的事实，总结其中的因果关系”②，即发现各个民族历史上接触的事实，探寻文化传播的痕迹。③ 重视对资料的批判是其研究方法的基础，进一步还要“考察分散存在于某个空间的相似的现象，考察其历史系谱关系”④。格雷布内尔主张，为了探寻文化传播的痕迹，首先要分析文化的相似点，由此他提出“形态规律”“量的规律”“延续规律”三种标准，并且如果能够确定相似点是确凿的，他便认为“两处的文化必是由一方传播于另一方；至于两处的距离是无关紧要的。无论是互相临近，或远隔几个大洋，都不能成为传播的障碍”⑤。

如前所述，宫崎借助东西交涉史的成果和视野，主张通过对个案的实证研究来建构世界史。通过分析宫崎的世界史构想的内容、构造和逻辑，不难发现，支撑该构想的基础是交通史观和进步史观融合的产物，另外，这其中也不难窥得其对文化人类学理论的借助。在宫崎的世界史构想中，文明是从西亚地区生发并向四周传播流动的，文化不断地从先进地区流向相对落后的地区，落后地区在先进文化的刺激下超越前者，这种论调可以看做是进化论和传播论的结合。简而言之，其整体思路具备典型的文化一元论、文化传播论和进化论的特质。或可说，文化人类学的各流派的学说为宫崎世界史构想提供了有力的理论支撑。

① 该书于 1911 年出版问世，日译版出版于 1940 年，译者是小林秀雄。[德] グレープナー：『民族学の方法論』，[日] 小林秀雄訳，十字屋書店 1940 年版。

② [日] 綾部恒雄編：『文化人類学 15 の理論』，中公新書 2001 年第 20 版，第 26 頁。

③ 林慧祥：《文化人类学》，商务印书馆 2011 年版，第 48 页。

④ 林慧祥：《文化人类学》，商务印书馆 2011 年版，第 48 页。

⑤ 林慧祥：《文化人类学》，商务印书馆 2011 年版，第 49 页。

第四节　世界史构想的思想实质

如前所述，在宫崎的论述逻辑下，文化先行地区刺激文化发展程度较低的地区，而后者则会获得更有利的发展条件并得到更高和更好的发展。宫崎在世界史构想下审视东亚、西亚和欧洲三个地区，这种操作实际上包含了将这三个地区相对化，特别是将欧洲相对化的意图。宫崎认为，相比西亚和东亚，欧洲文艺复兴发生得最迟，同时其发展程度也就最高，“如今的西方世界，远远领先于其他世界，这是虽不免遗憾却不得不坦率承认的事实”。他说：

> 但是，因此就想当然地认为西方人充满创造力、东方人乃至西亚人却缺乏创造力，则过于草率了。西方人如果这么具有独创性，那理应不该在其他世界出现绚烂的文化、进步的科学的时代之前尚长期处于未开的蒙昧状态。难道他们的文明之花不应该比其他世界开得都要早吗？①

显而易见，宫崎在批判将近代文明成果尽皆归功于西方自身的中心主义。这篇论文发表于1941年，正是日本侵华战争进入持续化阶段、战争规模不断扩大的时期，宫崎的这种论调与当时的时代氛围不无关联。

众所周知，自1868年明治维新以来，日本打出“文明、开化”的口号效仿西方近代文明，走上全盘西化的近代化之路。这种选择无疑透露出一种强者中心主义的逻辑，即西方近代文明是先进的，而日本当时是落后的，日本自上而下地大量吸收西方文化，即所谓“移风易俗”。但随着日本国力不断地增强，之前受到冷落和压抑的传统文化在19世纪八九十

---

① ［日］宫崎市定：「東洋のルネサンスと西洋のルネサンス」（下），『史林』1941年第1號，第93頁。

年代以“国粹主义”的形式出现来对抗西方文化。传统与现代的对峙关乎日本的自我认知，“兴亚”与“脱亚”对立的主张在近代日本相互纠缠。①有关于此，正如子安宣邦指出：

> 若由近代国家日本主导的东亚政治秩序的重组与1868年的明治维新一同开始的话，那么，由帝国日本主导的以东亚这一广域地区为前提的重组世界秩序的主张则始于1931年。19世纪中期，以军事力量为后盾，东亚地区被卷入欧洲资本主义体系，自此近代资本主义世界秩序得以确立。同时，东亚也进入“世界史”的历史进程。我认为，在与这个欧洲为核心的“世界史”的互动中，日本有三个历史转折期，分别是1850年、1930年和1980年。……1930年这一转折期的特色是，正值日本自任为核心领导国家欲将东亚重组为一个广域圈，同时主张重构以欧洲为中心的世界秩序。②

子安氏进一步勾勒出当时的时代背景，“1929年世界恐慌开始，1931年‘满洲’事变（九一八事变）爆发，1933年纳粹政权成立，总之，毋庸重复列举这些现代史上的事实便可知1930年的确昭示着世界历史走向第二次世界大战的开始”。③

如前所述，宫崎的这篇长文分上、下两部刊行于1940年和1941年，这个时间点的日本社会思潮颇值得关注。众所周知，1941年12月太平洋战争爆发，日本的学术界、舆论界甚至整个社会都陷入“错误的感

---

① 竹内好认为日本近代史的进程“从思想的角度来看，兴亚和脱亚交错进行，最终，脱亚吸收兴亚，日本走向了战败的局面”，对日本而言，“亚洲的意义从最初的连带意识逐渐转变为支配的对象”。见［日］竹内好：「日本人のアジア観」，『竹内好評論集』第3卷，筑摩書房1966年版，第92頁。

② ［日］子安宣邦：「大いなる他者—近代日本の中国像」，『「アジア」はどうかたられてきたか—近代日本のオリエンタリズム—』，藤原書店2003年版，第160—161頁。

③ ［日］子安宣邦：「『世界史』とアジアと日本」，『「アジア」はどうかたられてきたか—近代日本のオリエンタリズム—』，藤原書店2003年版，第31頁。

动”。[①] 竹内好在战争爆发后发表的文章《“大东亚”战争与吾等的决意》中可谓是字里行间流露出这种“错误的感动”。其时，有两场座谈会广泛地被提及和讨论。一场是围绕“世界史的立场与日本（1941 年 11 月 26 日）”“‘东亚共荣圈’的伦理性和历史性（1942 年 3 月 4 日）”“总力战的哲学（1942 年 11 月 24 日）”这三个不同主题展开的三次座谈会，座谈内容刊载于《中央公论》上，后又汇编成册于 1943 年作为《世界史的立场与日本》（《世界史的立場と日本》）一书出版。

参与座谈会的学者均为受西田几多郎（1870—1945）和田边元（1885—1962）影响的京都学派年轻哲学家和历史学家，如高坂正显（1900—1969）、西谷启治（1900—1990）、高山岩男（1905—1993）和铃木成高[②]（1907—1988）。这四位除铃木主攻西方历史以外，其他三位都是京都学派的少壮学者。有关他们的言论和思想的考察不在少数，[③] 在此仅作概述。这三次座谈会，四位学者共同的问题是“世界史与世界史中日本的主体性位置”的问题，他们共同的认识是“此次大战是要求文化、思想、国家、

① 子安宣邦语，绝大多数日本人“不认为眼前的战争是作为‘事变（指侵华战争——笔者注）’而展开已久的世界战争的新阶段或曰最后阶段。他们相信对英美之战作为战争现在刚刚开始并且感动于开战。那是无意识之中犯下的错误，是来自错误的感动。”见［日］子安宣邦：《何以如此感动于宣战？——在“支那事变”与“大东亚战争”之间》，《何谓〈现代的超克〉》，生活・读书・新知三联书店 2018 年版，第 104 页。

② 铃木成高是日本西洋史学者，著有『ランケと世界史学』一书，与宫崎市定关系甚密。“铃木成高和宫崎市定彼此认定对方是一生的知己。”见［日］粕谷一希：『内藤湖南への旅』，藤原書店 2011 年版，第 241 頁。宫崎对建构世界史的热情和执着当然与当时日本学界和社会的氛围有关，也似乎可推断与铃木亦不无关联。

③ 日本学者如前引子安宣邦《何谓〈现代的超克〉》一书以及『「アジア」はどう語られてきたか』等著作中多有论及，另，［日］廣松涉：『「近代の超克」論—昭和思想史への一視角—』（講談社 1989 年版）中亦从思想史角度进行了深入考察，此外，竹内好等诸多学者和思想家亦多有论及，不赘。另外，国内学者对此亦多有考察，如卞崇道的《融合与共生——东亚视域中的日本哲学》（人民出版社 2008 年版）、吴震的《当中国儒学遭遇“日本”——19 世纪末以来“儒学日本化”的问题史考察》（华东师范大学出版社 2015 年版）等著作中均辟有章节论述之。

经济及其他的所有都发生转变的转变战，是为了超克近代的战争”①。具体而言，他们从哲学的高度建构新的“世界史”以批判西方主导的近代世界秩序，从理论上合理化日本对亚洲的侵略行为。对此，子安宣邦分析得异常透彻：“重新认识‘世界史’及对其进行重构的要求便是对‘近代’进行批判性的超越的要求。而‘世界史的哲学’早就准备好了超克‘欧洲近代’的世界观外衣。但从‘世界史的哲学’这一立场进行的认识世界和近代批判的言论，不过是对悍然发动‘“大东亚”战争’的帝国——日本进行哲学化的粉饰而已，仅此而已。”②

如此，“世界史的哲学”派所持主张就有两层要求：第一，确保日本对东亚乃至亚洲的“权益”；第二，与第一点要求相呼应，重构“世界秩序”，打破西方主导。根据这两个要求，这些学者进行合理化日本侵略行为的哲学表达目标也很明确，即强调日本的独特性或者神圣性使得“领有”亚洲是“合理”的，“超克”西方的近代的弊端，“打造一个‘新日本’”③以重构世界秩序。1942 年 7 月，另外一场以“近代的超克”为主题的座谈展开，其内容收录于《文学界》杂志。两场座谈共通的方面很多，可以说两者都成为战争和法西斯主义的意识形态。

宫崎虽未参与到上述两场座谈当中，但他有关世界的构想也是在相同的背景和时代氛围下展开的。我们将宫崎的言论置于此种历史语境下，不难看出，所谓“世界史”构想的学术外衣下对西方的“超克”和对日本的“神化”，宫崎对历史的表达虽不同于哲学家们的直白和激烈，但可谓异曲同工。我们先来看在上述论文中，宫崎意味深长地讲了以下一段话，最能

---

① ［日］小坂国継：「世界史の転換と現代日本」，『高山岩男著作集』第 4 巻解説，玉川大学出版部 2008 年版，第 715 頁。

② ［日］子安宣邦：『「アジア」はどうかたられてきたか—近代日本のオリエンタリズム—』，藤原書店 2003 年版，第 34 頁。

③ 吴震：《当中国儒学遭遇“日本”——19 世纪末以来“儒学日本化”的问题史考察》，华东师范大学出版社 2015 年版，第 61 页。

凸显宫崎此论与时局密切的关联。他称：

> 波斯、伊斯兰世界，东洋和西洋三个世界，是《阿拉伯夜话》中出现的三个王子。故事梗概大致是，第二王子胜过第一王子，第三王子优于第二王子最后赢得荣冠。只是，夜话与历史不同之处在于，夜话虽完结了，但历史并未完结。或许还会出现第四个王子，抑或目前为止的全世界的历史不过是刚刚开始，而西方世界实际上相当于第一王子。①

不言自明，在宫崎这里，西方无疑是“第三王子”，但他近世的优越性却来自“第二王子”东亚或者中国的刺激。如此，首先，宫崎用宏大的世界史框架将西方和中国相对化了。其次，西方的近代或者近世最晚，同时也趋近于完善，但这是在中国和伊斯兰文明的刺激或指导下，或者说在吸收了当时先进的中国文化后才得以实现的。这样的论述无疑是在批判西方中心主义。再次，“第四王子”无疑是指日本，因为日本古代吸收了中国文化，近代以来又充分吸收了西方文明，当历史进入近代以后的下一个阶段，日本无疑将是新历史阶段的“新王子”，这种论调可视为“近代的超克”论的历史表达。

宫崎的这种超越西方的思路在之前提及的著作《东洋素朴主义的民族与文明主义的社会》中亦可见其端倪。如前所述，宫崎的论述与“时局”的密切关联，即保持了“素朴性”的日本要为“文明中毒”的中国注入“素朴”的元素来“解毒”，而且，因为日本已经掌握了“科学”这个调和“文明”“素朴”的关键，所以日本可避免重蹈中国历史上周边民族的“覆辙”，这是在用历史书写合理化侵略战争，为日本的侵略行为张目。宫崎在该书中除用历史表达合理化战争外，亦包含有超越西方的意图。简而言之，日本既能走向近代，同时又可超越近代，“建立一个近乎完整的素朴主义社

---

① ［日］宫崎市定:「東洋のルネサンスと西洋のルネサンス」（下），『史林』1941 年第 1 號，第 92—93 頁。

会”，避免步西方社会走向“纯粹的文明化”之后尘，永远保持领先地位。① 无论是世界史构想，还是“二元对立论”，宫崎著述的学术外表下，隐藏着为战争服务的思想实质。

这一时期，宫崎的言论多配合日本的侵略行为，在学术研究中合理化日本侵略亚洲的暴行。其中一种论调一方面强调中国及亚洲历史的停滞性，另一方面极力主张日本文化发展的自律性和独特性。1943年，宫崎在《京都帝国大学新闻》上发表文章，题为《日本体制与中国体制》，分两次连载。该文章梳理历史上的中日两国体制并进行比较，在论证应当摆脱旧有的中国体制的同时，竭力鼓吹日本体制格外优越。他这样论道：

> 中国原有体制本就不合理，勉强维持下去的话终会走向锁国，结果，对外国文明一味地采取攘夷、排外态度，本应采用的东西却拒之千里。中国由此造成多大损失不可确知。与此相反，日本的体制向外国开国的同时，其自身也是开放性的。对外国的文明，只要是应当采取的均毫不犹豫地接受，同时拒绝不该采取的东西。②

于是，宫崎得出如下结论：

> 东亚各国虽偶尔反抗旧有的中国体制，结果却总会被卷入其中，唯独日本置身事外，得以维持独特的日本体制，且不断反思中国体制，这是历史上值得大书特书的事实。东洋各国遭到欧美的压迫，或被其征服或沦为半殖民地，唯独日本应对的手段值得称道，该听从的听从、该拒绝的拒绝，面对大局，毫无失误。而且，在此过程中我们

---

① 关于欧洲走向“纯粹的”文明化，宫崎称“欧洲朴素主义的文明社会，经历了六七个世纪以后，也在不知不觉中向纯粹的文明主义社会变质，并且这种趋势还在日趋显著。这种变质所产生的弊端因习日久，根深蒂固，并且已经在毒害社会”。见［日］宫崎市定：《宫崎市定亚洲史论考》（上），张学锋等译，上海古籍出版社2017年版，第128—129页。

② ［日］宫崎市定：「日本的体制と『支那』的体制」，『アジア史論考』上卷，朝日新聞社1976年版，第605—606頁。

可以看到，日本体制之基础愈发得到巩固。①

通过以上论述不难看出，宫崎通过“日本置身事外”的叙述，把日本塑造成东亚诸国中唯一未受“中国体制”影响的国家，这是在强调日本历史发展的自主性和日本文化的独特性，以进一步建构出日本“领导”亚洲的合理性。这篇发表于1943年的文章能明显窥知与战时的“皇国史观”“大东亚共荣圈”等合理化战争的理论的共通之处。该文后与其他若干篇文章收录于1943年星野书店出版的《日出之国与日暮之处》（《日出ずる国と日暮るる処》）一书中。该书的书名借用遣隋使觐见隋炀帝时递交的日本国书中的话，其矮化中国的意图不言自明。除上述该文章外，此书中尚有多篇文章都是贯彻了“皇国史观”的产物，宫崎晚年忆称“此书写就于大战之中，现在重读，不可否认我当时的意图里有着颇多发扬皇威的目的”②。实际上，如前所述，早在1940年宫崎的著述中便透出这种“发扬皇威”的意图，那便是他的世界史构想。只是这种意图并未有1943年这般露骨和明显。这或许跟1941年太平洋战争爆发，日本学界和舆论界陷入“错误的感动”不无关联。此外，或许仍有一重要原因不可忽视，那便是宫崎受海军邀请与“京都学派”的哲学家共同参加讨论时局的座谈。据大桥良介介绍，这次座谈的性质如下：

> 昭和十七年（1942）二月开始至昭和二十年七月，也就是基本贯穿了整个太平洋战争期间，“京都学派”的哲学者们为主要成员的京都大学的学者群体，受海军一部（米内光政系）之邀请和协助，每个月举办一二次讨论时局的座谈会。③

① ［日］宫崎市定：「日本的体制と『支那』的体制」，『アジア史論考』上卷，朝日新聞社1976年版，第606—607頁。

② ［日］宫崎市定：「日本的体制と『支那』的体制」，『アジア史論考』上卷，朝日新聞社1976年版，第6頁。

③ ［日］大橋良介：『京都学派と日本海軍—新史料：「大島メモ」をめぐって—』，PHP新書2001年版，第12頁。

关于座谈讨论的主题，“国内、国外的思想状况及其历史背景之分析、时代之展望、战争理念之摸索与国策纠偏之助言”等。① 该座谈共召集了18次，宫崎前后共计出席14次。1942年2月12日，举行了第一次座谈，讨论的主题是“‘共荣圈’一语的探讨”“作为‘共荣圈’之两大分类的南方和‘支那’”“对支、对南方政策及其思想依据”“根本上应对对外政策及对内问题：国内教育问题、日本指导‘大东亚圈’的理念”“今后的课题”等，均是与时局密切相关的内容。从该时期宫崎的学术成果来看，该座谈对他产生的影响不可忽视。

以上梳理了宫崎世界史构想的内容、构造、形成过程和学术渊源，力图清晰地勾勒出该构想的学术建构过程中的主要影响因素，并将宫崎此说置于当时的学术、思想的背景下考察了其思想实质。简而言之，宫崎运用比较史的方法试图论证西亚、欧洲和东亚三个地区经历了类似的历史发展路径，但时间上却非是共时性的。这三个地区经历类似历史进程的现象背后是文化传播在起作用，而文化传播的过程所经历的时间便是造成这种非共时性现象的原因。显而易见，宫崎的学说具备一种东西交通史的视野，这种视野的形成或与其素来关注西亚史有关。而宫崎尝试建构世界历史的动机之一，很可能是试图建构一种不同于唯物史观立场或历史哲学立场的世界史发展路径，寻找世界历史的另一种“法则”。宫崎晚年曾吐露自己的心声：

> 如果东西两样古代史的发展是平行的，且经历的重要的节点都相同，那么，这种平行现象意味着什么呢？唯物史观、历史哲学倾向认为人类社会的发展有特定的必然法则，世界各地区的居民或迟或早都会走上既定的发展阶段。但是，若把走在造物主预先铺设好的轨道上当作历史的话，那一定不是人类的历史。……问题不在于此，而在于

① ［日］大橋良介：『京都学派と日本海軍—新史料：「大島メモ」をめぐって—』，PHP新書2001年版，第14頁。

包含这种平行现象的巨大的环境是什么。所以，我们应当从根本上重新思考我们无意中、不假思索地默然当作真理的历史观。①

据此可知，宫崎的确在思考整个人类历史另外一种形态的法则。其实，这种想法早在宫崎首次披露他的世界史整体框架之时就有所表露：

迄今为止，这三个世界的竞争横亘绵延了数千年。发展拔得头筹的，未必永久持续，昨日遥遥领先的，今天不在前列。世间称论世界史的，不懂这种简单的道理，动辄将后发的西洋史的古代、中世、近世之开始和结束年代嵌套进其他两个世界，这恰似弟弟穿着合身的西装给哥哥穿一般。这除了给理解人类发展史带来混乱而别无意义。②

由是观之，宫崎建构世界史时有意与基于唯物史观的社会发展阶段论建构的世界历史采取不同路径。特别是他并不赞同马克思主义史学家将奴隶制、封建制、资本主义制度各个发展阶段不加修正地套用在中国历史上的研究方法。③ 他对世界史构成原理的思考，可以说是建立在东西交通史

① ［日］宫崎市定：「私の中国古代史研究歴」，『中国古代史論』，平凡社 1988 年版，第 328—329 頁。

② ［日］宫崎市定：「東洋のルネサンスと西洋のルネサンス」（下），『史林』1941 年第 1 號，第 83 頁。

③ 宫崎曾多次撰文批判以西方中世封建制研究中国古代历史的方法。如之前提到的发表于 1950 年的「中国上代は封建制か都市国家か」一文中称："中国上代一般被理解为封建制度时期。但是，其他地区的历史，无论是西方还是日本，提及封建制度都认为那是中世社会的特色。将之作为中国古代史早期出现的现象的这种做法，为理解世界史整体的发展造成了很大的混乱。"见［日］宫崎市定：「中国上代は封建性か都市国家か」，『宮崎市定全集』第 3 卷，岩波書店 1991 年版，第 114 頁。此外，宫崎在「私の中国古代史研究歴」一文中称："特别是在唯物史观看来，封建制这一概念是以生产力发展阶段为依据划分的时代分期中的一个阶段，处于古代和近世之间。与中世作为相同含义的概念使用来规定相异于古代的历史阶段。但是，中国学界的大学者郭沫若却认为周代的封建等同于西洋中世的封建，这种主张使中国早于西方一千几百年便进入封建时代，让历史学界陷入很深的混乱之中。若是如此，便不可能将东洋与西洋的历史平行考察，更不能实现还原其发展轨迹的企图了。"见［日］宫崎市定：「私の中国古代史研究歴」，『中国古代史論』，平凡社 1991 年版，第 313 頁。

的视野之上的。不仅如此，他运用比较史的方法来寻找西亚、东亚和欧洲三个地区存在的近似的历史现象，以论证这种历史现象背后存在的因果联系，这种思路又可窥见文化人类学传播论的影响。

总之，宫崎立足于东西交通史观来构想世界史，尝试建构一种异于历史哲学和唯物史观的世界历史解释框架。① 宫崎建构的“世界史”图景就是他的历史观或者说他独特的“历史哲学”，而宫崎的这种历史观是建立在一种进步史观基础上的整体史观。当然，宫崎的世界史有不完善、不充分甚至是不可靠之处，比如说，所谓的世界史却置美洲、非洲等广大地区于视野之外，而且他在证明东西方相互影响时所用的证据亦显单薄，另外，在时代分期论上，宫崎仍然沿用欧洲史古代—中世—近世的时代区分法，虽试图建构复线的世界历史发展进程，但仍难超脱线性进步史观的局限。诞生于抗日战争期间的此学说，包含有合理化战争的意图。

也就是说，宫崎并不是一位书斋型的学者，他对中日两国的现实有着深切的关怀，基于此关怀，则有必要从历史中寻找解释的依据和资源以作出一个整体的判断。在宫崎这里，这种判断或者解释的背景就是他的“世界史”构想。宫崎向来关切时局，屡次借助历史研究美化和合理化日本的侵略行为。他曾多次承担文部省委托的服务于侵略战争的研究，并且是《“大东亚”概说》的主要负责人之一。战争结束前的1944年，他还积极参与了海军秘密组织京都帝国大学哲学学者们举行的对谈。这些都是他关心时局的明证。如此，使得他学术与思想相互纠缠、相互影响，这是我们在了解和借鉴其学术成果时应当注意的。

宫崎世界史构想试图超越西方主导的世界秩序，而这种超越欧洲中心主义的尝试却走向了另一端，即“日本中心观”，这既是其世界史构想的

① 宫崎自己曾多次批判用先入为主的理论或者“公式”研究历史，也明确指出过他说的“公式”即历史哲学和唯物史观，但有意思的是，他提出的解释框架似也是一种“公式”。

思想性的最终呈现形式，又是其建构世界史的出发点。但是，宫崎所用概念和框架均来自“欧洲史”，这充分体现出宫崎“世界史”构想对“近代”既超越又依附的内在紧张，即既是民族主义的，又是世界主义的。这种紧张或对理解宫崎市定同时代学者具有普遍意义。

第五章
宫崎市定与《“大东亚”史概说》的编纂

1942年，随着日本侵略亚洲的范围地不断扩大，为配合军方的侵略行动，日本政府官方主导编修所谓《“大东亚”史概说》，企图用历史书写建构出一套描绘亚洲历史发展进程的论述逻辑，将日本作为“亚洲盟主”来支配亚洲各国的侵略行为正当化，美化侵略战争。文部省组织了几十名学者负责编写该书，这些学者大多就职于或毕业于东京帝国大学和京都帝国大学。宫崎市定是该项目的主要负责人和执行者之一，他不仅参与了制定和规划《“大东亚”史概说》整体编写体例及总体框架的整个过程，而且极有可能是该书充满合理化战争逻辑的“序论”的执笔者。日本战败后，宫崎将战争期间的这部原稿交予出版社刊行，并声称“几未做任何改动”。

本章拟以宫崎市定在战争期间参与编撰《“大东亚”史概说》的经历及战后将之交付出版的过程为线索，还原《“大东亚”史概说》编纂的始末，勾勒出“‘大东亚’史”历史论述的逻辑理路，揭示日本侵华战争期间用所谓“大东亚”的历史作为思想工具，来建构日本侵略亚洲的合理性的图谋。最后，通过比对原稿和战后以原稿为基础出版的《亚洲史概说(正编)》(以下简称为《正编》)，来还原日本战败后宫崎试图掩盖的历史真相。同时，通过梳理宫崎生涯当中的这段重要经历，亦可勾勒出宫崎学术生涯中的一个思想背景，为了解宫崎史学的内涵和全貌提供一个视角。

第一节　《“大东亚”史概说》的编纂经过与宫崎市定的参与

日本战败之前的亚洲研究具备一个鲜明的特点，即其研究视野随着日本帝国主义侵略活动波及的范围变广而不断扩大。侵华战争期间，众多日本学者竞相建构合理化战争的理论，使自己的研究活动积极配合日本的侵略行动。一方面，日本学界受“战时学术体制”之统摄，在政府、军部的主导和鼓动下，整个日本陷入帝国文化的狂热之中；另一方面，许多学者自身便主动地呼应和配合官方行动，积极地从事合理化战争的意识形态建构活动。比如，被称为“京都学派”的京都帝国大学出身的哲学家们与日本海军有着密切的关系，① 他们当中的高山岩男（1905—1993）和西谷启治（1900—1990）等人均有论著试图运用哲学化的理论解构以欧洲为中心的世界秩序，着力建构以日本为主导的新的世界史体系。②

而在史学研究领域，历史学者们也纷纷紧跟日本对外侵略扩张的步伐，甚至不惜歪曲、捏造历史事实来为日本“支配”亚洲各国的合理性寻找历史依据，美化日本对中国乃至整个亚洲的侵略行径，淡化、模糊和掩盖日本的战争罪行。这一时期日本的历史研究最为突出的特征可谓是“皇国史观”对史学界的笼罩，尤以官方修史事业的出发点和动机更是赤裸裸地建构日本殖民亚洲的“正当性”。1941 年，日本文部省对日本史研究者

---

① ［日］大橋良介：『京都学派と日本海軍—新史料「大島メモ」をめぐって—』，PHP 新書 2001 年版。

② 关于此问题的研究在中日两国学界都不在少数，如卞崇道的《融合与共生——东亚视域中的日本哲学》，人民出版社 2008 年版。该书指出，在日本发动侵略战争这一特殊时期，“哲学家们不可回避地要从历史哲学的高度回答战争合理与否这一重大的现实问题。尤其是该学派的右翼哲学家提出的‘战争哲学’、‘总战力的哲学’、‘世界史的哲学’等理论，迎合了当局的需要”，京都学派代表人物之一的田边元等人“到了 30 年代末 40 年代初，随着举国体制军国主义化，他开始自觉地从理论上为日本的对外侵略行为进行论证。（中略）此时期的高坂正显、高山岩男、西谷启治、铃木成高等人则公然倡导‘战争哲学’、‘世界史的哲学’，他们的观点被称为‘世界史学派’”。（见该书第 201—202 页）

进行“总动员”，编纂出一部彻底地贯彻了“皇国史观”的《国史概说》，描绘了一幅神圣化、权威化的“皇国日本”画像。

作为《国史概说》的姊妹篇，文部省于1942年又启动了《“大东亚”史概说》的编纂工作。该年1月12日，此项事业在临时内阁会议通过并正式启动，文部省随即着手选定负责编撰该书的学者。该项工作至晚完成于7月20日，因为参与编写该书的相关人员于7月21日即在“文相官邸召开第一次全体会议，制定编纂项目和要点”①。根据该会议商定的“‘大东亚’史编纂要项”所示，该项工作推进的流程为“委任若干名责任编辑，并从中选任各时期的编辑主任”，主任的职责是“撰写纲目，与责任编辑共同负责执笔并整理原稿”②。另外，虽然选定了若干名责任编辑参与撰写，但仍需根据该书各部分的内容委托合适的执笔者，各执笔者所撰写的原稿汇总后交由责任编辑们进行统合、整理和修改。有关《“大东亚”史概说》编纂的具体过程，以下根据笔者掌握的资料并结合宫崎的回忆进行简单的梳理。

文部省教学局设立“‘大东亚’史编纂部”，任命东京的池内宏（1878—1952）和京都的羽田亨（1882—1955）为负责人，并委任东京帝国大学的铃木俊（1904—1975）、山本达郎（1910—2001）以及京都帝国大学的宫崎市定、安部健夫（1903—1959）四人为责任编辑。其中，铃木担任主任，负责统合原稿和推进该书编纂工作的事宜。③ 同时，33名亚洲研究领域的

① ［日］長谷川亮一：『「皇国史観」という問題—十五年戦争期における文部省の修史事業と思想統制政策—』，白沢社2008年版，第155頁。

② 『大東亜史編纂要項』，志水義暲文庫，第326頁。

③ 决定责任编辑的人选以《“大东亚”史概说》一书内容的整体构成为依据，因该书整体框架共分四个部分，于是选定上述四位相关领域的学者分别负责，由铃木负责统筹。另，关于铃木担任主任一事还可从其撰写的「東洋史と大東亜史」一文中得到印证，该文开头部分冠以编辑部撰写的“引言”，其中称：“本地政学协会亦颇关注此项事业的进展，对其成果满怀期待。于是特劳烦铃木俊氏将此事业之目的缀之成文。铃木氏现任法政大学教授，担任‘东亚史概说’编纂主任并负责管理一切相关事务，其言颇当倾听。”见［日］鈴木俊：「東洋史と大東亜史」，『地政学』1942年第1卷第10號，第40頁。

学者被选定为"委托调查"人员负责审阅稿件后提出"意见、批判乃至订正谬误"，这些学者绝大多数任职于或毕业于东京、京都两所帝大，可谓聚集了日本当时亚洲史研究领域的中坚力量。①

根据文部省的最初构想，所谓"大东亚"史为"范围涵盖印度以东也就是亚洲大陆东半部，日本好比扇轴作为中心，皇国文化向西光被的历史"②。据宫崎回忆，经四人反复讨论，他们认为不能撰写如此违背常识的历史。最终四人商定出替代文部省构想的方案，即"将东亚史的范围大幅扩大，与亚洲史一致。亚洲文化发源于西亚，……向东传播的过程中不断得以净化，最后传至日本成为冠绝世界的伟大文化"③。

此替代方案得到文部省的许可后，宫崎与另外三位编修该书的主要负责人"制定出编、章、节的框架，根据内容为每部分寻找合适的执笔者，之后四人修改收回的原稿"，宫崎负责"古代至十世纪，相当于唐末时期"的部分，"因是整部书的开头部分，所以比其他人都要急迫"。④ 所谓"制定出编、章、节的框架"，其实与最初设想的"'大东亚史'编纂要目"基本一致，用词略有改动。据此，《"大东亚"史概说》由"序说""前篇　前期、后期""后篇　前期、后期"三部分组成。虽然框架已定，但由各部分的执笔人撰写的稿件并不符合四位负责人的意图。宫崎忆称：

> 但是，收集上来的原稿大多与我等预期的不一致，不得不苦心修改其中的绝大部分内容。而后，将之打印并重新发给各调查员，本应

① 除去与东京、京都两所帝国大学的相关人员，还有学者来自大正大学、东北帝国大学、庆应义塾大学和早稻田大学。此外，东方文化研究所、东方文化学院、东洋文库、东洋文化研究所、人文科学研究所、国民精神文化研究所及东亚研究所等机构的负责人或相关学者亦参与其中。见上注「東洋史と大東亜史」一文，第 40 页。

② ［日］宫崎市定:『アジア史研究』第 2 巻，同朋舎 1963 年版，第 2 頁。

③ ［日］宫崎市定:『自跋集—東洋史学七十年—』，岩波書店 1996 年版，第 297 頁。

④ ［日］宫崎市定:「『アジア歴史研究入門』序」,『宮崎市定全集』第 2 巻，岩波書店 1999 年版，第 328 頁。

在征得意见的基础上再行修改，但最后阶段的工作并未继续委托于我，而是交由他人修改了。①

有关此过程，亦可参照池田温、山本达郎等人回顾铃木俊生涯的座谈记录的《漫谈先学——铃木俊先生》一书②。另外，山本是当时的亲历者之一，他曾在学术自传式的文章中忆及参与该项编纂工作的经过：

> 我进入新研究所的那年夏天，文部省东亚史概说的编纂工作正式启动。新成立的委员会广泛汇聚了池内宏、羽田亨、和田清诸先生为代表的东洋史学专家。其下又有众多研究者分担执笔工作，安部健夫、铃木俊、宫崎市定三人及我负责收集整合稿件。其中，负责编纂工作的核心人员是铃木氏。当时，由于宣扬“大东亚共荣圈”理念被定为国策，当局的负责人希望将之纳入概说之中。但历史事实又不得任意歪曲，于是针对该书究竟该如何构成，经过反复多次的讨论，最终形成了亚洲史概说的框架形态。即不同于既往的以中国为中心的东洋史概说，形成了广泛涉及印度、西南亚等地域的全新构想。此外，在描绘整体进程的重大节点中，加入有关日本的论述。因为几乎是对当时所有从事亚洲研究的一流学者进行的总动员，所以收集上来的原稿质量颇佳。但是，战争期间的思想控制逐步加强，甚至发生池内宏先生被宪兵队询问的事件，加之，编辑工作的主要负责人铃木俊氏的学会活动被发现后遂被检举，这部概说最终以出版未遂的结果而告终。只是，当时的参与者某氏将文部省之原稿的一部分以自己的名义出版了。③

由上可知，山本的回想与宫崎所述虽基本一致，但也有些许出入。即

① ［日］宫崎市定：『アジア史研究』第2卷，同朋舍1963年版，第3頁。

② 「先学を語る—鈴木俊先生—」，『東方学』1999年第98輯，第211—214頁。

③ ［日］山本達郎：「あるアジア史研究者の歩み」，『アジア文化研究』1981年第11輯，第14—15頁。

从各位执笔者处收集上来的原稿质量如何，两人评价并不相同。宫崎称这些稿件“并不符合他们四位负责人的意图”，所以“苦心修改其中的绝大部分”，但山本却称收集的稿件“质量颇佳”。山本回忆中所称“当时的参与者某氏”以自己的名义出版了《“大东亚”史概说》的原稿，这里所说的“某氏”指宫崎无疑。若山本所言不虚，则宫崎可能是在为自己刊行出自众人之手的书稿这一行为寻找借口。总之，据此可知，宫崎虽参与修改了各执笔人撰写的稿件，但之后似乎“被解除编辑职务”，后续工作并未委派给他。若此言属实，则宫崎谈及的稿件应与后述小牧实繁（1898—1990）遗物中的初稿相同，至于初稿的修改工作他并未参与。

1944年6月，铃木俊因受“教育科学研究会事件”的牵连，被诉涉嫌违反《治安维持法》，并于8月份被解除一切公职，这给《“大东亚”史概说》的编纂带来了沉重打击。翌年，日本战败投降，《“大东亚”史概说》未及正式出版，该编纂事业便化为泡影。众所周知，日本战败后，美国对日本实施事实上的单独占领，在“驻日盟军总司令部”（GHQ）的主导下进行民主化改革。1946年，司令部下达了解除军国主义者公职和解散超国家主义团体的命令，即所谓“公职追放令”。在此背景下，宫崎称他从文部省接到处理掉“‘大东亚’史相关史料”的内部指令①，但他自称对此原稿“十分不忍舍弃”，并坚信“在学问上亦定有大用”②，所以将之妥善保管。翌年，安部健夫提议将此原稿出版，并计划撰写续篇，于是虽在“日本尚处占领军的支配下，而结果如何，未可料知”的状况下，宫崎将整理后的原稿交给出版社并强调，“此即将所谓‘大东亚’史之原稿原样未动地印刷出版，几未有任何更动。我想让大家知晓，虽处战争之中，

---

① 但是，山本达郎却曾表示自己从未接到过这种内部指示。见「先学を語る—鈴木俊先生—」，『東方学』1999年第98輯，第213頁。

② ［日］宫崎市定：「『アジア歴史研究入門』序」，『宮崎市定全集』第2卷，岩波書店1999年版，第329頁。

我们亦并未撰写过分荒诞的著作”①。这便是1947年由人文书林刊行的《亚洲史概说正编》。该书共分三章，恰与前述“‘大东亚’史编纂要目”的“前编 前期”的三章相对应。

宫崎反复强调自己几乎未对原稿作较大改动便交给出版社，最大程度上保留了原稿当时的原貌。比如，早在1963年，他在自己的著作中谈及这段往事时称，他将“战争中完成的打印稿原封未动地作为书稿”交给出版社，并且“之后几无修改”。② 这无非意在表明在战时学术统治体制之下，他们仍能在一定程度上保持客观的学术立场。果如是乎？经比对，宫崎所言几乎没有任何改动并不属实。以下先简要介绍现存的两种《“大东亚”史概说》的原稿，再通过比对《正编》和原稿，梳理出《正编》出版之际所删除的原稿中企图正当化日本侵略行为的内容，揭示宫崎试图掩盖的历史事实。

第二节 《正编》对原稿中合理化战争内容的删除

管见所及，《“大东亚”史概说》原稿现存两种，分别是1944年11月、1945年4月由文部省寄送给各“调查嘱托”征求修改意见的最初稿件和略经修改的稿件。结合宫崎的论述可以推断，参与“‘大东亚’史”编纂工作的人员于1942年7月举行全体会议后，该项工作得到继续推进。从各位负责执笔的学者处回收的稿件，经过前述四位责任编辑初步整合后，寄送至诸位“调查嘱托”处征求他们的意见，此即1944年的稿件。1945年的稿件在序论及第一章的首页印有“第一回整理济”（即“第一次整理完毕”）字样，与前述稿件略有不同，详见后述。为方便计，权且称较早

① ［日］宫崎市定：「『アジア歴史研究入門』序」，『宮崎市定全集』第2巻，岩波書店1999年版，第330頁。

② ［日］宫崎市定：『アジア史研究』第2巻，同朋舍1963年版，第3頁。

的稿件为“初稿”，经文部省略加修改的稿件为“修改稿”。这两种稿件均见于小牧实繁后人捐赠给京都大学档案馆的小牧遗留下的数量颇丰的资料中。另，日本国立教育政策研究所附属教育图书馆的“志水义暲文库”亦藏有稿件的一部，内容与小牧处的修改稿完全一致。所不同者，该处所藏稿件上有手写的修改痕迹，小牧处稿件则无。两处所藏原稿之内容皆仅余序论至前编第一章的内容，《“大东亚”史概说》之全貌至今仍不得见。

小牧实繁出生于日本滋贺县，毕业于京都帝国大学。先后任该校讲师、副教授，并于1938年升任文学部地理学教授。战争期间，积极倡导建设日本地政学，主动配合日本军方的侵略行为。日本战败后，小牧亦成为“公职追放令”实施的对象而被迫离开教职。美国占领结束的1952年，小牧教职得以恢复并出任滋贺大学教授。战前及战争期间，小牧对中国华北、“满洲”及朝鲜等地进行了广泛的田野调查，战后其学术兴趣转向日本国内，多数研究与滋贺县相关，对民俗学颇为倾心。小牧实繁后人将其遗物中数量可观的书信、日记、照片及田野调查时搜集的资料等悉数捐赠给京都大学档案馆，其中便有《“大东亚”史概说》原稿以及与该项编纂事业相关的文部省寄给小牧的信函。① 至于志水义暲，其生平不详，目前掌握的资料仅可知他担任该编纂工作的“主事”一职。

前述所及，初稿经文部省修改后为修改稿，该版稿件首页虽印有“第一回整理济”的字样，除统一了序论文字和用语之外，有几处改动值得注意。首先，修改稿的第一章内容被大大压缩，与之形成对照的是，序论第一节的分量却增至初稿的3倍左右。② 第一章勾勒了亚洲各国史前史和古代史，这些内容显然太过“学院派”风格，且时间上与当下世界距离颇为

① ［日］富永望:「資料紹介『大東亜史概説』」,「京都大学大学文書館研究紀要」2016年第14巻，第55頁。

② ［日］富永望:「資料紹介『大東亜史概説』」,「京都大学大学文書館研究紀要」2016年第14巻，第59頁。

遥远，与该书用历史书写来合理化战争的编纂目的不符，遭到文部省的压缩实属正常。反观序论第一节，标题为"'大东亚'史之理念"，本就是合理化战争的内容，其篇幅则被大幅增加，亦直接体现出该书编纂之初的正当化战争的企图。

其次，与初稿相比，修改稿增加了对比所谓西方个人主义和亚洲集体主义的内容。要言之，欧洲社会以个人为本位、崇尚自由，而亚洲社会则多以"家族、乡党、国家、教团等为主，集体与个人、个人与个人之间的相互关系以感情为纽带"，所以，"欧洲人倾向各自主张自己的权利，社会、国家的共同意识会指向谋求相互间的共通权益"，与之相反，"亚洲则少有因主张权利而产生对立关系的倾向，多以相亲相爱之情为纽带形成和睦的家族式关系"。① 但是，这种所谓"东亚一体的家族式的共同意识"因东亚各民族、各地区所处历史阶段不同，并未形成共同的自觉，所以未能对抗欧洲的侵略。文章进一步宣称，日本是亚洲唯一古来便已形成家族式国家意识的国家，由此负有促使东亚各民族觉醒、共建"大东亚共荣圈"的使命。可见，增加的内容不外是建构日本侵略行为"合理性"的一套说辞。

此外，仍有一处细节值得注意。即序论"第六节　日本的使命"中较初稿特别增加了论述回教的内容，这亦体现出文部省积极配合战争的意图。以下先简要介绍现存原稿的构成，再进一步梳理"'大东亚'史"的内容和逻辑，而后将之与战后出版的《正编》相比对。该原稿共由四个部分组成：

第一，"教学局东亚史概说编纂部职员名表"，分"长官""部长""主事""书记""编纂嘱托""调查嘱托"以及"东亚史概说编纂会议员"诸项，详细列示参与该编纂工作的人员名单及所属机构。

第二，"'大东亚'史编纂要项"，由"趣旨""编纂方针""编纂方法"及"程度与体裁"四项内容构成，露骨地阐述了该书的目的、动机以及规

① 『大東亜史編纂要項』，志水義暲文庫，第 330 頁。

定了编纂工作的具体流程，其中的“趣旨”和“编纂方针”又极能体现出日本政府修史的真实意图。首先，“趣旨”内容如下：

鉴于“大东亚”战争之意义，基于日本世界观之“大东亚”一体观的立场下，为明晰“大东亚”之历史及其意义，探讨其文化之特质与各民族之兴衰，特应明其与我国之关系并呈现欧美各国侵略亚洲之实情，以促我国民之自觉与亚洲各民族之奋起，而实现“大东亚”新秩序之建设。此为编纂“大东亚”史之目的。

又，“编纂方针”内容如下：

亻、基于日本世界观之“大东亚”一体观的立场下，阐明“大东亚”之历史及其文化之特质，明晰我国于“大东亚”之历史使命。

ロ、明晰亚洲诸民族之相互关系，且当详尽考察欧美各国经略东方之实情以阐明我国于“大东亚”之地位。

ハ、当明晰建设“大东亚”新秩序之世界史意义。①

另外，“程度与题材”一项中规定，“内容难易程度以拥有中学毕业以上教养之人能够理解为宜”，② 显而易见，编纂“‘大东亚’史”的目的不外是用学术外衣包藏政治内里来正当化日本对亚洲各国的殖民和侵略。

第三，“‘大东亚’史编纂要目”，这一项内容实际上就是该书的目录，展现出该书的整体思路、结构和框架。该书“要目”由“序说　‘大东亚’史之理念”“前编　亚洲诸民族文化的形成及演进”“后编　亚洲诸民族之世界史的展开”以及“结语　日本对‘大东亚’的指导性地位”四部分构成。其中前编分“前期　亚洲诸文化的成立及发展”“后期　亚洲诸民族的活跃及演进”两大阶段，后编亦分为“前期　欧洲势力的东渐及其影响”和“后期　亚洲诸民族的自觉及‘大东亚’新秩序的展开”两个阶段进行论述。

---

① 『大東亜史編纂要項』，志水義暲文庫，第326頁。

② 『大東亜史編纂要項』，志水義暲文庫，第326頁。

第四，现存《“大东亚”史概说》稿件的正文部分由“序论”及“前编 第一章”两部分内容构成。前述“要目”中所谓“序说‘大东亚’史之理念”被改为“序论‘大东亚’史之构想”，与正文其他章节正当化战争的论述散于各处不同，该“序论”格外露骨地集中体现出日本政府编纂此书的真实企图。序论由“第一节‘大东亚’史之理念”“第二节‘大东亚’之地理”“第三节“大东亚”之民族”“第四节‘大东亚’之文化”“第五节‘大东亚’之时代”“第六节日本的使命”六个篇目组成，既是前述“‘大东亚’史编纂要目”的具体化，同时又是对整个《“大东亚”史概说》思路和框架的整体勾勒。

关于《“大东亚”史概说》的论述逻辑和真实意图，不妨结合铃木俊于1942年10月发表的，题为《东洋史与“大东亚”史》的文章相对照来看。铃木被任命为《“大东亚”史概说》项目的编辑主任后，受积极配合战争行动的刊物《地政学》之邀，写就上述文章，对所谓“‘大东亚’史”的背景和目的进行了更为具体的阐发。他宣称，东洋史的概说要依据社会情势的变化不断重新书写，因“这次的‘大东亚’战争不仅是我国未曾有之大事件，更是给世界带来巨大变革的大事业”，明治、大正时期问世的《东洋史概说》书之价值已失其大半，此时重写，正逢其时，“这正是《‘大东亚’史概说》编纂事业的意义所在”。[①] 并且，铃木进一步强调，“‘大东亚’史”的编纂是基于完全不同于传统东洋史的理念展开的。他又继续论及欧美倡导的世界史是西方中心主义的历史，认为西方人在他们的历史中“正当化侵略亚洲的行为，将亚洲人在其压迫下的挣扎视为理所当然”，而传统的东洋史却“构成世界史之一翼”，绝非与西洋史对立的亚洲人的东洋史。所以，“如今面对亚洲建设新世界、迈向创造新秩序之路的现实，当然要打破这种西方的旧观念，树立以日本为中心、以亚洲为主体的世界

① ［日］鈴木俊：「東洋史と大東亜史」，『地政学』1942年第1卷第10號，第41頁。

史”，而“大东亚”史概说的编纂便是基于“‘大东亚’史即世界史”的理念之上策划的。① 他进一步宣称：

近世欧美人的活动，完全从他们自身利益出发去抢夺殖民地、攫取利权。于是，时至今日，亚洲大部竟沦为他们贪婪、苛敛的牺牲品。对此，这次“大东亚”战争，当打破此矛盾，乃以八纮一宇之精神解救亚洲各民族于西方列强之魔手，使之各得其所，此实乃实现“大东亚”共存共荣目标之圣战。亚洲的历史，往往是各民族的争斗、迁徙的循环，或是王朝更替史的重复，唯有我国拥戴上古以来万世一系的皇室，自肇国以来同一民族在同一国土上得以一贯发展而来，且常以八纮为宇之大理想对待周围诸国、诸民族而直至今日。正是基于这一事实，日本成为“大东亚”的中轴，亦是日本能够居于现今重新书写的新历史之中心的原因所在。实际上，“大东亚”史正是基于这一精神来撰写的。……经此“大东亚共荣圈”之建立，如今日本文化正光被“共荣圈”内之各国、各民族，将来形成文化上的统一世界这一事实，不啻为对此强有力之回答。②

如前所述，日本文部省启动编纂所谓“‘大东亚’史概说”是在1942年，此项事业发生在1941年日本发动“太平洋战争”之后，思想界颇为喧嚣的所谓用武力“打倒鬼畜英美”、与西方列强彻底决裂的“吾等的决意”终于付诸实践，整个日本知识界陷入帝国文化的狂热之中，铃木的文章可谓是当时日本思想界的一个真实写照。有关《“大东亚”史概说》总体论述视角的特点，日本学者那须惠子曾作简要归纳。大体而言，可以概括为以下三点：

第一，从风土出发进行说明的视角。地理论述成为文化论述的前提。此外，亦可从中窥知他们试图从干燥和湿润这种风土类型中寻求

① ［日］鈴木俊：「東洋史と大東亜史」，『地政学』1942年第1卷第10號，第44頁。

② ［日］鈴木俊：「東洋史と大東亜史」，『地政学』1942年第1卷第10號，第45—46頁。

"大东亚"作为统一整体的依据。湿润地带的农耕民族与干燥地带的游牧民族之间的对立和交涉之变迁被作为论说的基轴。

第二，区分民族的视角。将各民族划分等级。

第三，各民族交涉的视角。从中可以窥知他们企图用农耕民族和游牧民族对立和交涉的历史构建"'大东亚'史"的意图。①

正如那须氏结论所言，《"大东亚"史概说》的"书写方法看似是冠冕堂皇地具备学术性的，通过把风土类型引入历史解释的方法，将'大东亚'所涵盖地区的人们划分等级，于是使得该地区的支配—被支配关系能够'正当化'"②。这一企图在序论的第六节"日本的使命"中体现得更是淋漓尽致，其露骨地表明：

> 回溯"大东亚"过去之历史并思索其未来之时，当然必须考虑日本在"大东亚"的位置和使命。"支那"及印度等的现状、以日本为核心谋求建立"大东亚共荣圈"而做出的努力，正宣示着日本的使命之所在。但对其明确的内容，有必要从以下三点进行考察。即（一）"大东亚"文化的共通性；（二）日本的独特性；（三）日本的使命。③

接下来，该文将"大东亚"地区各文化的共通性界定为对"绝对者"皈依的感情，这种态度是东洋艺术的精神基础，体现着东洋精神的极致。另外，东西方被有意识地置于二元对立的论述结构中，文中主张西方是"物"文化，与此相对，东洋文化是彻头彻尾的"魂"文化。为建构日本文化的权威性和普遍性，文中继续论道："'大东亚'诸文化，印度、'支那'之精髓一无所失地尽皆汇集于日本、培养于日本。因此，日本可为亚洲之

---

① ［日］那須惠子：「戦時下日本における『大東亜史』構想：『大東亜史概説』編纂の試みに着目して—」，『東京大学大学院教育学研究科紀要』1995 年第 35 卷，第 5 頁。

② ［日］那須惠子：「戦時下日本における『大東亜史』構想：『大東亜史概説』編纂の試みに着目して—」，『東京大学大学院教育学研究科紀要』1995 年第 35 卷，第 8 頁。

③ 『大東亜史編纂要項』，志水義暲文庫，第 364 頁。

代表”。日本的独特性则在于既将“大东亚”各地区的文化内化于自身，同时又有所超越。现阶段，将汇集于日本的文化向亚洲乃至世界传播便是建设“大东亚共荣圈”的任务，更是与西方文明对决之际赋予日本的使命。① 可见，第六节的内容与修改稿的序论增加的部分如出一辙，相互呼应。

如上，结合“趣旨”“编纂方针”“序论”以及铃木的文章可知，《“大东亚”史概说》用以正当化侵略战争的基本逻辑大致可表述为：日本与亚洲各民族之间历史上存在紧密的联系；日本保持了其“万世一系”的“神国性”（独特性）的同时又吸收和融合了亚洲各国的文化精粹（普遍性）；亚洲各国文化与欧美相异，但过于分散，只有日本可以统合之；日本自任有从欧美的魔掌中“解放”亚洲的“使命”，建设日本主导的“‘大东亚’新秩序”；否定西方中心主义的世界观，建立日本世界观，超越近代阶段，最终建立日本主导的新的世界秩序。总之，《“大东亚”史概说》利用这种历史叙事，从历史中寻找依据进行日本侵略亚洲合理性的建构。该书所基于的理念与所谓“世界史哲学派”“近代的超克”论以及平野义太郎提倡的“东亚协同体”论并没有本质区别，可谓是异曲同工、沆瀣一气，实质不过是日本政府对殖民地进行思想统治的产物。

前文多次提及，宫崎反复强调将稿件原封不动地、几未修改地交给出版社，但是《正编》中并未收此“序论”，而代之以宫崎重新撰写的“绪论”。无疑，在将该“原稿”出版之时，有意将此赤裸裸地合理化战争之言论删除了。此外，正文当中基于“皇国史观”的论说以及企图对“大东亚共荣圈”进行合理化建构的论述内容均被删掉，如第一章的第五节“古代日本及其比邻”、第二章的第五节“日本大陆登场及其活动”、第三章第五节“日本文化之展开”。为呈现《正编》相对于《“大东亚”史概说》在章节结构上的调整，现将两者对应部分的目录列表如下：

① 『大東亜史編纂要項』，志水義暲文庫，第 365 頁。

<table>
<tr><td rowspan="2">章节</td><td>《“大东亚”史概说》</td><td>《亚洲史概说》（正编）</td></tr>
<tr><td>序说“大东亚”史之理念</td><td>绪论</td></tr>
<tr><td>第一章
第一节
第二节
第三节
第四节
第五节</td><td>亚洲诸文化的成立及其特质
亚洲诸文化之黎明
古代波斯及周边诸国之文化
古代印度及其文化
古代“支那”及其文化
古代日本及其比邻</td><td>亚洲诸文化的成立及其推移
亚洲诸文化之黎明
古代波斯及周边诸国之文化
古代印度及其文化
古代中国及其文化
（删除）</td></tr>
<tr><td>第二章
第一节
第二节
第三节

第四节
第五节</td><td>亚洲各民族之相互交涉
波斯的形势与阿拉伯之亚洲经略
印度及印度支那各民族之兴衰
北方各民族之活动及其对“支那”的影响
“支那”民族之崛起及其隆昌
日本之大陆登场及其活动</td><td>亚洲各民族之相互交涉
伊朗的形势与阿拉伯帝国之兴衰
印度及印度支那民族之兴衰
北方各民族之活动及其对中国之影响

汉民族之崛起及其繁荣
（删除）</td></tr>
<tr><td>第三章
第一节

第二节
第三节
第四节
第五节</td><td>亚洲各文化之交流及其展开
海陆通商之发展及“大东亚”循环交通之形成
波斯文化之东传
印度文化之传播
“支那”文化之更生及其传播
日本文化之展开</td><td>亚洲各文化之交流及其展开
海陆通商之发展及“大东亚”循环交通之形成
波斯文化之东传
印度文化之传播
中国文化之更生及其繁荣
（删除）</td></tr>
</table>

如上所示，战后出版的《正编》主要做了以下几处修改：(1) 将年号改为西历；(2) 改变日语假名的标记；(3) 更换了个别词语（如“支那”被替换为“中国”）。除这些细节上的更动外，原稿中的第五节之内容全文被删。而原稿中每章的第五节乃是论述日本在历史上与亚洲各国之“联系”的内容，在他们的构想中，这种“历史联系”无疑成为日本统治亚洲全域的“依据”。所以，事实并非如宫崎所说，将当时的稿件几乎不做修改地出版了，而是有意识地将合理化战争的内容悉数删除。不仅如此，除每章的第五节全文“消失不见”外，第一章的前四节当中亦有多处文字被改动

或删减，而这些文字多是合理化侵略战争的内容。宫崎再三强调他们在编纂《“大东亚”史概说》之时如何坚持学术立场，甚至可将战争期间编纂的此书“原样未动”地出版的行为实可谓欲盖弥彰。

第三节 “序论”的执笔者为何人？

如前所述，据宫崎自己回忆，他将初稿中自己编订、整理的部分交给出版社刊行，言下之意便撇清了自己与初稿中“序论”的关系。因该“序论”并未有执笔者署名，目前虽无法确定“序论”究竟出自谁之手，但可以肯定的是，即便宫崎不是该“序论”的执笔者，那么他对其整体构思和具体行文皆有着极为重要的影响。该“序论”中的许多论调与宫崎素来的主张和论说存在颇多相似，可谓处处透着宫崎学术主张的“影子”，以下分若干个方面简要论之。

一、时代分期论

“序论”的第三节“‘大东亚’的民族”有“支那民族”一项，将中国历史划分为三个时期。第一个时期为中国民族发生至晋代，此时期汉民族文化向东西两方向传播；第二个时期为自南北朝至隋唐、五代“‘支那民族’向江南渗透的时期，同时亦是来自北方、西方的异民族及佛教等外族文化传入”的时期；第三个时期是“辽、金、元压迫下，自宋开始、经明清继承而形成近代‘支那’”的时期。① 这种中国历史分期方法明显取法自内藤湖南。众所周知，内藤针对中国历史分期问题，提出“唐宋变革论

① 『大東亜史編纂要項』，志水義暲文庫，第343—344頁。

(宋代以后近世说)”，宫崎是该学说的主要的继承者和宣扬者。内藤以其“文化波动论”为主要依据，提出了颇具特色的中国历史分期论，他主张汉民族文化发生、发展，进而向周边传播，周边民族受汉民族文化的刺激而不断成长，久而久之，周边民族会反向入侵汉民族。宫崎继承了此说并进一步地发展完善，序论中的这一部分带有明显的“宫崎特征”。

此外，序论的第五节题名为“‘大东亚’之时代”，论述了“大东亚”史的时代分期。其中有一项内容标题为“诸文化圈发生成立时代”，将“大东亚”史的“第一个时期”界定为“诸文化圈中形成核心，可勾勒其大体轮廓的时代”，并进一步将这一时期的历史发展路径描绘为“首先数量众多的小国家相继建立，它们相互对立抗争，最终被大国统一”的过程。紧接着，文章称，“中国从殷、周开始经春秋、战国后统一于秦的历史时期是其典型”，最后，将此历史进程总结为“从部落、都市国家群到大领土国家建立”①的路径。这种论调显然是将西方历史的发展路径套用在中国、亚洲历史上，而且结合本书前几章的考察可知，至晚自 1934 年宫崎便提出中国古代都市国家论的学术主张，并基于此论宏观勾勒出中国古代史的发展大势，这一学术框架是宫崎研究中国古代史时毕生持有的基本立场。无疑，这一学术思路被应用到“大东亚”史的撰写中了。

二、日本民族的素朴性

“序论”第六节“日本的使命”接近末尾处，有一段文字论述了日本文化相较于中国、印度和阿拉伯文化所具有的独特性，该文称“而且若与中国文化相比，与其礼仪性的性格相反，日本文化具有天真烂漫

① 『大東亜史編纂要項』，志水義暲文庫，第 361 頁。

的素朴性”。①

在本书第二章中我们已经对宫崎著述活动初期提出的中国周边少数民族（“素朴民族”），和汉民族建立的政权（“文明社会”）二元对立的框架进行了考察。宫崎这种主张亦是配合日本对中国的侵略行为而发的，“序论”中的这段文字与宫崎这一思路可谓形神皆同。

三、交涉史观

正如前述引文所示，“‘大东亚’史”的编纂者试图利用“风土”和“民族交涉”的论述视角来体系化地“描绘”亚洲历史的发展进程。在该“序论”第二节“‘大东亚’之地理”中，亚洲在地理上被分为“湿润地带”和“干燥地带”，“该表述也可置换为农耕地带和游牧地带，前者包括日本、中国、印度，后者包括自蒙古经中亚至遥远的北非”等地域，两者分别是农耕文化圈和游牧文化圈形成的基础，“风土”的差异决定了各民族的生活方式、民族性格和文化形态各不相同，并且该文强调“亚洲历史的律动，深受干燥和湿润两大原理的对立和调和之影响”②。单从这一表述来看，似可窥得白鸟库吉所倡“南北对立史观”思路的影子，又与以上宫崎所谓“二元对立论”颇相近。接下来，“序论”的第三节“‘大东亚’之民族”以此为论述框架概括地梳理了亚洲“湿润地带”和“干燥地带”的各民族历史，第四节“‘大东亚’之文化”将各民族纳入“印度文化”“‘支那’文化”和“阿拉伯文化”三个文化圈进行类型化、统合化的论述，至“序论”的第五节“‘大东亚’之时代”，其开头部分有如下一段文字值得留意：

以上主要从宗教和国家的面向考察了印度、中国和阿拉伯各文化

---

① 『大東亜史編纂要項』，志水義暲文庫，第 365 頁。

② 『大東亜史編纂要項』，志水義暲文庫，第 377 頁。

圈。或可说这是对三大文化圈静态构造的分析。但是，历史自然不能停留在文化圈的静态考察层面。例如，佛教是发源于印度的宗教，传入“支那”、日本、缅甸、泰国等地，与伴之而生的佛教美术一同形成东亚共通的宗教性。另外，“支那”文化，正如唐代文化所示，与西域诸多文化不断交涉，其文物制度传至彼处。①

于是，该文将“‘大东亚’史”定义为勾勒“这些文化圈各自成立、相互联结和发展轨迹”的历史，并且，“为呈现诸文化圈的动态构造，必须通过时代分期进行考察”，即所谓“诸文化圈的成立与交涉，是通过以民族为主体的活动为媒介带来的时代变迁”。② 这种思路显然与宫崎用以建构世界史的“交涉史观”如出一辙。

其实，在宫崎为《亚洲历史研究入门》一书撰写的序文中，在回忆《“大东亚”史概说》的编纂经过和方法路径后，他提出用交涉史的方法把握亚洲史的主张。他称：

现在看西亚和东亚的问题，两者本来绝非在各自的世界生存、发展而来的，而是他们之间虽远隔万里，却没有被任何障碍隔绝，保持着不断地交涉和相互影响。如今，这两者的交涉本身即构成超越国家和民族之框架的重要事实。只有交涉史才能成为亚洲史最重要的视角。③

如上，宫崎颇为明确地断定，“交涉史”才是可资借助的体系化地把握亚洲史的最佳方法和视角。他进一步主张，“应当在交涉和交流中把握各个民族、国家的历史。若忽略这一要素，将各个民族、国家单独拿出并做详尽考证，便认为那是纯粹的历史，其结果只能是毫无意义”④。

---

① 『大東亜史編纂要項』，志水義暲文庫，第 361 頁。

② 『大東亜史編纂要項』，志水義暲文庫，第 361 頁。

③ [日] 宫崎市定：「『アジア歴史研究入門』序」，『宮崎市定全集』第 2 卷，岩波書店 1999 年版，第 331 頁。

④ [日] 宫崎市定：「『アジア歴史研究入門』序」，『宮崎市定全集』第 2 卷，岩波書店 1999 年版，第 331 頁。

这一被称为“交通史观”的学术视野在宫崎著述活动早期便已形成并成其终生持论。前述所及，宫崎对民族交涉史问题的关注最早可追溯至其高中时代，进入京都帝国大学东洋史专业后，治东西交通史的学者桑原骘藏和羽田亨的学风对其影响颇深。直至1940年前后其所谓“交涉史观”的思路才在其题为《东洋的文艺复兴与西洋的文艺复兴》的长篇论文中以较为体系化的形态呈现出来。宫崎在该文中基于其东西交通史观，试图“发现”和总结世界历史发展的“规则”，建构了一种基于文化间交涉、传播立场的世界史体系。可以说，对西亚史和东西交通史的关注贯穿了宫崎的整个学术生涯。总而言之，在宫崎所谓“交涉史观”的视野中，西亚文明生发最早，文明之花最终在日本盛开，与《“大东亚”史概说》的整体构思不可谓不相同。

由上可知，“序论”执笔者为何人今虽无从可考，但该文从细节论证到整体构思皆透着宫崎论说的“影子”，或可说，即便宫崎非执笔者，那也深度参与了该文的构思和修改。加之，宫崎负责撰写、整理的是“古代至十世纪”这一历史时期的内容，该部分直接承接“序论”，从这一点上来说，该序论出自宫崎手笔的可能性很大。

本章梳理了文部省启动编纂《“大东亚”史概说》的经过以及宫崎市定的参与过程，并进一步将原稿和战后出版的《正编》相比对，发现《正编》出版之前将所有涉及合理化战争的内容悉数删除，揭示出宫崎所谓战争期间亦保持了相当地学术性和客观性的说辞，实际上是深具误导性的不实言论。最后，通过爬梳序论的整体思路和行文中体现出的“宫崎要素”，推测宫崎极可能是该“序论”的执笔者。

《“大东亚”史概说》编纂的目的和动机，无疑是配合日本扩大到东南亚的侵略行动。可将之视为“大东亚共荣圈”理念的历史化表达和建构，其实质是对殖民地进行思想控制的工具。所以，其论述逻辑中便强调日本是“神国”，突出日本的“独特性”，并妄图从历史、地理中寻找日本与亚洲各国的联系作为依据以证明日本“统治”整个亚洲是“日本的使命”。战时的日本思想界充斥着这种论调，日本政府和众多的军国主义知识分子，通过哲学化的理论或者历史论述来建构日本侵略亚洲的正当性，掩盖日本侵略亚洲的事实。

宫崎生于明治末年，成长于大正时代，活跃于昭和、平成时期，目睹了日本从侵略中国乃至整个亚洲到走向战败的时代激荡，其思想自会与时代产生共振。加之宫崎本身深具政治情怀和现实关怀，他必定对现实有所观察和感悟。战争期间，宫崎的研究中能够清晰窥得“皇国史观”“近代的超克”论以及“世界史的立场”等国家主义思想观念的影响，这使得他的学术和政治互相纠缠，时代烙印鲜明、政治色彩浓厚。宫崎曾多次参与政府主导的所谓“调查项目”，甚至还曾参与过海军组织“京都学派”学者举行的秘密会谈。可见，宫崎绝非一意埋首故纸堆的书斋型学者，而是对现实和政治充满了浓厚的关切，并且惯于用学术的外衣“包装”自己针对时局而发的言论。面对日本对外侵略不断扩大的现实，有为数众多的学者积极主动地配合战争的需要，发表非学术的合理化战争的言论，可将宫崎视为日本侵华战争期间知识分子群像的一个缩影。

宫崎是日本“京都东洋史学派”第二代代表人物，其研究广泛涉及中国历史和文化的方方面面。海外中国研究常被喻为“异域之眼”或“他山之石”，但因海外学者的研究往往从本国学术立场和意识形态出发，所以，若只进行文本阅读作学术面向的了解，很难觉察他们的论著背后的思想内涵。我们参考和借鉴宫崎研究中国历史的成果时，不可忽略其背后是在日本固有的社会环境下形成的根深蒂固的世界观和历史观，若不对此有十分的警醒，则对他的中国研究的理解不免雾里看花。

第六章
“景气史观”：宫崎从经济史角度对世界史构想的补充

1963 年，在对吉川幸次郎所著《宋诗概说》的书评中，宫崎首次谈及他所谓的“景气史观”，试图从社会经济史的面向来把握中国历史的总体进程。他称：

> 近来我总感觉，不单是历史分期的问题，包括中国经济史的研究方法，均有必要从异于当前的角度来重新审视。实际上，我的构想虽未做到完完整整地公开发表的程度，但尚可陈述其大致，即中国历史上自古以来便存在着与当今世界相似的景气变动，这种变动影响社会的方方面面。我在想，从这个角度来看历史的话，经济和文化岂不皆可纳入视野中来了。①

显而易见，宫崎的思考是，单从文化史的视角观察中国历史发展大势难免有“视野褊狭”之嫌，若从社会经济史的角度对其加以补充，则不仅可弥补其不足，更能同时从文化史和经济史两个维度上展现中国历史进程，也就是要提出新的有效框架来思考和表述中国历史发展路径。在此，

① ［日］宫崎市定：「書評吉川幸次郎『宋詩概説』」，『東洋史研究』1963 年第 22 卷第 1 號，第 88 頁。

宫崎提出了其所谓的“景气史观”。自这篇书评发表以后，宫崎数度论及其景气史观，而且他试图将之与基于世界史视野提出的中国历史分期论紧密结合。这也体现出宫崎对社会经济史的关心绝非起源于此时，而是经过了长期的观察和思考，终借写书评的契机公诸于世。

本章首先梳理宫崎早年对社会经济史的关注，勾勒其受海外学术影响的契机和线索，还原其所谓景气史观的形成过程，在此基础上，进一步分析景气史观的内容和构造。

第一节　宫崎对社会经济史的关注

宫崎学术生涯的早期便开始思考从社会经济史的角度来研究中国历史，“当时，京都大学东洋史研究室的中国古代史研究受内藤湖南提倡的文化史的影响很大，没有人从事由东京大学的加藤繁开创的经济史研究。宫崎抱着弥补这种欠缺的意图，首先着手考察了古代的赋税制度，并于1935年发表论文《晋武帝的户调式》一文”[①]。据宫崎回忆，“此时，东大的加藤繁博士在《东洋学报》杂志上发表了《汉代的国家财政与帝室财政》的论文。我深深感佩于他精到的分析和高明的方法。由此，我对于古代史的研究，感觉发现了一条光明大道。借用这种分析手法，自汉代开始逐渐追溯至古代，若能解明属于国家财政的军赋和属于帝室财政的田税之间的对立关系，则可在一定程度上对了解当时社会的实态有所裨益”[②]。宫崎回忆中的“此时”，是指其在《史林》杂志上发表论文《古代“支那”赋税制度》的1933年。宫崎谈及加藤繁的论文是一篇长文，连载于《东洋学报》的

① ［日］礪波護、藤井譲治：『京大東洋学の百年』，京都大学学術出版会2002年版，第226—227頁。

② ［日］宫崎市定：『自跋集—東洋史学七十年—』，岩波書店1996年版，第43—44頁。

第8卷第2号（1932年5月）、第9卷第1号（1933年1月）以及同卷的第2号（1933年6月）。据前文中宫崎的回忆可知，宫崎服膺于加藤繁的研究方法，受到很大的启发。

实际上，宫崎对社会经济史的涉猎和关心还可追溯至其大学的求学时期。当时就读于京都帝国大学的宫崎积极地参加河上肇①开设的马克思主义经济学课程，宫崎将此课程称为“河上经济原论”，他晚年边看着当时的课堂笔记边回忆讲课的内容，“虽仍有颇多疑问，但我通过河上的经济原论课程，学到了很多经济学的常识”②。

宫崎在大学时代对东洋史专业以外的课程也颇感兴趣，宫崎不仅积极地旁听河上肇的课，还参加西田几多郎讲授的课程。宫崎忆及此事时，他说：“我大学入学是在大正末年，京都大学的法文系统有两个闻名大学内外的充满魅力的课程。一个是文学部西田几多郎博士的哲学概说，另一个就是经济学部河上肇博士的经济原论……我当时也不愿落人之后，都是尽量设法安排时间参加。”③宫崎涉猎广泛，但更倾向于重视史实而非追求理论，“较之学说，西方具体的历史事实更为重要”④，宫崎在当时也未彻底排斥理论，“唯物史观所主张的基于社会阶级变动产生的社会发展阶段论我向来有所耳闻，当时我就考虑有必要尝试将之应用到中国历史上。我指出宋代以后中国士大夫阶级和佃户的存在便是其结果”⑤。如此看来，早在大学时代，宫崎便受到社会经济史研究的影响，萌生了体系化地把握中国历史的想法。

众所周知，宫崎入学之时，内藤的学风在京都帝国大学乃至整个日本

① 河上肇（1879—1946），日本经济学家，京都帝国大学教授，日本从事马克思经济学研究的先驱。

② ［日］宫崎市定：「河上経済原論聴講記」，『河上肇全集』第26卷「月報」，『宮崎市定全集』第24卷，岩波書店2001年版，第337頁。

③ ［日］宫崎市定：『アジア史研究』第3卷，同朋舍1963年版，第2頁。

④ ［日］宫崎市定：『アジア史研究』第3卷，同朋舍1963年版，第3頁。

⑤ ［日］宫崎市定：『アジア史研究』第3卷，同朋舍1963年版，第3頁。

学界影响颇大。内藤自1921年至1922年连续两年讲授“‘支那’古代史”课程，该课程的讲义后被整理出版为《“支那”上古史》一书，收入《内藤湖南全集》第十卷。1922年，宫崎进入京大学习，恰好错过内藤上半年的课程，于是向高年级同学借来笔记复印。1948年，前田直典发表论文《东亚古代的终结》[①]，矛头直指内藤提出的中国历史分期论，对内藤和宫崎等人的主张展开了批判。以此文的发表为契机，日本学界围绕中国历史分期问题，东京大学的历史研究派（简称“历研派”）与京都大学出身的学者们展开了长达20年之久的激烈论战。所谓“历研派”所主张的历史分期论是基于马克思唯物史观的立场，以生产力的发展阶段为基准，认为隋唐是中国古代终点，中世至宋元止，明清以后乃为近代。历史学研究派和京都东洋史学派围绕宋代是中国的近世还是中世等问题进行了反复的论争。宫崎直面批判，自20世纪50年代至宫崎提出“景气史观”的1963年，其间宫崎公开发表和出版了《中国近世职业资本的借贷》(1950)、《五代宋初的通货问题梗概》（1950)、《明清时代的苏州与轻工业的发达》(1951)、《宋代以后的土地所有形态》（1952)、《中国史上的庄园》（1954)、《九品官人法研究》[②]（1956)、《宋代的石炭与铁》（1957)、《“支那”的铁》(1957)、《中国近世银问题略说》（1963）等论文和著作。这些论著大都是对中国历史的细部考证，从标题即可看出这些文章大都属于经济史、制度

---

① ［日］前田直典：「東アジアに於ける古代の終末」，『歴史』1948年第1巻第4號。后收录于［日］鈴木俊、西嶋定生編：『中国の時代区分』，東京大学出版会1957年版。

② ［日］宫崎市定：『九品官人法の研究—科挙前史』，東洋史研究会1956年版。1958年宫崎凭借该书获得“日本学士院奖”。宫崎的《九品官人法の研究》“发现初任的人依据乡品的级数从四等的低级官职开始任职，最终达到与乡品数相等的官阶的规则。论述南朝梁代士、寒士的勋位的差别，进一步阐明了梁制向北朝制转变的过程。最后，详细论述了九品官人法向隋唐科举制度变迁。通过宫崎此著，向来被含混地认为不过是社会史概念的士、寒士等明确了其法制史的定位，是非同寻常的真知灼见。这部著作作为卓越的中国官制发达史，可以说是近来之名作。”见『日本における歴史学の発達と現状—日本史・東洋史・西洋史—』，東京大学出版会1959年版，第270頁。

史的范畴。显而易见，宫崎意图在内藤未涉及的社会经济史领域寻找依据来证明他们主张的历史分期论的有效性。① 进入20世纪70年代，旷日持久的时代分期论争终于走向平息，而宫崎对中国经济史的研究和认识却在此过程中不断地深化和体系化，这为他从经济史角度提出认识中国历史的整体框架提供了准备和基础。

第二节 来自欧美学界的影响

与海外的中国史研究者之间的交往或是促使宫崎重新思考如何从经济史角度体系化地把握中国历史的一大因素。首先最不可忽视的是法国“年鉴学派”对宫崎治学路径的影响。前文已经论及，宫崎1936年开启了旅法历程，切身感受到了法国史学界的学风。他曾自称自己的治学取向是“法国派”，足可见法国学风对其影响之大。宫崎赴法的时间正值法国史学发生重大变革的节点，即法国“年鉴学派”诞生不久。一般认为，于1929年创办的杂志《经济和社会史年鉴》标志着“年鉴学派”之发轫。众所周知，“年鉴学派”极大地影响了历史学的发展，彼得·伯克曾称“20世纪最富创见、最有意义的历史论著中，有相当数量是在法国完成的”，他将这种成就归功于“年鉴学派”，并宣称“历史学这门学科从此脱胎换骨”。② 第一代“年鉴学派”的代表人物费弗尔和布洛赫意图综合运用社

---

① 在宫崎发表于1948年的书评文章中，他这样写道：“其后渐感生活艰难，我切身感受到，读食货志使我在社会经济史领域的学问取得长足进步。此书几乎未涉及该问题，所以后来者有必要从这个方面进行论证。”在此亦可窥知，宫崎的确有意识地从经济史角度补内藤学说之不足。见[日]宫崎市定：「書評『中国中古の文化』『中国近世史』」，『宮崎市定全集』第24卷，岩波書店2001年版，第412頁。

② [英] 彼得·伯克：《法国史学革命：年鉴学派1929—2014（第二版）》，刘永华译，北京大学出版社2016年版，第201页。

会科学的研究方法革新史学，向“以兰克学派为代表的、以政治事件的叙述为主体的史学模式”发起挑战。① 以第二次世界大战结束的 1945 年为分野，“年鉴学派”的发展分为两个时期，“第一时期的研究特色是所谓‘计量的结构史学’，那么第二个时期的特色则是‘计量的趋势史学’”，第一时期的史学家是为了描述社会结构，而“二战”以后的史学家则更倾向于分析这一结构，并试图找出社会结构发展变化的因果关系。② 宫崎强调历史学的科学性，主张历史应当是人类整体的历史，以及他反复论及历史学家的任务并非描述事实而要落在解释事实上。总之，从宫崎的各种史学主张与“年鉴学派”的相似之处不在少数。

1960 年前后，宫崎开始频繁地进行海外学术交流活动。在他交往的海外中国学研究者中，有两位学者值得注意，据他自己说“虽然很少于外国人中获得知己，但没有比这更令人欣喜的了。虽然两位学者已经故去，一位是法国的白乐日博士，另一位则是美国杨联陞教授”③。这两位学者的名字数次出现在宫崎的《自跋集——东洋史学七十年》一书中，甚至还多次出现在宫崎自己撰写的“自订年谱”中，不仅如此，宫崎还曾为这两位学者撰写追忆性的文字。可见，宫崎与这被其视为知己的两位著名的汉学家之间有颇多往来。埃狄纳・白乐日教授（Etienne Balazs，1905—1963）是法国著名的汉学家，他于 1932 年以论文《唐代经济史研究》获得柏林大学博士学位，“当时西方的东洋学还是尚未开垦的处女地，这是首个着手运用史料进行研究的具备划时代意义的成果”。④ 用宫崎的话说，白乐日是“欧洲最早开拓中国社会经济史领域的

① 王晴佳、李隆国：《外国史学史》，北京大学出版社 2017 年版，第 317 页。

② 王晴佳：《西方的历史观念——从古希腊到现在（修订版）》，北京师范大学出版社 2013 年版，第 311—313 页。

③ ［日］宫崎市定：『自跋集—東洋史学七十年—』，岩波書店 1996 年版，第 419 頁。

④ ［日］村松祐次：「エチアヌ・バラーシュとその遺著二種」，バラーシュ：『中国文明と官僚制』，村松祐次訳，みすず書房 1971 年版，第 178 頁。

先驱”。[①]1954 年，“第 7 届青年中国学家会议”在杜伦大学召开，会上白乐日提议编写宋史提要，其后，由白氏负责的宋史提要计划处在巴黎成立。1957 年，白乐日在法国《年鉴》杂志上发表介绍宋史提要计划的文章，在这篇文章前面“有该刊主编布罗代尔（Fernand Braudel，1902—1985）的一小段引言，介绍计划缘起，指出研究经济社会史的重要性”[②]。这段引言中，布罗代尔在白氏的建议下列出了宋史提要计划的主要参与者，宫崎市定的名字赫然在列。[③]

宫崎与白乐日相识于 1957 年联合国教科文组织主办的“东西交流国际学术研讨会”上。1960 年 8 月，宫崎出席斯德哥尔摩国际历史学大会，宣读了题为《宋代的新文明——关于铜钱货币的铸造额》的报告，在会上再次与白乐日教授相遇。同年 10 月，宫崎应白乐日教授之邀赴法担任客座教授，为期一年。宫崎回忆当时的情景称：“一到巴黎，白乐日教授提前为我们在第十六区的高级住宅区准备好了豪华公寓。中国学研究领域的长老戴密微（Paul Demiéville，1894—1979）教授等人皆来欢迎，非常重视，我的妻子和女儿都非常感动”[④]。由此可见两人来往之密切，不仅为宫崎战后再度感受法国史学界的学风提供了契机，甚至可以料想，他或可能直接

① ［日］宫崎市定：「忘れ得ぬ人—フランスのシナ学者・バラジ教授—」，『宫崎市定全集』第 24 卷，岩波書店 2001 年版，第 280 頁。

② 陈怀宇：《国际中国社会史大论战——以 1956 年中国历史分期问题讨论为中心》，《文史哲》2017 年第 1 期，第 67 页。

③ 这些学者有：“慕尼黑傅海波，剑桥李约瑟、蒲立本、龙彼得，芝加哥柯睿格，罗马伯戴克，堪培拉斯普兰克，西雅图卫德明，哈佛杨联陞，香港饶宗颐，东京青山定雄、榎一雄、仁井田陞、周藤吉之、和田清、山本达郎，京都羽田亨、神田喜一郎、宫崎市定、塚本善隆，福冈日野开三郎，仙台曾我部静雄，法国本地则有谢和耐、韩百诗、叶理夫等”。见陈怀宇：《国际中国社会史大论战——以 1956 年中国历史分期问题讨论为中心》，《文史哲》2017 年第 1 期，第 67 页。

④ ［日］宫崎市定：「忘れ得ぬ人—フランスのシナ学者・バラジ教授—」，『宫崎市定全集』第 24 卷，岩波書店 2001 年版，第 280 頁。

从白乐日的研究中得到启示。

众所周知，20世纪50年代后期，美国亦兴起了所谓“计量史学”，且几乎与社会史的兴起同步。旅美华人杨联陞教授（1914—1990）专攻中国经济史，其著述在中国经济史领域颇具影响。但其更广为人知的学术成就是他撰写的书评，他“用中英文写过至少几十篇书评，评论过很多著名的大人物的著作”，因此杨联陞也被人称为“学术警察”。[①]1949年秋，杨联陞在哈佛大学开设中国经济史课程，以此课程为基础写就的《中国货币与信贷简史》是其代表作之一。正如书名所示，这本著作的内容分为两部分，通过考察中国历史上与货币和银行相关的300个关键词，分别论述中国货币和银行的历史。此书虽是论历史上的经济问题，但却与社会史、政治史相联系，探究中国历史上经济与社会、政治的关系，这成为该书的最大特色。杨联陞与日本中国学界的众多学者有着学术交流。1955年，哈佛燕京学社与费正清等人共同实施“中国经济与政治研究计划”，杨联陞因此研究项目于1957年6月9日至7月15日期间赴日访学。[②]出访的第一站是东京，自6月9日至24日杨联陞与和田清、市古宙三、榎一雄、铃木俊和石田干之助等学者进行交流。6月24日至7月8日杨联陞去京都访问，与京都大学的吉川幸次郎、青木正儿、小川环树、藤枝晃、宫崎市定、田村实造、宇都宫清吉、贝塚茂树、森鹿三、安部健夫和佐伯富等学者见面交流，并在京都大学做题为《中国经济史中之数字与单位》的演讲。[③]这次会面的阵容可以说异常豪华，聚集了当时京都大学东洋学研究的骨干力量。吉川与杨联陞之间还有一些唱和的诗文，可见两者交游之

① 葛兆光：《思想史研究课堂讲录（增订本）》，读书·生活·新知三联书店2019年版，第176页。

② 刘秀俊：《中国文化的海外媒介——杨联陞学術交往探要》，山东大学博士论文，第105页。

③ 刘秀俊：《中国文化的海外媒介——杨联陞学術交往探要》，山东大学博士论文，第104页。

一斑。①

宫崎曾回忆与杨联陞的交往，“回想起来，之前与杨教授的交往可追溯至三十年前。1961 年，我受哈佛大学之邀作为客座教授赴美。后来才听说，我之所以能得到这个机会多亏杨教授和费正清教授的大力推荐”②。宫崎在美国的寓所离杨联陞家颇近，“经常受邀参加宴会。……远方来的佳客，如桑港（旧金山）的赵元任氏、（温哥华）的何炳棣氏来访的话，则会邀请附近的青壮年学者参加，我亦常位列其中。……所以，高朋满座，常常是一同痛饮饱食、尽兴方散”③。有关哈佛大学访学的体验，宫崎回忆称：

> 对我个人来说，访学前后是我一生最幸福的黄金时光，于杨教授而言，或亦是他百事如意的鼎盛期了。……因为杨教授，我受到几乎所有旅美中国学者的优待，殊为荣幸。除前文提及的诸贤外，在哈佛还有燕京司书裘开明、俊秀余英时、吕士朋三位学士。在耶鲁大学则有人类学教授张光直、美术史家吴讷孙、中文古典学教授李田意诸氏。④

除此之外，两人还有诗文唱和，可见宫崎与杨联陞交往甚密。与这些研究中国经济史的学者交往，或使得宫崎的注意力向经济史研究领域

---

① 前文提及的刘俊文的文章中载：“1952 年，吉川幸次〈原文〉应美国哥伦比亚大学之聘赴美国讲学，与杨氏先生多有交往。自此常有和诗，二人惺惺相惜，互相欣赏，结为莫逆之交。”（见第一章引文劉俊文：《難忘的春分佳節》，第 105 頁）。但是，刘俊文并未明言依据为何。两人最早的诗文唱和是在 1954 年 5 月 26 日，5 月 20 日吉川受杨联陞之邀赴杨家做客之时，之后吉川作诗赠杨联陞。胡适在 6 月 1 日写给杨联陞的信中提及，“赠吉川的诗与吉川的和诗都很好。吉川的诗，完全是中国诗，如‘旨’‘比’两韵，都是新鲜意味。”见杨联陞《哈佛遗墨》，商务印书馆 2013 年版，第 254 页。

② ［日］宮崎市定：「楊聯陞教授を悼む」，『宮崎市定全集』第 24 卷，岩波書店 2001 年版，第 367 頁。

③ ［日］宮崎市定：「楊聯陞教授を悼む」，『宮崎市定全集』第 24 卷，岩波書店 2001 年版，第 368 頁。

④ ［日］宮崎市定：「楊聯陞教授を悼む」，『宮崎市定全集』第 24 卷，岩波書店 2001 年版，第 368—369 頁。

倾斜，“景气史观”从逐步酝酿至最终走向成熟。如前所述，宫崎很早就对社会经济史颇感兴趣，在中国历史分期论的论战中，他也从经济史的角度来弥补了内藤学说经济史研究方面的不足，这时宫崎或许已经在从社会经济史的角度思考一个宏观框架来把握中国历史发展大势，但这些思考并未形成体系。或可这样说，因宫崎向来对社会经济史抱有关心，在与国内外学者的交流中，“景气史观”的整体构思终于在 1960 年前后走向成熟。

第三节　景气史观的形成过程与构造

显而易见，宫崎所谓的景气史观逐步走向成熟，是他长期以来以经济史的研究方法和角度研究中国历史的结果。同时，宫崎与海外中国经济史学者之间的学术交流给他带来的影响亦不可忽视。砺波护认为，宫崎“退休前后在欧美社会生活了近两年，形成了新的构思：中国历史上自古以来便存在着与当今世界相似的景气变动，这种变动影响社会的方方面面。从景气变动角度来看历史的话经济和文化岂不皆可纳入视野中来了”①。并且，宫崎在 1963 年面向研究生开设了“中国史上的景气变动”这一课程②，这也可印证其所谓的景气史观构思形成于此前后，并且与海外学者的交流或有着莫大的关系。关于宫崎的景气史观，砺波护作了如下回溯：

> 此景气变动史观最初是在吉川幸次郎《宋诗概说》一书的书评

① ［日］礪波護、藤井譲治：『京大東洋学の百年』，京都大学学術出版会 2002 年版，第 235 頁。

② ［日］礪波護、藤井譲治：『京大東洋学の百年』，京都大学学術出版会 2002 年版，第 235 頁。

中公开发表的。翌年，宫崎在《历史教育》第十二卷第五号发表了《六朝隋唐的社会》，这是他以景气史观撰写的第一篇概说风格的论文。景气史观是宫崎退休之后才提出的学说，成为其终生的持论。自一九六八年的中世史概说《大唐帝国——中国的中世》开始，无论是一九七八年完成的通史《中国史》还是一九九〇年的短编《景气与人生》，抑或是一九九三年三月刊行的《全集》第一卷的自跋当中，都在谆谆谈论景气史观的本质，甚至会谈及世界史体系。①

针对宫崎最早谈及景气史观的问题，在这里再做一个简单补充。宫崎的确是在为吉川《宋诗概说》② 写的书评中首次较为系统地论述了景气史观，但其构思最早被简略提及却是在 1957 年发表的《世界史中的中国与日本》③ 一文中。这是宫崎在大阪举行的高等学校社会科学讲座中使用的一篇讲稿。在讲稿开头，宫崎首先说明了自己对世界史的地域划分，又强调了自身交涉史的学术立场，论述了交通对世界史之重要性，之后他论述道：

> 这条交通道路上文化的流向是从文化水准高的地方逐渐流向文化水准低的地方。除此之外还有货币的流通。经过长期的交流，货币似乎亦随之有着广泛的流通。……，这个问题向来没有人提及。我所考虑的是，世界的货币、贵金属货币往来流通的结果，会对某一地区造

---

① ［日］礪波護、藤井讓治：『京大東洋学の百年』，京都大学学術出版会 2002 年版，第 235 頁。此外，吉野浩司援用砺波护之说，称：“1963 年左右宫崎开始论及景气循环，方开始用其解释中国历史。其契机是 1960 年开始约 2 年时间，赴法国和美国的访学经历。此次经历使得宫崎关注景气变动论。”见［日］吉野浩司：「歴史社会学者としての宮崎市定—東洋史からアジア史そして世界史へ」，『東アジア評論』2013 年第 5 號，第 159 頁。

② ［日］宮崎市定：「書評吉川幸次郎『宋詩概説』」，『東洋史研究』1963 年第 22 卷第 1 號。

③ ［日］宮崎市定：「世界史における中国と日本」，『改訂社会科講座　論理・歴史・地理』，大阪教育図書 1957 年版。

成很大的影响。①

可以看出，宫崎将目光聚焦在货币流通对社会造成的影响上，而针对货币流通与景气变动之间的关系，宫崎认为：

> 中国以银作为货币的时期，如果银从国外大量流入，那当时的社会便处于非常景气的时期。景气好的时期社会安定，生产也在这种好景气的刺激之下较为繁荣。于是，消费经济带动市场流通也活跃起来，生产因此也更加繁荣。但是，如果情况相反，那么社会则陷入不景气之中，商品不流通，生产衰退。似乎很可以用这种因交流产生的货币流通来解释社会的文化、政治、经济等现象。②

显而易见，宫崎依旧坚持文化史的立场，即不同文明圈之间的文化交流推动历史前进。同时，又引入了经济史和社会史的认知视角。他所谓景气史观的核心方法是以货币的流通量来观察一个时代的繁荣或是衰退。比如，在此立场下，他称“中世大体来说是货币经济衰退、物物交换盛行的时代”,③ 而中国史上“说到汉灭亡后自三国至六朝、唐的时期，则是货币经济最为衰退的时代”。④ 基于这种所谓的景气史观，宫崎宏观描绘了中国历史上的景气变化：

> 汉代反而是古代货币经济繁荣的时期。这与近世的宋代货币经济繁荣的景象非常类似。但是，三国以来货币经济急速衰退。谷物、绢和麻被当作货币使用。这与唐朝的情形亦是相同的。宋代以

---

① ［日］宫崎市定：「世界史における中国と日本」，『改訂社会科講座　論理・歴史・地理』，大阪教育図書 1957 年版，第 137—138 頁。

② ［日］宫崎市定：「世界史における中国と日本」，『改訂社会科講座　論理・歴史・地理』，大阪教育図書 1957 年版，第 138 頁。

③ ［日］宫崎市定：「世界史における中国と日本」，『改訂社会科講座　論理・歴史・地理』，大阪教育図書 1957 年版，第 174 頁。

④ ［日］宫崎市定：「世界史における中国と日本」，『改訂社会科講座　論理・歴史・地理』，大阪教育図書 1957 年版，第 175 頁。

降，货币经济急速地繁荣起来。铜钱（有孔钱）被广泛地使用。铜钱的使用虽自唐末便渐渐盛行，宋代开始铜钱经济便显著复活。即所谓的宋钱。①

从以上论述可知，至晚在1957年宫崎已经建构出相对完整的景气史观的整体框架。而这种观点的萌芽则可见于1956年8月刊行的《清朝文化及其背景》的文章中。1955—1958年的几年间，河出书房出版了一套名为“世界陶瓷全集”的丛书，该丛书的第12卷题为《清朝》，出版于1956年，宫崎的上述文章即收录其中。在该文章的开头，宫崎先称“说起来，历史的演进是一种波浪式的进程，多数情况下一个王朝即可表示为中国社会演变长波的一个周期”②，他将清朝文化的发展过程分为“兴隆期（顺治、康熙）、全盛期（雍正、乾隆）、颓废期（嘉庆、道光）、衰退期（咸丰、宣统）”四个时期。这种分期以清政府和外国列强的交涉为基准，他称：

> 中国历史，是中国自身发展的进程，同时，也不可能不受外界的影响。这是不争的事实。……早在古代，中国和西亚就通过丝绸之路相互交流，商品连同贵金属货币就在东西两地流通。就因货币的流通，导致中国的经济景气和不景气交替出现。因为古代货币的流通速度本是极慢的，其结果亦因之而缓慢出现。景气或不景气的出现皆是缓慢的，所以漫不经心地将之忽略实不足为怪。然而，伴随着这种缓慢地景气不景气的高低起伏，王朝亦跟着走向兴盛或衰亡。③

① ［日］宮崎市定：「世界史における中国と日本」，『改訂社会科講座　論理・歷史・地理』，大阪教育図書1957年版，第175頁。

② ［日］宮崎市定：「清朝文化とその背景」，『アジア史研究』第5巻，同朋舍1978年版，第223—224頁。

③ ［日］宮崎市定：「清朝文化とその背景」，『アジア史研究』第5巻，同朋舍1978年版，第224頁。

正是在这篇文章中，宫崎尝试以景气史观来描绘清朝的历史。比如，宫崎认为清朝第二期之所以成为全盛期，是因为“欧洲人开辟了印度洋航线和太平洋航线”，英国等欧洲各国“来广州购买大量的茶和绢”，所以使得大量的银流入清朝，“中国经济出现从未有过的大好景气，产业发达、失业者减少、租税收入增加”。① 但是，乾隆帝将英国使节视为“蕃夷朝贡”，结果，英国在印度种植鸦片卖给中国，“进入十九世纪，之前流入中国浸润了中国经济的大量白银转而从中国流出，使中国经济衰退，陷入严重的不景气，出现大量失业者，秘密结社活动也日趋盛行”。② 在宫崎景气史观的立场下，清王朝由盛转衰的原因被宫崎归结于白银外流造成的经济不景气现象。至此可知，宫崎景气史观的构思在此时已经萌芽，并且将之用于描绘清朝历史上。但是，宫崎提出新的思考框架并非去否定或修正之前提出的框架，而是与之融合，相互补充。也就是说，宫崎试图将之前基于文化传播论立场提出的交通史观与景气史观相互融合。如果说，宫崎的景气史观于1956年的文章《清朝文化及其背景》中初见端倪的话，那么，上述提及的1957年的演讲则展现出宫崎的思路进一步走向成熟，不单用以解释清朝的治乱兴衰，更进一步用来描述整个中国历史进程的走向。或者可以说，这篇演讲是宫崎治学取向转变的一个标志，即他试图在自己的研究中使文化史与社会经济史相结合。他称：

> 若问我的历史学立场为何，我想，大致仍属文化史学的范畴。本来说到文化其范围就非常之广，不单指艺术、哲学之类。但是，文化得以成立的条件，一般阶层的知识程度、社会的构造等要素综合考虑

---

① ［日］宫崎市定：「清朝文化とその背景」，『アジア史研究』第5卷，同朋舍1978年版，第233頁。

② ［日］宫崎市定：「清朝文化とその背景」，『アジア史研究』第5卷，同朋舍1978年版，第235頁。

才可冠之以文化之名称。①

同是在1957年，宫崎另一文章亦很好地诠释了他的文化史观的研究取向。宫崎的著作《亚洲史研究》第三卷出版，其中一文题为《何为亚洲史》(「アジア史とは何か」)，其中宫崎谈到推动历史前进的是“文化的力”(「文化の力」)，他这样说：“结果，历史还是要靠力来推动。暴力虽也是力的一种，但从整体来看，暴力推动历史的分量着实不足为道。真正伟大的是文化的力。”②但是，“文化的力”要发挥作用，需要文化在不同地区间流动，而且，文化以一种“水平化”的规则从先进地区流入落后地区。落后地区也并非将先进文化全盘接受，而是具备自身的主体性。

> 文化的传播和影响，并非在白纸上染墨。……先进文化影响落后地区之时，绝非顺利地遇不到任何抵抗。落后地区吸收先进文化之时，也绝非完全不抵抗。但是，先进文化的渗透力与落后地区的抵抗力二力相争，其差额便是先进文化向外传播的真实效果。结果，落后地区会将自己提升至自身所处时代的高度。③

也就是说，在1957年这个时间点上，宫崎仍是基于文化史的立场谈论中国史、亚洲史乃至世界史的，与他之前提出的论述框架并无二致。综上来看，宫崎的确是试图用景气史观弥补文化史研究的不足。但是，宫崎向经济史立场“转向”的时间节点却很值得注意。这或与日本当时的社会、经济现实存在着较大关联。1950年至1953年朝鲜战争期间，日本因美国的军需物资订单增多而使本国经济迅速地从战争废墟中恢复和发展起来，战后日本经济快速发展的这段时期因此被称为“军需景气”。1952年，“普通民众开始感受到《白皮书》所谓的‘消费景气’。粮食消费恢复到了

---

① ［日］宫崎市定：「世界史における中国と日本」，『改訂社会科講座　論理・歴史・地理』，大阪教育図書1957年版，第180頁。

② ［日］宫崎市定：『アジア史研究』第3卷，同朋舍1963年版，第26頁。

③ ［日］宫崎市定：『アジア史研究』第3卷，同朋舍1963年版，第18頁。

战前的水平，廉价服装随时可以买到。基本的家用设施如冰箱和缝纫机更为普及，奢侈品如收音机和照相机也是如此。个人储蓄上升”①。而之前居住在城市里的人因没有土地，所以要不断地用贵重的衣物、首饰等去农村换取食物，“竹笋族”这个形象的名称就被用来形容这些人。1954年12月至1957年6月，日本出现了战后第一个长时间的经济大繁荣时期，这段时间也被称为“神武景气”。1956年7月17日发布的日本经济白皮书中称“已经不是战后了”，表明日本经济实现了快速增长，已经超过战前的最高水平了。特别是20世纪50年代后期，黑白电视、洗衣机和冰箱被称为“三件神器”，并且越来越多地走入日本普通家庭，日本正式进入消费社会。战败以后的日本经济物资匮乏、物价高涨、黑市泛滥、失业率高，是一片亟待重建的废墟般的破败面貌，而经济的繁荣给一般民众的生活带来深刻改变，同时也对日本社会产生了极大的影响。而宫崎是日本社会深刻变化的亲历者、目击者，直接地感受着这种变化带来的冲击。前文提及的1963年发表的书评中，宫崎批判日本学界的经济史研究，称：

> 既然叫经济史，或许研究当时的人们能够直接切身感受到的经济现象。所谓所有人能感知到的经济现象，简而言之，就是今年的生活好于去年还是差于去年，明年会比今年变得更好还是更差？……能够直接表达出这些经济条件变动的最好词语是“景气”。②

由这段话可知，宫崎脑海中的经济史既非具体的数字亦不是教条的理论，而是当时一般大众对自己生活的感知。这也说明，宫崎提倡景气史观与自身目睹的日本社会从战争废墟上完成重建并走向繁荣的历史现实不无

① ［美］约翰·W. 道尔：《拥抱战败》，胡博译，生活·读书·新知三联书店2015年版，第528页。

② ［日］宫崎市定：「書評吉川幸次郎『宋詩概説』」,『東洋史研究』1963年第22卷第1號，第89頁。

关联。1990年，晚年的宫崎发表了一篇题为《景气与人生》的文章，他说：“经济对社会人生有决定性的影响，这是今天一般性的常识了。经济的变动与人生密切关联的是景气的起伏，历史上一个国家、一个社会繁荣，且个人的生活富裕的时代，背后大多有好景气来支撑”①，这段话亦可从侧面印证我们先前的推断。

如前所言，宫崎在1963年终于正式提出所谓的“景气史观”，并且，他也较为完整地表述了基于景气史观立场下的时代分期论。

上古—前汉

景气曲线逐渐上升，“货币经济日趋盛行……不单是统治阶级如此。人民的地位亦随之渐趋上升”②。

后汉—唐末五代

进入不景气的时期，“货币变得难以获得。……于是，人们纷纷想方设法尽量不使用货币。为了自给自足，庄园制度由此建立起来。……受经济不景气的影响，不仅统治阶级走向衰颓，普通民众的地位亦日渐下降，身份沦为豪族的农奴性质”③。

宋代以后

宫崎论宋代景气的变化尤为详细。他认为宋代以降中国再次进入好景气的时代，能够灵活使用石炭，“宋代的产业，精炼铜铁变得较为容易，铜

① ［日］宫崎市定：「景気と人生」，週刊朝日百科『世界の歴史』1990年第93號。见『宫崎市定全集』第23卷，岩波書店2001年版，第712頁。

② ［日］宫崎市定：「景気と人生」，週刊朝日百科『世界の歴史』1990年第93號。见『宫崎市定全集』第23卷，岩波書店2001年版，第712頁。

③ ［日］宫崎市定：「景気と人生」，『宫崎市定全集』第23卷，岩波書店2001年版，第712頁。

被铸造为货币使商业变得繁荣，铁被制造为便宜的工具，使其他产业的所有部门发挥出最高效率。绢、茶甚或是陶器成为世界商品让中国的对外贸易处于有利地位。经济景气也让劳动的价值提高，平民的地位也随之再次上升”①。因此，宋代与之前的历史时期相比，官僚阶级与普通民众的差距有所缩小，“宋代以后的官僚，通过科举与天子结成一体，形成一种上承天子、下安民众的责任意识。但是，不可否认，在其内里存在着这样一条原则，即人类生而平等，人们有权过着与其贫富相应的幸福的社会生活”②。宫崎还进一步补充到，宋代以后的景气曲线并非一直向上，而是一种“短周期的上下曲线”。虽然宋代以前的各时期也同样是这种上下曲线，但是没有宋代如此明显，宋代“这种短期的变动曲线异常显著，其周期与一个王朝的兴亡大体一致”③。

如上所述，宫崎在其向来提倡的中国历史分期论基础之上，又加入景气史观的视角予以补充。而且他对宋代以后近世的描述颇为详细，所谓平民地位的上升，人类生而平等的论述与内藤湖南的宋以后平民的抬头等论说颇为相近。总之，西方近代的各种“指标”被套用在了中国历史上。

1968年，宫崎著作《大唐帝国——中国的中世》一书出版，该书的讨论范围并未局限于唐朝，而正如其副标题所示，宫崎在该书中一吐他对中世的关注和思考。该书对中世上限和下限的断代规定仍是继承了内藤所说的三国至五代的这一时期，以一种通史性的眼光来观察中世中国社会的变动。正如宫崎所说，这本书“与其说是大唐帝国，倒不如说是在唐之前的三国时代至之后的五代这个向来并无人气的时代中画出一条贯通的光

① ［日］宫崎市定：「書評吉川幸次郎『宋詩概説』」，『東洋史研究』1963年第22卷第1號，第90頁。

② ［日］宫崎市定：「書評吉川幸次郎『宋詩概説』」，『東洋史研究』1963年第22卷第1號，第92頁。

③ ［日］宫崎市定：「書評吉川幸次郎『宋詩概説』」，『東洋史研究』1963年第22卷第1號，第92頁。

线。如此就是想强调，中国也曾有过这般的中世”①。宫崎在此书中首先重新强调了之前提出的景气史观，并再次运用其景气史观详论中世，也使得其对中世的看法和论述更加地清晰明了。在此，他依据其景气史观将中国的中世的特征描述为“峡谷”。他称：“虽说人类在进步，但其过程并非是一味地直线上升的，不断重复经历一上一下、一进一退的过程的同时也不断在进步。中世无疑是这个曲线中的大的波谷。”② 宫崎在1963年提出的初步构想上继续发挥，描绘出“中国史上景气循环概念图”。他认为，古代“极为久远的太古至汉代可以以一根上升的线来表示”，而中世则“景气变动线急转直下”，而近世的景气变化“无疑是循环周期愈发变短”。③关于中国近世景气变动的显著特征，宫崎认为是“大致一个王朝即呈现为一个周期”④。宫崎对清朝末期的论述值得注意，这一历史时期被其称为“最近世”，他认为：

> 但是，到清朝末期，中国经济骤然卷入世界经济体系之中。中国经济随之为世界性景气变动的所左右，但因中国社会体制不同，终未与世界的步调相协调。中国虽呈现出其独特的动向，但是尚可说其周期与世界性的周期大致相同。⑤

这种论调很容易让我们联想到“近代化”论的论述逻辑。所谓“近代化”论最早产生于美国，是由美国学者提出的对抗苏联的充满意识形态色

① ［日］宫崎市定：『自跋集—東洋史学七十年—』，岩波書店1996年版，第127頁。

② ［日］宫崎市定：「大唐帝国—中国の中世—」，『宫崎市定全集』第8卷，岩波書店2000年版，第328頁。

③ ［日］宫崎市定：「大唐帝国—中国の中世—」，『宫崎市定全集』第8卷，岩波書店2000年版，第328—329頁。

④ ［日］宫崎市定：「大唐帝国—中国の中世—」，『宫崎市定全集』第8卷，岩波書店2000年版，第329—330頁。

⑤ ［日］宫崎市定：「大唐帝国—中国の中世—」，『宫崎市定全集』第8卷，岩波書店2000年版，第330頁。

彩的理论，20 世纪 60 年代后进入日本并产生了很大的影响。1960 年，近代化论因一次学术研讨会进入日本学界并迅速被很多学者接受。该年，同是“近代日本研究会议”成员的多位美日两国学者在箱根召开“日本近代国际学术研讨会”①(又称“日美箱根会议”)，以此次会议为契机，“近代化”论作为一种历史观在日本的学界一跃登场。该会议讨论的主要内容包括：“近代化”的概念及类型，“近代化”的时代分期方法，“近代化”的内因、外因及其主导，西欧化与“近代化”的受容条件的问题，以日本经济的“近代化”为首的各领域的“近代化”及“价值的变化”等问题和研究计划。②总而言之，通过对以上诸多问题的讨论，“近代化”论学者均肯定“近代化”是进步的，并且，西欧各国是“近代化”的典型，“易言之，后进国步入‘近代化’的必要条件，是来自先进国的援助。此意等于说明帝国主义对后进国的侵略是合理的，亚洲国家若无西方的冲击（侵略），依然是停滞社会”③。也就是说，所谓“近代化”论实际上是充满意识形态色彩的观念。当时的日本史学界对“近代化”论作出的两种不同的反应，一种是借其观点发表“‘大东亚’战争肯定论”，并使得“皇国史观”复活；二是因“近代化”论无视亚洲国家自身内部历史的发展而对其展开了激烈的批判。④其实，日本战败以后，日本学界的唯物史观史学和近代主义史学均认为日本的近代化存在着许多前近代的因素，所以，战后日本面临的当务之急是如何克服这些因素。但是，“近代化”论者却“认为日本近代史明治以来的巨大成功”。⑤众所周知，20 世纪 60 年代后半

① 日文为日本近代に関する国際シンポジウム。

② ［日］金原左門：『「日本近代化」論の歴史像—その批判的検討への視点—』，中央大学出版部 1968 年版，第 23—27 頁。

③ 高明士：《战后日本的中国史研究》，中西书局 2019 年版，第 24 页。

④ 高明士：《战后日本的中国史研究》，中西书局 2019 年版，第 24 页。

⑤ ［日］永原庆二：《20 世纪日本历史学》，王新生译，北京大学出版社 2014 年版，第 163 页。

期的日本经济进入高速增长期，“亚洲各地区将日本作为‘成功’范式的氛围高涨”，因此，日本历史学界接受“近代化”论的倾向逐渐增强。①

简而言之，西方试图以“‘西欧的近代化’为样板，站在‘工业化’这种技术性的立场上以世界史的视野来重新言说‘近代化’的过程”②，“近代化”论便是作为这种意识形态传入日本的。也就是说，实行何种社会制度成为第二义的问题，只要被卷入世界市场并实现工业化则是进入了近代化。日本学者永原庆二指出，以此为契机，“围绕日本的近代，甚至包括作为其前提的近世等，十分活跃地提出了与战后历史学视角截然不同的时代认识”③。其内容可归纳为以下几个方面：

（一）明治以来，日本成功实现“近代化”。

（二）明治以后的成功之所以成为可能有其历史前提，即近世=江户时代的封建制是与西欧存在共通之处的社会类型，权力的集中与分散并存、一定程度上实行官僚制度等，形成了走向近代的社会组织形态，另外还包括受教育水平的普遍提高。

（三）现在经济正以惊人的速度快速发展正是在上述历史前提之上方为可能。

如上所述，这明显是将经济学中的成长理论逆向运用于明治或者是江户时代，使用计量的手法来论证其发展过程，计量经济史以创新研究方法的形式进入人们的视野。④

---

① ［日］永原庆二：《20世纪日本历史学》，王新生译，北京大学出版社2014年版，第163页。

② ［日］金原左門：『「日本近代化」論の歴史像—その批判的検討への視点—』，中央大学出版部1968年版，第1頁。

③ ［日］永原庆二：《20世纪日本历史学》，王新生译，北京大学出版社2014年版，第162页。

④ ［日］永原庆二：《20世纪日本历史学》，王新生译，北京大学出版社2014年版，第162页。

宫崎的很多观点显然跟当时历史学界流行的“近代化”论有着颇多共通之处。《大唐帝国》一书的最后，通过宫崎的一番话可窥知他对当时日本学界“近代化”论以及计量经济史研究方法的感知和回应。他说：“所有的科学均有数量化的倾向，简单来说，这无非是将思考合理化的一种手段。省却所有无用的手续后我们方能迫近事物的本质。现如今，我之所以在世界上或是最先倡导数量史观，是因为希望它不仅能够有助于理解这个时代，亦对理解其他时代有所助益”。① 可见，在日本学界近代化论及计量经济史学的兴起之前宫崎便提示出了社会经济史角度下的中国历史研究问题，在这些学术潮流进入日本并日渐产生重要影响后，宫崎更是在自己的研究中与之呼应。

本章回溯了宫崎对社会经济史研究的关心，梳理了他景气史观形成的轨迹。简而言之，宫崎能够提出景气史观的构想，一方面来自他经济史领域研究的学术积累和学术兴趣；另一方面也是格外重要的一方面，即他受到了当时日本学界和海外中国史研究者的经济史研究成果的启发。此外，当时的经济社会现实也是不可忽视的重要背景。20 世纪 50 年代后半期，以朝鲜战争的军需物资特需为契机，日本经济发展步入快车道，经历战败初期物资匮乏时期的日本民众实际生活的感受和体验的巨大变化或是宫崎思考景气史观的重要刺激因素。宫崎自提出该构想后，在其论著中反复不断地论及，他又试图将之嵌入基于文化史立场提出的中国历史分期论，并以此来补充既有的中国通史的宏观脉络。另外，在宫崎论述中，我们能若隐若现地读到 20 世纪 60 年代进入日本学界的“近代化”论的影子。宫崎的中国言说，总是与日本的国家实力和所处的国际环境有着密切的关联，其对中国史的学术建构似在有意无意地回应美苏对抗的现实。

① ［日］宫崎市定：「大唐帝国—中国の中世—」，『宮崎市定全集』第 8 巻，岩波書店 2000 年版，第 330 頁。

第七章
宫崎建构的中国镜像及其日本“自画像”

前述所及，海外中国学家描绘中国图景、建构中国形象的言说背后，总有对“注视者”自身文化和历史的关怀和思考。毕竟，这些海外的中国“注视者”有其自身政治的、学术的、文化的背景。因此，在考察海外中国学者的中国认知的同时，亦可获得他们对本国文化的理解和认知。正如萨义德在《东方学》后记中称：

> 每一种文化的发展和维护都需要一种与其相异质并且与其相竞争的另一个自我的存在。自我身份的建构——因为在我看来，身份，不管东方的还是西方的，法国的还是英国的，尽管显然是独特的集体经验之汇集，但最终都是一种建构——牵涉到与自己相反的“他者”身份的建构，而且总是牵涉到对于“我们”不同的特质的不断阐释和再阐释。每一时代和社会都会重新创造自己的“他者”。因此，自我身份或“他者”身份绝非静止的东西，而在很大程度上是一种人为建构的历史、社会、学术和政治过程，就像是一场牵涉到各个社会的不同个体和机构的竞赛。①

---

① ［美］爱德华·W. 萨义德：《东方学》，王宇根译，生活·读书·新知三联书店 2019 年版，第 443—444 页。

萨义德的这一论断无疑也适用于宫崎市定对中国的研究。中国作为日本的巨大“他者”，为日本进行自我文化身份的确证提供了丰富的思想资源，这种思想资源的呈现方式和建构形式又与日本自身所处的国际环境和自身实力的变化，以及日本本国的政治、经济和文化形势紧密相关。说到底，日本中国学是日本学术的有机组成部分，属于日本意识形态的范畴。日本中国学的研究对象虽为中国历史、中国文化，但他们建构的却是他者化的“中国形象”，这种形象是迎合了日本本国意识形态，基于日本现代社会和文化情势而被“塑造”出来的。为此，考察日本中国学中的“中国”，成为可以反向观察日本人对本民族、本国文化认知的有效途径。有关于此，亦可在比较文学形象学的理论中得到有益的启示。正如法国学者巴柔所言，“我‘注视’他者，而他者的形象也传递出我自身的某些形象”①。他认为，“一切形象都源于自我与‘他者’，本土与‘异域’关系的自觉意识之中，即使这种意识是十分微弱的。因此形象即为对两种类型文化现实间的差距所作的文学的或非文学的，且能说明符指关系的表述”②。因此，形象学的研究带有明显的跨学科特性，“在这里，文学与人文学科中的史学、社会学、人类学相遇，而形象倾向于成为一个独特的显示器，它清楚地显示了意识形态（比方说种族主义、异国情调）的机制，以及一种社会集体想象物的运作”，形象的塑造者在描绘出异国文化现实的同时，“塑造（或赞同、宣扬）该形象的个人或群体解释出并表明自身所处的文化、社会、意识形态空间”。③ 通过上述几章的考察我们不难发现，这种“自我”和“他者”认知的双重视野亦可适用于宫崎。作为一位以中国历史研究著

---

① ［法］巴柔：《形象学理论研究：从文学史到诗学》，蒯轶萍译，孟华主编：《比较文学形象学》，北京大学出版社 2001 年版，第 203 页。

② ［法］巴柔：《形象学理论研究：从文学史到诗学》，蒯轶萍译，孟华主编：《比较文学形象学》，北京大学出版社 2001 年版，第 202 页。

③ ［法］巴柔：《形象学理论研究：从文学史到诗学》，蒯轶萍译，孟华主编：《比较文学形象学》，北京大学出版社 2001 年版，第 202 页。

称的史学家，宫崎在日本史研究领域亦有颇多成果，既有对日本历史细节的个案考证，又有在其世界史构想下对日本历史进行的全景式宏观论述。因此，本章首先以宫崎晚年所著的《中国史》为分析文本，试图清晰地呈现出宫崎对中国历史总体进程的全景描绘，勾勒出其历史分期论与景气史观的全貌；其次，以宫崎论述日本历史、文化的文章为考察对象，力图还原其世界史构想下呈现出的日本史图景的整体面貌，在此基础上考察其“日本文化论”的特色及实质。

第一节　世界史图景与景气史观结合下的传统中国与日本图景

（一）传统中国图景

宫崎在其晚年的通史性著作《中国史》中，首次运用他的景气史观并结合早在此前提出的中国历史分期论来系统地论述中国历史的整体发展进程。可以说，宫崎一生对历史、中国历史、世界历史等诸多问题的思考结晶于此书，可谓集宫崎学术之大成的著作。在该书中，宫崎以世界史的宏大视野来把握中国历史，构建起深具宫崎特色的体系化中国历史的整体形象。如前所述，进入 20 世纪 80 年代，日本的中国史研究“整体上失去了体系化地把握中国历史的意愿，更趋向于广泛搜罗新旧资料来探求事件的细节”①。从这个意义上来讲，宫崎的《中国史》这部著作，不仅是集其自身学问之大成的成果，而且对日本的中国史研究来说也有着极为重要的意义。

《中国史》一书相较于其他中国通史类著作的显著特点是，该书开篇

① ［日］谷川道雄：『戦後日本の中国史論争』，河合文化教育研究所 1993 年版，第 24 頁。

并未单刀直入地直接论述中国的历史，而是冠以宫崎撰写的“总论”，系统地阐释自己的历史观和中国历史分期论。“总论”的内容包括“何为历史”“时代分期论”“何为古代”“何为中世”“何为近世”“何为最近世”五个小节的内容。可以说，这部分内容集宫崎数十年历史研究的精华，系统而完整地呈现出了他的历史哲学和中国史研究框架。正如日本学者对该书的书评所称，该著作兼顾了宫崎史学的两个面向，一是宫崎对中国历史各个时代的研究成果，二是凝缩为其独创的历史分期论的世界史视野下对历史总体性、体系化的把握。① 具言之，“该书的‘总论’基于凝缩为独特的时代分期论的世界史构想而写就，另外，宫崎的中国通史又有对中国历史各时期的实证的个案研究成果所支撑，如此，他的中国通史则成为依据其独特的时代分期论而写就的‘各篇’”②。

在该书的“总论”中，宫崎首先梳理了日本学界盛行的多种中国历史分期论，例如，基于唯物史观的历史分期论、内藤湖南的时代分期论等。紧接着，他便论述了自己的中国历史分期的“四分法”。根据宫崎的论述，“古代=远古至汉代，中世=三国至唐末五代，近世=宋以后至清朝灭亡、最近世=辛亥革命以后”③。宫崎论中国的古代、中世、近世、最近世时则以欧洲史和西亚史为相对照而论，规定了各个历史分期的断代和性格特征，同时将之与他提出的景气史观相结合。这一框架是宫崎观察、论说中国历史的“标尺”，以下作简单介绍。

1. 古代

宫崎认为，所谓古代，是“人类经过长期散居生活，逐渐产生向心

---

① ［日］井上裕正：「宮崎市定『中国史』解説」，［日］宫崎市定：『中国史』（下），岩波書店 2015 年版，第 404 頁。

② ［日］井上裕正：「宮崎市定『中国史』解説」，［日］宫崎市定：『中国史』（下），岩波書店 2015 年版，第 409 頁。

③ ［日］宫崎市定：《宫崎市定中国史》，焦堃等译，浙江人民出版社 2015 年版，第 27 页。

的倾向并逐步走向统一的过程”。成群生活的原始人类结成家族，家族进一步扩大为氏族、部族，为进一步结合为更牢固的组织，“普遍会形成都市国家。这种现象最早始于西亚，之后西传方有希腊、罗马的都市国家，而东传恐才有印度、中国的都市国家”①。数量众多的都市国家之间爆发战争，“胜者支配、败者被支配的不平等关系”由此产生，“所谓春秋时代的历史，便是先前时代既已成立的强大都市国家之间的争夺霸权的延续”，其结果则是“以强大的都市国家为中心，形成可以称之为领土国家的国家形态”。②中国经过春秋末期进入战国时代后，“所谓战国七雄，无论哪位君主都可堪称王，成长为领土国家了”③。领土国家之间进一步产生对抗，走向合并进而形成大帝国。就中国历史而言，这便是秦帝国。

以上是宫崎向来的持论，他进一步又以景气史观来阐发从都市国家到大帝国的古代史发展过程。以何衡量古代史发展过程“最具象征性”？宫崎称“我倾向于回答：是经济的发展”。④宫崎将货币数量作为经济发展的指标，认为古代史“好景气连续”的时代。中国古代是“一方面，技术不断取得进步，另一方面，资源得以开发、商业不断开拓”⑤的时代。其表现之一便是商业繁荣，此外，汉代中国君主支配大量的黄金亦是明证。

2. 中世

宫崎主张，中世即便不是完全停滞的时代，那也是“孕育于古代的诸多进步现象停顿、退化逆行的现象出现”的时代。在这一时期，前代积累的黄金因汉武帝经略西域逐渐开始外流。宫崎认为中国汉代的文化水平较西域诸国处于劣势，因此，货币由中国流向西域，与此同时，西域先进的

① ［日］宫崎市定：《宫崎市定中国史》，焦堃等译，浙江人民出版社 2015 年版，第 28 页。
② ［日］宫崎市定：《宫崎市定中国史》，焦堃等译，浙江人民出版社 2015 年版，第 31 页。
③ ［日］宫崎市定：《宫崎市定中国史》，焦堃等译，浙江人民出版社 2015 年版，第 31 页。
④ ［日］宫崎市定：《宫崎市定中国史》，焦堃等译，浙江人民出版社 2015 年版，第 32 页。
⑤ ［日］宫崎市定：《宫崎市定中国史》，焦堃等译，浙江人民出版社 2015 年版，第 32 页。

工艺制品流入中国。结果，“生产停滞，劳动人口减少，潜在失业者数量增加，日常生活窘迫，生活水平不得已出现下降”，普通民众甚至不得不“卖妻鬻子，最后被迫背井离乡，流浪异乡，以致失去自身自由”①。与之形成对照的是富人转而投资土地，这便是地方豪族以及豪族支配的贱民——部曲出现的原因。“由此中国中世的大土地所有制（庄园制）盛行，以庄园这种世袭财产为背景豪族势力兴起，不久，豪族官僚化、贵族化成为普遍现象，中国社会向着阶级鲜明的等级社会方向发展”，形成一种贵族制度。这时的中国社会与向心力较强的汉代不同，“离心力起主要作用，分裂割据复现的倾向显著”②。此外，中世亦是周边民族入侵的时代。要而言之，“中世虽亦有中世之进步，但是经济退化、恶化的时代，这便是中世的特色”③。

3. 近世

宫崎论近世远较古代和中世更详。他仍然坚持既往的看法，将宋代以后视为中国的近世，认为近世与“中世身份制社会”不同，将之论述为更加活跃的社会，特别是主张文艺复兴是该时期的主要标志。众所周知，内藤湖南主张宋以后的中国贵族衰颓、平民地位上升的观点。宫崎的论述更进一步，他将平民二分为“上层”和“下层”，“下层的庶民依旧是庶民，上层的庶民如今成为新贵族。我更愿意将之命名为士大夫或者读书人、新官僚，抑或称之为地主也未尝不可”④。“唐之前的中国武力国家的色彩浓厚”，与之相对，宋代则“财政国家的色彩渐强”，与“以武力取得财富”的唐代以前的中世相比，宋代以后“官僚之中文官比武官更受重用，而所谓文官，其实质不外是财务官僚”⑤。在景气史观的视

① ［日］宫崎市定：《宫崎市定中国史》，焦堃等译，浙江人民出版社 2015 年版，第 36 页。
② ［日］宫崎市定：《宫崎市定中国史》，焦堃等译，浙江人民出版社 2015 年版，第 37 页。
③ ［日］宫崎市定：《宫崎市定中国史》，焦堃等译，浙江人民出版社 2015 年版，第 36 页。
④ ［日］宫崎市定：《宫崎市定中国史》，焦堃等译，浙江人民出版社 2015 年版，第 44 页。
⑤ ［日］宫崎市定：《宫崎市定中国史》，焦堃等译，浙江人民出版社 2015 年版，第 45 页。

野下，宫崎将中国从中世到近世的时代转变阐发为从“武力国家”到“财政国家”的变化。在社会经济形态上，宫崎将中国从中世到近世的转变界定为庄园经济变为“流通经济”的过程。关于促使这个转变发生的原因，宫崎认为“中国内部资源的开发不断进展，各地均有其特产、地区性的分工兴起，这些要素都不可避免地促进流通经济”兴起，结果“之前主要起政治作用的城市其经济使命受到重新审视，反而作为商业城市发展起来”。①

宫崎进一步用其所谓景气史观详尽阐发了他的近世观。“这种商业的壮大，换言之，意味着经济迎来了空前的好景气，同时生产技术的革新亦应运兴起”，石炭的活用成为代表性的技术革新，这又促使制铁技术发达。如此，制铁技术的革新不仅使制造各种工具成为可能，更是“超越国境向国外输出，所谓‘支那’铁的名气远播西亚”，宫崎更是断言“铁的灵活使用，是宋代文化发达的杠杆”。② 正是因为宋代中国迎来如此的好景气，使宋代文化得到飞跃性发展。宫崎评价称：“文化的各方面迎来了革命性飞跃。被称为世界三大发明的火药、罗盘、活字印刷术的运用在宋代已经普遍化。文学、经学方面倡导复兴古代，绘画、特别是风景画甚至达到世界最高水准。或可说宋代的文化堪称领先于当时的世界任何地区的优秀文化。”③ 但是，宫崎旋即设问，中国宋代卓越的文化“完全是中国的独自发明，还是受其他地区影响而发达”起来的？他认为中国文化史受到西亚文化之刺激和影响才实现飞跃性的发展，而中国高度发达的文化又流向欧洲对该地文化发展产生影响。

中国宋代文化的发展虽达到极高水平，用宫崎的话说便是“中国近世在有宋一代几近完成”，但是，“其后稍有停滞的倾向”，宫崎认为根本原

---

① ［日］宫崎市定：《宫崎市定中国史》，焦堃等译，浙江人民出版社 2015 年版，第 46 页。

② ［日］宫崎市定：《宫崎市定中国史》，焦堃等译，浙江人民出版社 2015 年版，第 47 页。

③ ［日］宫崎市定：《宫崎市定中国史》，焦堃等译，浙江人民出版社 2015 年版，第 48 页。

因是“经济上的好景气不可能永远如此维持”。① 代宋的元，因东西之间的交流虽有一时的好景气，结果未能长久持续，属于不景气的时期。明代之初，景气有所好转，经济渐有上升之势，但之后“不断重复踱行景气与迟滞状态，整体上无疑处于下降的趋势”②。至清代，“中国社会的经济态势渐渐重归向好，经康熙帝、从雍正帝至乾隆帝初期，经济亦迎来全盛期。但是至乾隆帝长期执政的后半期，景气的颓势早见端倪”，其根本原因是白银的外流。③

以上是宫崎运用景气史观分析中国历史周期的变化过程。他总结称，“自宋以来进入近世，景气变动周期与之前相比急剧缩短。之前是上升期、中世是停滞下降期，两者结合方构成一个周期。宋代以后则几乎一个王朝便构成一个周期。这体现出社会变动速度在加快的规律”④。

此外，宫崎从以上分析中进一步总结道：“近世否定中世，肩负有继承遥远古代的任务，必然是体现出显著的统一倾向的时代。”但是宋代的统一却未及汉唐，致“宋王朝下的中国”以及“周边的少数民族的民族主义进一步高涨”。宫崎对宋代有着高度的评价，但同时又称宋代以后时代的文化“并未有飞跃性的进步”，也就是说，他认为“之后的历史不过是在重复”。⑤ 这似又是“中国历史停滞论”的另一版本。宫崎进一步这样论及宋以后的历史，“这样看来，宋的反复乃明，元的反复乃清。再者，这四个王朝都是近世王朝，从这点而言，大可说后续的三个王朝都是宋的反复”。⑥ 宋代以后的历史均是在重复，从这个意义上来说，宋代的中国与现代的中国相连接。

① ［日］宫崎市定：《宫崎市定中国史》，焦堃等译，浙江人民出版社 2015 年版，第 50 页。
② ［日］宫崎市定：《宫崎市定中国史》，焦堃等译，浙江人民出版社 2015 年版，第 51 页。
③ ［日］宫崎市定：《宫崎市定中国史》，焦堃等译，浙江人民出版社 2015 年版，第 51 页。
④ ［日］宫崎市定：《宫崎市定中国史》，焦堃等译，浙江人民出版社 2015 年版，第 51 页。
⑤ ［日］宫崎市定：《宫崎市定中国史》，焦堃等译，浙江人民出版社 2015 年版，第 235 页。
⑥ ［日］宫崎市定：《宫崎市定中国史》，焦堃等译，浙江人民出版社 2015 年版，第 235 页。

（二）传统日本图景

宫崎市定有关日本历史文化的论著不在少，择其要者，如《谜一样的七支刀——五世纪的东亚与日本》[①]《七支刀的年代》[②]《世界史视野下的日本的黎明——与大陆之间的关系》[③]《日本史与世界史之关联》[④]《世界史视野下的日本黎明》[⑤]《东洋史上的日本》[⑥]等。仅从标题便可窥知，宫崎观察日本历史的方式超越一国史的框架，都是从世界史或者至少是从东亚区域史的视角展开的。换言之，宫崎对日本历史文化的思考仍旧贯彻了他世界史构想的立场。

宫崎观察日本历史的世界史视野与描绘中国历史发展进程的整体思路并无二致，他在1950年写就的长文《日本史与世界史之关联》中，即沿用其世界史的学术框架来描绘日本历史的发展路径，仍然十分重视交通在推动历史发展中的关键作用，依旧贯彻了他可以称之为“交通史观”的“一元论”的“文化传播论”的基本立场。他称：“因美索不达米亚和埃及很近，可以将之视为一个文化圈，以此为顶点，可以认为越向东方，文化的古老程度则越浅。换言之，美索不达米亚、埃及文化在历史长河中逐渐向东方传播的假说是成立的。”[⑦]也就是说，宫崎仍然认为人类文明的起源是单一的，即美索不达米亚和埃及地区，文化从这一个地区逐渐向外传播。在这种论述逻辑下，日本则成为整个亚洲文化流动路径中的“终点”。在该

① ［日］宫崎市定：『謎の七支刀—五世紀の東アジアと日本』，中央公論社1983年版。

② ［日］宫崎市定：「七支刀」，『洛味』1981年第345集；后改题为「七支刀の年代」，收入宫崎著作『独步吟』，岩波書店1986年版。

③ 原题为「大陸との関係」，載『世界考古学大系』2：「日本Ⅱ」，平凡社1960年版。

④ ［日］宫崎市定：「日本史と世界史との関連」，『新制日本史』第2部，平安文庫1950年版。

⑤ ［日］宫崎市定：「世界史からみた日本の黎明」，『日本の歴史』，読売新聞社1959年版。

⑥ 原题为「古代大和朝廷」，『日本文化研究』第1卷，新潮社1958年版。

⑦ ［日］宫崎市定：「東洋史の上の日本」，『宮崎市定全集』第21卷，岩波書店1993年版，第372頁。

文中他多次强调文化的传播以及地区之间的交通对历史发展的强力推动作用，依旧运用比较史的方法在日本历史中寻找与西方历史相近的现象，且沿用了之前的时代分期论。他称：

为理解历史，首先有必要划定时代分期作为大体的框架。世界各地区的时代分期中，被广泛应用于欧洲史的三分法，即将历史分为古代、中世、近世三期的方法，将之应用到其他地区最为妥当。而欧洲史的近世时期为文艺复兴之后，其后发生的产业革命则为世界史上极为重要的大事件，所以我倾向于将产业革命之后的历史命名为近世中的最近世。或可说文艺复兴至产业革命的时期为前期资本主义，之后的时期亦可称为真正的资本主义时代。①

可见，宫崎的整体论述框架和思路并未有何变化。而且，宫崎依旧用自己之前对所谓古代、中世、近世三个时期的界定来定义三个历史时期的特色。即所谓古代史的发展过程是“人类从小的氏族集团渐次扩大并走向统一，最后完成大一统的时代”，中世则是古代的大一统破裂，有着极强分裂倾向的时代，近世则是由中世的分裂再度走向统一的时代。② 在这种论述框架下，宫崎主张日本古代史是“上古至平安朝(794—1192)”的时期，而“日本古代史从分散到统一的动向，自平安朝末期转而分裂倾向增强，镰仓幕府成立使得政治中心二分，地方上分权的封建体制确立，经南北朝至战国时代进入完全分裂的时代”，这是日本的中世史（1192—1603）。③ 接下来是近世的界定，宫崎认为“安土桃山时代以后、包括江户时代在内为日本的近世”，近世阶段以工业革命为分野，其后是最近世，是指“明

① ［日］宫崎市定：「日本史と世界史との関連」，『宮崎市定全集』第21卷，岩波書店1993年版，第331—332頁。

② ［日］宫崎市定：「東洋史の上の日本」，『宮崎市定全集』第21卷，岩波書店1993年版，第332頁。

③ ［日］宫崎市定：「東洋史の上の日本」，『宮崎市定全集』第21卷，岩波書店1993年版，第335頁。

治维新以后的日本”。①

宫崎基于其世界史立场对日本历史整体进程进行全景式的描绘最初得见于上文中提及的论文《东洋史上的日本》中，在该文的开头部分，宫崎声称：“这是我的历史叙述的同时亦是我的历史哲学。我是不懂脱离历史事实仅阐述理论的人”②。如其所述，这篇文章的确能够充分体现宫崎历史观之大要及特色。在此，首先梳理宫崎“传统日本”历史图景的整体勾勒。

1. 日本古代

如前所述，宫崎将古代描述为都市国家群到大一统帝国出现的过程。而从生产力的发展阶段上来说，都市国家出现的时期正与青铜时代相对应，铁器的使用和传播则促使了统一大帝国的出现。西亚的都市国家发展历程很长，原因在于青铜器的使用到铁器的发明历经了2000年左右。在此，宫崎主张，西亚的青铜器和铁器传入其他地区时，青铜时代会缩短，以此解释中国青铜时代持续的时间比西亚短暂的现象。他进一步论述到，西亚的青铜器文化传入中国的时间是在公元前1000年左右，铁器则是在公元前400年左右传入中国，由此，中国古代都市国家的发展阶段很短，仅有600年左右，正好与青铜器、铁器传入的时间相一致。

在这种思路下，宫崎便能够解释日本古代没有出现都市国家发展阶段的原因，即日本古代接受金属器文化的特色便在于“青铜器文化与铁器文化几乎同时在公元前后到达”。③日本位于横贯亚洲东西交通干线的最东边，即日本处于文化传播路径中的末端位置，据此，宫崎将日本古代文化的性格定义为“终点文化”（ターミナル文化）。并且，宫崎认为所谓终

① ［日］宫崎市定：「東洋史の上の日本」，『宮崎市定全集』第21卷，岩波書店1993年版，第405頁。

② ［日］宫崎市定：「東洋史の上の日本」，『宮崎市定全集』第21卷，岩波書店1993年版，第368頁。

③ ［日］宫崎市定：「東洋史の上の日本」，『宮崎市定全集』第21卷，岩波書店1993年版，第378頁。

点文化至少有两大特点：一是“殖民地性质的，售出自然资源，购入制造品”；二是“中央与地方之间的文化差距非常大”。①

2. 日本中世

古代大帝国形成之后逐渐走向分崩离析，这种分裂倾向被宫崎定义为中世的最重要特征。在这种认识框架下，日本中世走向分裂的过程首先源自平成、平安两京在长达5个世纪的时间里不断向地方输出文化，“地方上不断蓄积文化和财力”，此时地方不愿再忍受朝廷的压榨，“到平安朝末期，地方上兴起了各种形式的叛乱和独立运动。这种割据的、分权性质的倾向成为世界历史共通的中世之特征”②。同样是带有分裂倾向的中世，日本的中世却自有其特色，宫崎称：

> 这种地方对朝廷的反拨，意味着与之前的历史发展脉络性质迥异的现象出现了。那便是出现了与之前文化流向相反的逆流。之前的文化以大陆为中心流入日本，这次的逆流以日本为基础，带有显著的日本性质。这种倾向的结晶即为镰仓幕府的成立。所谓古代终点文化的大地主没落，腹地的新兴地主乘机兴起并结成同盟，在镰仓建立新公司。③

宫崎所谓“新公司”即源氏建立的武人政权——镰仓幕府。在他看来，源氏建立的幕府与日本的朝廷和公家相较是相当“异质”的存在，并且，日本文化占优势地位的地区也与之前相反，变为东方压制西方。日本历史之所以会出现这种走向，一方面是因为“日本乡野的实力终于充实起来了”，同时也充分说明了“朝廷采用的中国文化的脆弱性”。宫崎论述道：

① ［日］宫崎市定：「東洋史の上の日本」，『宮崎市定全集』第21巻，岩波書店1993年版，第380頁。

② ［日］宫崎市定：「東洋史の上の日本」，『宮崎市定全集』第21巻，岩波書店1993年版，第386頁。

③ ［日］宫崎市定：「東洋史の上の日本」，『宮崎市定全集』第21巻，岩波書店1993年版，第386頁。

> 日本全力模仿的唐代文化本质上是贵族文化。唐代本就处于贵族制度的衰退期，在贵族文化于中国没落之前，他们将贵族文化的种子播于日本，使日本的政治由天皇制一变而成为贵族制。但是，贵族政治在日本颇为不稳定，唐代的中国文化仅仅同化了少数的日本贵族，并未至改变庶民生活方式的程度。庶民旋即在新兴武士的指导下，形成一种非中国化的新生活方式。①

为论证日本在武士政权的统治下形成了异于中国唐代的生活方式，宫崎以日常生活中的坐姿为例进行了详细的说明。众所周知，唐代以降，椅子在中国逐渐普及，而日本则将席地而坐的生活习惯保持了下来，宫崎便将这种差异作为论证以上观点的论据，并且认为“武家的封建统治将阶级思想植入国民心中并固定下来。低坐姿的方式最终得以确定下来，特别是举行仪式的场合则更是要求正坐，这种坐姿很大程度上使得其后的日本文化产生出独特的情调”②。总之，宫崎认为中国唐代的贵族文化传至日本后，极不稳定，仅影响了少数日本贵族，其文化影响并未渗透到广大平民阶层当中。不难看出，这种论调有着淡化、消解中国文化对日本影响的意图，是一种日本文化“特殊论”的叙事结构。

宫崎在对日本中世历史发展论述的最后，引入了一个比喻来形容中日两国文化发展的阶段差异。他称日本古代、中世的历史发展一直远远迟于中国，两国历史的发展好似圆形跑道中的长跑运动。比如，日本吸收中国的律令制进入古代的完成期之时，中国历史早已完成古代阶段的发展，而且中世的全盛时期已经过去，进入贵族政治开始走向没落的时期。这意味着“虽同在圆周内并行着奔跑，日本却少跑了一圈。日本进入镰仓时代，

① ［日］宫崎市定：「東洋史の上の日本」，『宮崎市定全集』第 21 巻，岩波書店 1993 年版，第 388 頁。

② ［日］宫崎市定：「東洋史の上の日本」，『宮崎市定全集』第 21 巻，岩波書店 1993 年版，第 394 頁。

中国北宋时期已经结束进入南宋时代。因宋代是中国历史上近世社会的完成期，所以此时的日本依旧较中国落后一圈”①。宫崎的视野总是超脱日本一国史的范围，用比较史的方法讨论日本历史发展进程与中国史乃至世界历史的关联，这是其历史论述的一大特色。

3. 日本近世

在论述中国历史时代分期论时，宫崎以西方近代中出现的一些现象为依据，用比较史的方法在中国历史上寻找相近的现象。宫崎认为文化上的文艺复兴、经济上的商品经济发展、民族主义以及平民势力的崛起等是衡量历史进入近世阶段的主要标志，另外，国家从分裂重新走向统一也是宫崎近世论的核心要素。

众所周知，日本的战国时代可以用战乱纷纷、分崩离析来形容，战国大名拥兵割据，相互攻伐。经织田信长、丰臣秀吉之后，日本全境才初步得以统一。丰臣秀吉去世后，统治日本的大权又落入德川家康手中，日本自此开启了持续260多年、稳定统一的德川时代。日本近世历史从分裂到出现统一的动向是从近畿地区开始的，宫崎认为这是因为近畿地区位于日本交通的中心，同时亦是经济、文化中心，这显然体现出宫崎重视“交通”的历史推动作用的一贯立场。但是，日本经织丰政权后统一于德川家康，这三位统一日本的关键性人物皆非日本近畿地区出身，宫崎特别强调这个现象并认为值得注意。对此，宫崎有自己的解释，他认为征服者要具备“独裁者”的特质，其中最重要的因素便是“复杂的心理性格”。信长是“直情径行”且工于心计的，秀吉能谋定后动且心计方面更胜信长。与以上两位相比，德川家康是性格最为复杂的，“两极端兼具于一身而无破绽”②。宫崎

① [日]宫崎市定：「東洋史の上の日本」，『宫崎市定全集』第21卷，岩波書店1993年版，第392—393頁。

② [日]宫崎市定：「東洋史の上の日本」，『宫崎市定全集』第21卷，岩波書店1993年版，第396頁。

认为，德川家康之所以会具备如此复杂的性格，与他身处于地域交界处有着莫大的关系，他进一步称“汉高祖、明太祖生于中国南北部交界处，斯大林生于欧亚边境，希特勒生于德奥边境绝非偶然”①。由此可见，宫崎在强调地区与地区交接处的边界位置对历史人物人格的形塑有着重大作用。

宫崎将安土桃山时代以后及整个江户时代都看作是近世，“最主要的是因为日本这一时期结束了中世的分裂割据，完成了大统一”②。在日本完成全国统一的过程中，火器的使用起到了至关重要的作用。1543 年，一艘前往宁波的商船被风浪吹至日本九州南部的海岸上，船上的葡萄牙人也因此阴差阳错地将火器带到了日本。以此为契机，很多日本大名和武士开始仿造和改良葡萄牙人传来的火器。信长便非常重视和善于使用火器作战，这也使得他的军队所向披靡。1575 年，在信长和武田胜赖（1546—1582）之间展开的战斗中，信长大量地使用了火器并击败了武田胜赖，这是日本战争史上首次大量使用火器的战争，此后，火器的使用在日本国内战争中变得更加广泛。但是，当时的日本虽得以与西方接触，并充分利用了西方传来的火器完成了全国统一，却未继续加深与近代西方的交流，并未进一步学习和吸收西方自然科学知识并走向近代化之路。正如宫崎所说：“但是日本虽然好不容易与欧洲近世接触，却并未走上欧洲近世的轨道，完成统一后反而开始开倒车。……出现了秩序井然的封建制度”③。这里似可窥得宫崎颇具惋惜之情，宫崎认为江户时代近三百年的稳定时期，以及政治统治所采用的封建制都是非常态的，这种和平和体制皆属一种“变态”。他认为德川家族采用的封建制具备相当的特殊性：

① ［日］宫崎市定：「東洋史の上の日本」，『宮崎市定全集』第 21 卷，岩波書店 1993 年版，第 396 頁。

② ［日］宫崎市定：「東洋史の上の日本」，『宮崎市定全集』第 21 卷，岩波書店 1993 年版，第 397 頁。

③ ［日］宫崎市定：「東洋史の上の日本」，『宮崎市定全集』第 21 卷，岩波書店 1993 年版，第 397 頁。

> 实际上，德川氏的封建制度，展现出了相当特殊的特质。即大名在幕府的重压之下，其自由受到武家诸法度的重重束缚，其存在无异于大地主，至于其下的武士阶级更无异于领俸禄过活的人。地位的世袭成为仅存的封建特色，同时，这对各阶层来说不过是束缚而已。①

以上可知，宫崎认为德川时代的统治体制虽有着封建制的表象，但其实质却与传统的封建制有着极大区别。正是在这种特殊体制下，德川幕府能够维持近三百年的稳定。在此期间，德川幕府采取锁国政策，自然科学方面并未获得进步和发展，反倒是人文学科方面，日本将“中国宋代以来盛行的朱子学、阳明学等新儒学自不待言，更是将清代以降出现的考证学”充分消化，“国文学亦显著复兴，其研究方法是近世的，与当时欧洲的研究方法相同”。② 日本在这长期的和平时期内，其文化发展的程度逐渐与中国近世追平，“接下来便是追逐欧洲的近世了”。所以，宫崎的日本文化研究有两把标尺作为参照，一个是中国，另一个则是西方。不过，说到底最终是以西方的历史进程来作为最高尺度。

第二节 “最近世”概念与中日两国的近代转型

宫崎最早言及“最近世”的概念史在前述提及的发表于 1941 年的论文《东洋的文艺复兴和西洋的文艺复兴》中，其后这个历史分期概念被屡次提及并加以阐发。在宫崎看来，最近世并非近世的否定，而是科学取得长足进步和快速发展的历史时期，是“自然科学的时代”，科学的进

---

① ［日］宫崎市定：「東洋史の上の日本」，『宮崎市定全集』第 21 巻，岩波書店 1993 年版，第 398 頁。

② ［日］宫崎市定：「東洋史の上の日本」，『宮崎市定全集』第 21 巻，岩波書店 1993 年版，第 399 頁。

步成为“近世”时期的主要标志。从时间上来讲，宫崎所谓最近世当始于欧洲进行工业革命的18世纪。一般认为，西方现代性是一个逐步实现的历史过程，“它包括政治、经济、技术、观念和社会组织层面上的逐步现代化”，这个过程并非一帆风顺，直到18、19世纪后，“到了现代性的成熟时期，它逐渐累积起来的形象就是疆域固定的民族—国家、自由民主政治、机器化的工业主义、市场化的资本主义、主体—中心的理性哲学、权力和理性巧妙配置的社会组织”等。① 宫崎的近世与最近世的概念及其关系似乎可以这样理解，宫崎所谓近世实际上将现代性分为前、后两个阶段，“16—18世纪是现代型的第一阶段”，而第二阶段即宫崎所谓“真正的资本主义时代”是“发端于18世纪末期的法国大革命和英国工业革命则差不多奠定了第二个阶段高度成熟的现代性”。②

宫崎论述最近世阶段的中国、日本两国的历史时都是以中日对比的方式展开的，他将中日两国面对西方现代文明东渐的外来冲击所采取不同的态度进行了历时性的比较论述。宫崎将中日两国对西方文明所采不同态度的关键时期追溯到清代雍正帝之时，他认为雍正帝“似乎在模仿日本的锁国令”而实施锁国政策，日本虽实施锁国令，但仍有长崎作为对外交流的窗口，而且与雍正帝同时期的日本八代将军德川吉宗时期锁国令得以缓和，为之后日本译介和研究西方书籍做了准备。因此，自此之后兰学逐渐在日本兴起，使得日本能够持续地加深对西方文化之了解。反观中国，却未能出现类似于兰学的学问。宫崎由此也主张应当盛赞日本兰学在历史上起到的作用。

如前所述，古代日本吸收中国文化，处在文化传播的最末端，所以宫崎称之为“终点文化”。近世是西方近代文化东渐的时期，宫崎放眼整个

① 汪民安:《现代性》，南京大学出版社2020年版，第8页。

② 汪民安:《现代性》，南京大学出版社2020年版，第197页。

世界，他认为“在世界文化的大动向中”，日本又一次成为世界的“终点”，即日本再次回到“终点文化”的状态。但这一次日本作为世界文化的终点却与古代的情形不同，“中国的近世与西方的近世同时流入日本。毋宁说，正是受两种外来近世的影响才得以产生日本的近世”。① 宫崎的意图无疑是在建构一种事实，即日本是东西文化流入、交汇的“文化融合”之地。而且宫崎认为，近世初期的日本与中国和西方的近世虽有差距，但未似鸿沟。日本与西方真正拉开差距是西方完成工业革命以后，宫崎将之命名为“最近世”。

1. 中国最近世

中国文化与西方文化的相遇和碰撞始于 16 世纪的明代，传教士进入中国进行传教活动，特别是向当时的知识分子阶层介绍欧洲的学术，将科学知识等带到中国。宫崎反对“这开辟了中国历史未有之新局面，自此之后中国成为西方的陪衬”这种说法，他认为中国当时的文化水平与欧洲基本处于同一水平，18 世纪欧洲工业革命开始以后两个地区的差距方才扩大。进入 19 世纪，特别是签订《南京条约》后，“欧洲工业革命文化才威风凛凛地在中国内陆横行无阻”。② 但是，中国人依旧坚守中国传统文化，持续抵抗西方文化，所以，中国的最近世始于推翻清王朝的辛亥革命。此处，宫崎以日本近代化的历程与中国相比较，论述中日两国如何面对“西方的冲击”。日本“以明治维新为契机，实施了德川幕府向来无心推行的开国政策，将求知识于世界定为国是。这些举措在今天看来乃极为明智，不似中国付出巨大代价便顺应了世界大势”③。中国对异质文化的接受，比如“三民主义的主要内容皆为西方思想，虽是与中国传统异质的东西，却

① ［日］宫崎市定：「東洋史の上の日本」，『宮崎市定全集』第 21 巻，岩波書店 1993 年版，第 401 頁。

② ［日］宫崎市定：《宫崎市定中国史》，焦堃等译，浙江人民出版社 2015 年版，第 54 页。

③ ［日］宫崎市定：《宫崎市定中国史》，焦堃等译，浙江人民出版社 2015 年版，第 55 页。

不可与中国思想断绝联系，而是煞费苦心地将之置于正统思想的延长线上。若非如此，则难以见容于中国社会”①。与中国情况不同，日本对“陈旧的东西正因其陈旧所以给予殊为低下的评价。所谓文明开化，意味着西洋一边倒、欧美崇拜”，这并非坏事，“日本正因为举国崇拜欧美，所以冠绝东洋诸国、迅速地实现近代化。倘若固执陈旧传统，则此事之实现绝无可能。正因为有这种热忱，能够深入地探寻西方文化的某些长处，只有客观地认识西方文化所具备的长处，公正地承认其所具备的优点，对后进国本身来说反而有利”②。如此，宫崎将近代的中国和日本置于二元对立的差异化的论述框架中，将中国塑造为“固执传统的”“愚昧的”“排斥西方文化的”形象。面对近代以来西方的冲击，而日本则是“明智的”“贬低陈旧事物的”“崇拜欧美的”与中国截然相反的形象。宫崎在其为《中国史》撰写的跋文中重申这一论调，他称：

> 这种新文明所向无敌，不管东西方，不论过去文化积累的厚薄，几乎都无条件地屈服在新压力面前，必须跟上最近世史的步调。这种情况下，有值得骄傲、更古老的历史背景的东洋各民族也不例外。而此际，各民族在本国方向上的决断对之后的命运有重大影响。比如像日本这样一早察知世界趋势，进而顺应最近世潮流的国家，此后步入极为顺遂的命运。然而像中国这样执着于近世，更无视新文明威力而采取反抗态度的国家，此后国运极艰，付出了莫大的牺牲，最后的结局仍是不得不与最近世合流。③

这种论调可以说直承明治初年日本知识分子阶层的中国观和亚洲观。

---

① ［日］宫崎市定：「東洋史の上の日本」，『宮崎市定全集』第21卷，岩波書店1993年版，第432頁。

② ［日］宫崎市定：「東洋史の上の日本」，『宮崎市定全集』第21卷，岩波書店1993年版，第432—433頁。

③ ［日］宫崎市定：《宫崎市定中国史》，焦堃等译，浙江人民出版社2015年版，第329页。

不妨来看一下出版于1870年的内田正雄所著《舆地志略》中的中国论述，他称：“贵古贱今，妄自尊大，自称中华，视外国为夷狄禽兽，屡失信义于外国，虽蒙其侮辱，却依然固守旧习，不察海外形势，不知求新图变，故国势不振，政令不通，止步于千年前开化之域。”再来看他对日本的论述，则完全与中国相反，他说：“方今我邦，朝纲一振，转为开化之方向，国势大为隆盛。是东洋诸国中，绝无仅有之类。”① 两相对比，不难发现，宫崎此言论可谓与明治初年的启蒙思想家之观点异曲同工。这种论调，正如国内学者指出的，近代以来，日本人在进行自我身份的确证时，“总是利用形态各异的中国形象来彻底异化东亚邻国，加大日本与邻国之间在文明程度上的优劣差距，从而不断通过自我权威和民族优越性的建构，促使日本民众形成对国家的认同，为民众盲从于近代以来自我肯定、对外否定的扩张式亚洲秩序奠定思想条件”②。宫崎所著《中国史》分上下册出版于1977年、1978年，该书的跋文写于《宫崎市定全集》第一卷出版前的1993年，宫崎对中日两国近代的抉择的论述、对中日两国形象的差异化建构与明治初年的亚洲观遥相呼应，成为其毕生持论。

以上便是宫崎提出的“景气史观”与之前的历史分期论相结合后描绘出的中国历史图景。历史分期论可以为理解历史的发展进程提供一种框架，“所有的时代划分法，都是以一个或者数个基准为依据来进行划分的，以解明各时代的发展阶段中所见到的相异点与相同点。但是正如许多概论性的尝试一样，时代划分的方法在很多场合也通过最后阶段的历史定位传递出某种信息或思想”③。所以，历史学家在描绘整个历史发

① ［日］内田正雄：『舆地志略』，大学南校1870年版，转引自谭建川：《近代日本教科书中的中国形象》，《东疆学刊》2014年第1期，第87页。

② 谭建川：《近代日本教科书中的中国形象》，《东疆学刊》2014年第1期，第86页。

③ ［美］傅佛果：《内藤湖南：政治与汉学（1866—1934）》，陶德民等译，江苏人民出版社2016年版，第237页。

展进程或者从其对某个历史发展时期特征的定义中，可以窥知历史学家的世界观或者文本表述背后的真实意图。宫崎上述引文中所言，“只有客观地认识西方文化所具备的长处，公正地承认其所具备的优点，对后进国本身来说反而有利”，可以视为对西方近代文化毫无反思的立场，从这一论调来看，宫崎的历史分期论，特别是“最近世”论也具有某种“规定性”。

宫崎论述中日两国面对西方外来文化时所作的反应，恰与竹内好在其文章《中国的近代与日本的近代》的论述形成一个很好的对照。竹内在该文中将中日两国文化分别描述为“回心型”和“转向型”，“回心源于保持自我，转向始于放弃自我。回心以抵抗为媒介，转向没有媒介”。面对欧洲的外来侵略，“日本只将新的东西不断地层层叠加而不作任何‘构造’上的变革，不经过抵抗就接受了欧洲，只一味地要成为欧洲”，反观中国，则与日本的做法大相径庭，“中国却以‘构造’为抵抗而不断受挫，因为持续的挫折感而不断抵抗，也就是固执于自我，并因为固执于自我而不得不进行自我变革”。①

这一论述的逻辑在于，同是作为后发的近代化亚洲国家，中日两国有着完全不同的模式。《中国的近代与日本的近代》发表于 1984 年，其实，早在 1960 年前后在竹内为国际基督教大学举行的演讲中，通过杜威 1919 年访问中日两国的感受便发表过与上述类似的看法。正如子安宣邦指出的那样，“竹内好这是通过杜威来阐述他本人的反讽式的现代化论。他根据那种伪装的表面性来否定日本已经完成的‘现代’，而根据那种内发式的自立性将中国未完成的现代看作真正的现代”②。通过比较宫崎与竹内的论

① ［日］沟口雄三：《作为方法的中国》，孙军悦译，读书·生活·新知三联书店 2011 年版，第 7 页。

② ［日］子安宣邦：《何为“现代的超克”》，董炳月译，读书·生活·新知三联书店 2018 年版，第 191 页。

说很容易看出，宫崎之说并未反省日本式的近代类型及构造，字里行间充满了认为日本的历史选择比中国足够明智的判断倾向。很明显，宫崎的论述似乎仍旧建立在近代主义的立场上。

2. 日本最近世

如前所述，在中国历史分期论中，宫崎便把推翻清王朝的辛亥革命作为中国最近世开始的标志。而对于日本的最近世，宫崎则主张其始于明治维新。宫崎格外重视明治维新的历史意义，称其为"划时代的大事件"，不仅对日本是大事件，"对亚洲各民族都均有重要意义"。宫崎对明治维新历史意义的强调值得注意。他主张明治维新的意义不仅在于这是日本民族之觉醒，更在于这种觉醒是日本"先于亚洲各民族的觉醒"。他强调，西方工业革命以后，其势力范围不断扩大且将亚洲殖民地化，"对此，位于亚洲东端的日本开始出现觉醒的波纹，不久便传播至亚洲全境。从这个意义上来讲，明治维新实际上具备世界史意义的重大事件"。① 宫崎在与亚洲各国的关联语境中试图塑造一个亚洲最早进入现代文明的"先驱日本"形象，这种论调其实延续了抗日战争期间的宫崎合理化日本侵略行为的思路，似与战后日本思想界的"'大东亚'战争肯定论"暗合。

若没有西方外来势力的入侵，中国历史的进程能否靠内在力量走向近代？有关这一问题已经有过很多的讨论。20 世纪中期，费正清曾提出"冲击—反应"说来勾勒中国近代化的历程，他认为必须有强大的外力入侵才能促使中国走向近代化。正如柯文所论，"五十年代和六十年美国史家解释鸦片战争（1840—1842）到义和团起义（1899—1900）这段历史时，在很大程度上借助了'西方冲击'与'中国回应'这两个概念"，这种论述框架意味着中国近世史中，"西方扮演着主动的角色，中国则扮演着消极

① ［日］宫崎市定：「東洋史の上の日本」，『宮崎市定全集』第 21 卷，岩波書店 1993 年版，第 405 頁。

的或者说回应的角色”。[①] 这一论调在当时的美国史学界颇具影响力。宫崎论述此问题时，亦持与“冲击—反应”说颇相近的论调。他称：

> 亚洲所谓内在力量，在欧洲巨大的外力面前几近无力。这一事实，在研究鸦片战争以后的中国历史的研究者中间，是毋庸特别说明便普遍认可的。鸦片战争自不待言、第二次鸦片战争、太平天国直至辛亥革命，中国历史几乎为外力左右。其时，能够做到依靠其内在力量行动的难道不是仅有日本吗？[②]

可知，宫崎的主张是外力的干预给亚洲带来了近代化，是外力左右了中国历史的发展进程。不妨来看他对中国的论述，他竟认为清政府抵抗是“动辄过于相信自己的力量，干出螳臂当车与强者对抗的鲁莽行径”。屡次兴起的排外运动以及对外战争致使西方外力的重压更加残暴。反观宫崎对日本的论述，他认为日本走向近代的历史发展进程与中国形成了鲜明的对照，用宫崎的话来说就是“明治维新以来的日本历史真可谓是一帆风顺”，他认为这种“一帆风顺”的最重要原因是当时的日本与欧洲存在着共同利益。宫崎称，当时的中国成为欧洲殖民掠夺的最大目标，而日本恰好可以作为欧洲殖民中国的基地，此时的日本“巧妙地顺应潮流”，采取了独特的“追随外交”。明治政府顺应“外界的大潮流”，是日本政府“自觉自身无力”的结果。[③] 显而易见，宫崎的论述在字里行间都透露出他满意于明治政府面对西方列强所采取的态度，而清政府对抗西方列强侵略行为而采取的行动都被其称为“鲁莽行径”，其历史观中显露出的近代主义立场可见一斑。

① ［美］柯文：《在中国发现历史——中国中心观在美国的兴起》，林同奇译，社会科学文献出版社 2017 年版，第 115 页。

② ［日］宫崎市定：「東洋史の上の日本」，『宫崎市定全集』第 21 卷，岩波書店 1993 年版，第 408 頁。

③ ［日］宫崎市定：「東洋史の上の日本」，『宫崎市定全集』第 21 卷，岩波書店 1993 年版，第 409 頁。

若从比较文学形象的理论视角来看，近代以来的中日两国对西方外来侵略作出的不同反应，被宫崎置于愚昧与明智、鲁莽与理性的二元对立之中，他把中国置于日本的对立面，建构了一个应当引以为戒的“他者”形象，走向了意识形态的极端。正如国内学者指出的，19 世纪中叶以来的日本“在确立‘自我身份’之时，主要从两个方面进行努力：一方面诸事皆以欧美为标榜，尽其可能去接近西方国家标准；另一方面彻底异化周边东亚邻国，力争创建出自身优越感”，在这个历史过程中，这种思想基调对“近代日本国家的发展以及日本人精神结构的形成产生了巨大影响”，而在日本的各邻国之中，对中国“他者”化的建构无疑是日本进行近代经验积累的重要途径。①

宫崎谈及明治维新特色的论述也颇值得注意。他认为明治维新具备两个显著的特质，一个是明治维新虽是由强大的外力干预而完成的革命，但同时内部却实行独裁性质的专制统治。在这一点上，宫崎认为“官尊民卑”局面的形成是当时为快速追赶西方不得已而为之的，而且他还强调，在国家发展资本主义的过程中，牺牲了地方农民的利益。另外一个是，对西方事物采取“直译式”的引进。比如，直接援用西方的商法和民法、陆军和海军分别采用德国和法国的制度等。明治维新的结果是，“欧洲各国为了蚕食鲸吞中国而利用、保护日本。日本在积极配合西方的过程中，资本主义得以长足发展”。在这个过程中，日本的文化和学问亦取得长足进步，宫崎认为翻译西方书籍日本劳苦功高，而且“能完成这项事业的，在当时的整个亚洲唯日本人可胜任尔”。② 着实显露出一种民族主义式的“优越感”。

正是因为日本经受欧风美雨的洗礼，用宫崎的话说就是“直译”了大

① 谭建川：《自我与他者：日本近代小学教科书的中国形象》，《东亚外语研究》2013 年第 2 期，第 14 页。

② [日] 宮崎市定：「東洋史の上の日本」，『宮崎市定全集』第 21 巻，岩波書店 1993 年版，第 410 頁。

量的西方文化，这些被日本“直译”的文化借道日本传入中国和朝鲜半岛，所以宫崎甚至宣称：“若从世界动向上来看此现象，即日本将欧洲的东西传播到亚洲，则最近世的日本文化似可称为中继文化、支局文化。”① 所以，到了宫崎所谓最近世的历史阶段，日本的文化地位以及在世界史上的作用发生了变化，由原来的“终点文化”变为在中间接收、传播西方文化的“中继文化”。但是，宫崎又强调，日本并非一直做中继文化而一成不变，而是在长期作为中继文化的过程中自然而然地具备了自身独特的立场和性格。宫崎所说的“自身独特的立场和性格”，似乎是在说日本有了自己的自主性，具体表现则是在甲午战争②中取得胜利、日俄战争取得胜利以及日本吞并朝鲜。众所周知，日俄战争的胜利的确在日本思想界乃至亚洲产生了很大影响，评价这场战争的历史意义时，人们往往都会强调这是一场亚洲的黄种人战胜欧洲的白种人的战争。宫崎甚至特别强调，日俄战争对亚洲各被压迫民族影响巨大，这种影响并非是列举史料可以名状的，它是超越个别历史事实在历史大势上产生的影响，“可以说是为亚洲各民族更换了脑浆的宏伟事业”。③ 很明显，宫崎这略显夸张的表述带有鲜明的民族主义史学的色彩。不止如此，日俄战争说到底是俄国和日本两个列强为争夺朝鲜统治权、攫取中国东北利益而进行的帝国主义性质的战争，而且这场战争发生在中国的国土上，是一场给中国及中国人民带来了严重损失和灾难的不义之战。对此，宫崎却仅仅轻描淡写地说“不可否认，随着日本国力的发展，首先牺牲了近邻朝鲜，接着是中国的利益”，他甚至

① ［日］宫崎市定：「東洋史の上の日本」，『宮崎市定全集』第21卷，岩波書店1993年版，第410頁。

② 日本称“甲午战争”为“日清战争”。宫崎在此处特别地强调，日本自古以来对中国似乎都有一些劣等感，而日本彻底甩掉这种劣等感，人们感到日本真正从中国独立则是在日本取得甲午战争的胜利以后。

③ ［日］宫崎市定：「東洋史の上の日本」，『宮崎市定全集』第21卷，岩波書店1993年版，第412頁。

说到，资本主义刚刚起步的日本，为了配合欧美资本主义各国，不得已才牺牲了亚洲各邻国。[①] 这种言论模糊了日本为自身利益发动侵略战争的真实动机，仍带有为日本帝国主义侵略亚洲各国作辩解的论述基调。

而在宫崎看来，西方对日本的认可却是值得大书特书的事件。日俄战争以后日本吞并了朝鲜并逐步加快侵略中国的步伐，日本的资本主义发展迅速，特别是“一战”以后，日本国力大增。宫崎强调，“一战”以后的日本“已经不是亚洲的日本，而是世界强国日本。大战后的日本甚至被要求发表对欧洲内部国境问题的看法。这简直就是有史以来的大事件”[②]。两相对比不难发现，日俄战争中战胜俄国是“大事件”，欧洲询问日本的看法也是“大事件”，而损害、侵略亚洲各国的利益却是轻描淡写的“不得已”。宫崎的历史论述当中不仅有鲜明的民族主义色彩，更存在着一种根深蒂固的西方优越论的色调。总而言之，宫崎对日本各亚洲邻国的形象进行“贬低”式的建构，是一种合理化以日本为“盟主”的亚洲秩序的叙事。而对西方的心态则较为复杂，一方面试图追赶近代的西方，事事以西方为最高标准；另一方面又试图超越西方，以学术来建构超越西方的原理。

第三节　宫崎市定的日本文化论及其实质

宫崎借助自身建构的世界史理论框架，勾勒出了日本从古代到中世、从中世发展到近世再至最近世的整体轮廓。宫崎对中国历史、日本历史总体进程的逻辑把握体现出了一种“知古鉴今”的目的，在对中国更是对日

① [日]宫崎市定：「東洋史の上の日本」，『宮崎市定全集』第21卷，岩波書店1993年版，第411頁。

② [日]宫崎市定：「東洋史の上の日本」，『宮崎市定全集』第21卷，岩波書店1993年版，第412頁。

本命运的现实关怀下，他以历史学家的通史性眼光在政治、经济以及文化、制度各个领域内阐述现代中国与传统中国的连续性，以观察和理解当下中国的社会与文化，并最终以此来观照日本自身。在这里，世界史构想下的中国及日本历史发展的整体理路，成为宫崎理解现代中国和现代日本的一个背景。在结束对日本历史整体进程的全景描绘工作后，他说了以下这样一段话来评价日本战败以后学术界的历史观：

> 战败之后，日本在战时的高傲面孔被彻底压扁。于是乎，再次出现极度卑躬屈膝的姿态。日本民族成为未开的、野蛮的、不洁的、不道德的罪人。甚至出现这种论调：日本历史全部都是欺骗。明治维新是不正当的，甲午战争也好、日俄战争也好，都是日本资本主义者、侵略主义者犯下的罪恶。①

要理解宫崎这番言论的真实意图，则要将之放在当时的日本所处的国际环境和日本国内思潮的递变中考察。日本的国民经济在19世纪50年代借着朝鲜战争的“军事特需”，得以从一片废墟中实现了快速的恢复和发展。特别是自60年代以降，随着经济的高速发展，日本国力得到显著提升，在国际上的地位亦不断提高，于是日本国内出现了大国意识膨胀、保守势力复苏的现象，可以说，日本整体的国际环境和国内政治经济社会的发展环境为之一变。这一时期，政界和学术界出现了批评日本历史书写中存在“自虐史观”的声音，甚至公然要求“篡改”历史叙述中的日本“加害者”形象。② 如上所示，宫崎的言论显然与当时的历史社会现实和时代思潮紧密关联。

由宫崎以上的言论中，明显可以看出其否定所谓的“自虐史观”的意图。甲午中日战争是日本侵略中国和朝鲜的战争，而日俄战争毫无疑问是帝国

① ［日］宫崎市定:「東洋史の上の日本」,『宮崎市定全集』第21卷，岩波書店1993年版，第414頁。

② 谭建川:《日本教科书的中国形象研究》，北京大学出版社2014年版，第318—319页。

主义侵略性质的、为争夺殖民地利益在帝国主义之间展开的战争，这在史学界已经是无争议的定论，但是宫崎几近公然主张对之“重新评价”，其通过历史论述来模糊日本侵略者形象的目的可谓昭然若揭。但他却在文中进一步冠冕堂皇地主张，历史研究者理应背负着将“日本的历史置于世界史之中进行纯粹的、客观的透彻研究”。① 试问：纯粹何在？客观又何在？

在这种思想理路中，宫崎提出了自己对日本文化特质的看法，或可说这是宫崎特色的日本文化论。在进入其日本文化论的论述之前，宫崎重申了上述的世界史立场，他认为虽然在他的世界史论述框架下，“日本”被消解在“世界”当中了，但他坚持认为并不存在与外界毫无关联的、可以单独进行评价的日本文化和日本精神。

在宫崎看来，日本文化是鲜活的，同时其最大特色是呈现“水物”的状态。所谓“水物”，其最鲜明的特征就是“极其自然地与外界相互融合，四处流动又被裹挟前行”。② 宫崎认为不仅文化是流动的，就连民族本身也是变动不居的，这是宫崎史学研究中立论的基本立场，是其历史观的核心要素。在如此的观念下，他认为历史研究某种程度上可以看作是构建“谱系”的工作。这种构建“谱系”的过程却不同于一般所言的社会性谱系或者说生物学上的血缘、遗传的谱系，而是说地球上的人类血统如同网眼一般一端连着一端，只有其联系疏密强弱之别。所以，宫崎认为所谓的民族不过是整个人类大网中存在着紧密联系的群体凝聚到一起而已。宫崎认为通过把人类不同族群的先祖在他所谓谱系中不断地追溯，则可出现“某人的祖先在追溯至百代以前或成为所有人类的共同祖先”的情况。③

---

① ［日］宫崎市定：「東洋史の上の日本」，『宫崎市定全集』第 21 巻，岩波書店 1993 年版，第 416 頁。

② ［日］宫崎市定：「東洋史の上の日本」，『宫崎市定全集』第 21 巻，岩波書店 1993 年版，第 416 頁。

③ ［日］宫崎市定：「東洋史の上の日本」，『宫崎市定全集』第 21 巻，岩波書店 1993 年版，第 416 頁。

在这种论说基础上，宫崎特别强调，民族的差异与其说是质的不同倒不如说是量的差异。宫崎以上的论述立场以及对民族的看法在其战后所撰写的文章中屡次被提及，比如前文提及的《历史学的实证性》文章中他便强调，民族、人种的差异并非质的差异而是量上的不同，文化差异不过是人类的地方特色，所以，“世界各民族的差异不过是地方特色的差别，若认为东北人与九州人之间存在性质上的差别的话，否定不了日本是一个整体。同理，即便承认亚洲人和欧洲人之间存在差别，仍旧否定不了亚欧是一个统一的世界人类的整体”①。由此可见，宫崎实际上是站在整个人类历史的维度来消解亚洲和欧洲的民族、人种的差异。这种论调实际上带有鲜明的民族主义色彩，同时，这也可视作宫崎否定“白人至上主义”、西方优越论的尝试。众所周知，日本明治维新以后全盘西化，在欧风美雨的洗礼下，自上而下地进行“移风易俗”，正如“脱亚入欧”这一口号所示，它提示着日本模仿欧美、追赶欧美最后超越欧美的目标，同时，这一逻辑也将日本面对西方时的“劣等感”深深根植于日本国民心中。日俄战争中，日本战胜了白种人的俄罗斯，使得日本国内思想界极为振奋。“一战”以后，日本国力日盛，民族自信亦随之增强。1924年，美国通过排日移民法案，消息传到日本，举国哗然，日本组织抗议游行、集会来反对美国白人至上的种族主义，这对一心想融入欧美的日本无疑是重大打击。日本作为后发的近代化国家的现实，造成了其把西方作为标尺去“衡量”自身的倾向，不仅如此，日本迫切地追赶西方过程中又产生一种超越西方的企图，所以造成了近代日本国民对西方的近代既依赖又试图超越的心态。这种心态亦可适用于宫崎，如此便可解释宫崎站在近代主义的立场上，以西方历史进程为尺度来“度量”中国和日本，同时试图否定西方优越论、做着超越西

① ［日］宫崎市定：「歴史学の実証性」，『宮崎市定全集』第23卷，岩波書店1993年版，第38頁。

方中心主义的尝试。

宫崎认为文化和民族都是变动不居的、流动的，特别是文化传播的速度和规模要远超过血统的延续和继承，即“文化的再生产的速度要远快于生命的再生产”，因此，文化传统的网眼之间的联系要异常紧密地多。他认为日本文化更应该被置于这种民族流动性的背景中进行流动性的考察。所以，前文中梳理的宫崎对日本文化进行历时性论述，实际上体现出他把握日本文化的特色或者目标。宫崎抛出一个观点，即他认为整个世界文化在根本上通过深厚的根基彼此联通，因表面存在波动，使得文化呈现出时间的、空间的差异。并且，世界各地的文化不会固居一处，一定会伴随着空间的流动，特别是优秀的文化，“无论多么厚重的关隘，多么险峻的地形”都不能阻挡其传播向世界。但是，无论多么强势的文化传播至输入地后都会多多少少遇到本土文化的抵抗或者改变。关于本土文化与外来输入文化之间的互动关系，宫崎列举了两种方式：一是选择，二是同化。所谓“选择”是指本土文化会排斥与自身异质的外来文化，而“同化”则意为本土文化极少原封不动地接受外来文化，而是外来文化向本土文化妥协，变为更易吸收的形态才能被摄取。宫崎强调，“同化”作用在文化再生产的过程中更加普遍：

> 如此，虽称日本古代为终点文化，但那绝不意味着日本是新开垦的土地上建起的垃圾场。称最近世为中转文化，也并不意味着像公路一样，车辆和货物径直通过而不作停留。经选择合格的东西流入，合适的东西被保存，再经过符合自身喜好的再生产，不管文化出自何方，经两、三代则变为纯正的本土文化，如此复又与新输入的外来文化对决，重复着输入、同化的过程。①

① ［日］宫崎市定：「東洋史の上の日本」,『宫崎市定全集』第 21 卷，岩波書店 1993 年版，第 419 頁。

所以，宫崎的论调是，外来文化传到一地区之后都要经过该地区本土文化的取舍、消化和再创造，最后成型的文化形态则成为本土文化的有机组成部分。宫崎在这一论述逻辑下，他批评日本在历史上只顾忙于接受外来文化，并且太专注于调和新文化与传统文化，因此几乎未让具有日本特色的日本文化对外界产生应有的影响，至多作为中转站起到转贩西学的作用。正因如此，宫崎指出日本文化具备的另一大特色为“比起创造新事物来，更倾向保存旧传统”。但他马上又强调这并非意味着日本民族缺乏创造性。

宫崎转而承认，日本在过去历史中形成了过于依赖外来文化的倾向，这种不良风气是有必要进行反省的。但是，他旋即又称文化的创造并非易事，“需具备所有的有利条件”，且所具备的条件能彼此结合新文化才得以创生，仍常受偶然因素所左右。所以，文化独创是一项成本高、风险大、甚至可能徒劳无功的事业。与独创形成鲜明对比的是引进和模仿外来文化，因为成果既已存在，所以不用担心创造的努力会化为泡影，因此，“日本似乎形成一种将国外存在的事物随手拿来的观念，疏于努力创造，产生了轻视创造之价值的风气”①。宫崎直言这种风气实在令人不满。

宫崎批评日本人疏于创造新文化，形成一味吸收外来文化的惰性，但并不意味着因此日本就要拒斥外来文化，宫崎反而是主张要不断从外界引进新的各种不同文化，且多多益善。他称：

> 但是，若带有附加条件则令人困惑。从外部传来的文化在日本国内总会存在接受者，这些接受者们各自划定自己的势力范围。结果，本来理所当然应当引进的东西却没有引进的余地了。因此，日本接受外界文化是极度偏颇的。有人似乎认为欧洲除英、德、法以外没有文化国，甚至国内仍然存在欧洲与美国以外的世界均是文化低等的土人

① ［日］宫崎市定：「東洋史の上の日本」，『宮崎市定全集』第21卷，岩波書店1993年版，第421頁。

之国的想法。①

如此便会出现一种恶现象，即外来的新文化树立权威后凌驾于人民之上，这种权威会化作一种暴力，扼杀新文化的创造力。论至此处，宫崎吐露真言，他称：

> 现今日本处于东西两大势力的峡谷中。虽说是机缘巧合，日本竟成为世界上言论最为自由的国家。现在的状态是，世界上各种各样的观念都能够毫无障碍的进入日本。如果我之前所说新文化创造之前提，即所有的有利之条件均具备且能够相互结合之说无误的话，只有日本才有资格。②

稍微回溯当时的历史便可知宫崎此言与日本的国际环境密切相关。“二战”结束后，人们本以为迎来了世界和平，但不久这短暂的和平景象便被美苏之间剑拔弩张的“冷战”蒙上一层阴影。美方阵营代表的是自由民主的资本主义，苏联一方则是一党执政的共产主义，“冷战”便是这不同的政治和经济体系之间的对抗。苏美两大阵营对立的世界格局持续了半个世纪之久，造成了全球性的重要影响，“它带来了外交危机，酿造了军事冲突，有时把整个世界都带到了核毁灭的边缘”。③ 宫崎这篇文章刊发于 1958 年，“冷战”已经持续了十几年，他在文中所谓的日本被夹在“两大势力”中间，无疑是在说苏美两极敌对的国际政治现实。结合前文我们回溯的日本本国的政治、经济和文化情势，在大国意识膨胀的当时，宫崎此言的字里行间不难看出，实际上这段话充满了对日本政治历史现实的关切。

简而言之，宫崎批判日本历史上过度依赖外来输入文化、缺乏创造新

① [日] 宫崎市定：「東洋史の上の日本」，『宮崎市定全集』第 21 卷，岩波書店 1993 年版，第 421 頁。

② [日] 宫崎市定：「東洋史の上の日本」，『宮崎市定全集』第 21 卷，岩波書店 1993 年版，第 421 頁。

③ [美] 杰里・本特利：《新全球史（第五版）》（下），魏凤莲译，北京大学出版社 2014 年版，第 339 页。

文化意识的真正意图在于让日本把握住时代机遇，不能满足于充当古代的“终点文化”抑或近代的“中转文化”的角色，而是要求日本完成从吸收外来文化的国家到变为“新文化”创生国的蜕变。结合其之前所提出的外来文化遭遇本土文化时相互作用的模式，即可窥知宫崎希望日本能够充分地吸收西方资本主义和俄国社会主义双方阵营的各种思想，经过日本自主性的“选择”和“同化”后，创生出日本特色的文化来影响世界。或者更直白一点说，宫崎的意图在于让日本积极参与世界秩序的重构。所以，他在多篇文章中屡次地强调世界各民族之间的差异不过是“量”的不同而不存在“质”的差别，这似乎是在否定明治维新之时便产生的日本面对西方时的劣等感，因为人种上没有质的差别，所以不能有低人一等的想法。这种论调在警醒日本人的同时也是对白人优越论的否定，同时要注意的是，因为民族没有质的差别，所以日本无疑亦有创造新文化的能力和资格，这似乎也能表现出宫崎认为日本应当去尝试改变和挑战既有的国际秩序。通过以上的梳理，可以确定，宫崎的历史文化论述的表象之下，暗含了政治的深层内里。有关此论的政治内里，以下这段文字则体现地更为明显：

> 世界各民族各自强调自己民族优越性的话会没完没了。公元前六世纪左右的波斯人说希腊人是缺乏创造性的民族令人发笑。但是，五世纪时希腊人笑罗马人的缺乏创造性。接着便轮到罗马人笑日耳曼人，接下来又轮到北欧人笑东欧人了。不要忘记的是，过去的历史已经终结，人类的将来仍是无限的时间空白。民族本身既然只是存在量的差别，那么仅从数千年的历史中便急切地归纳出民族的能力，这实属大谬。①

由上可知，宫崎的逻辑是，每个时代都会出现某个卓越的民族，这个

① ［日］宫崎市定：「東洋史の上の日本」，『宮崎市定全集』第 21 卷，岩波書店 1993 年版，第 420 頁。

民族创造出当时最优秀的文化。在历史的长河中，不断出现新的卓越民族创造出新的优秀文化，毫无疑问，文化中心是随之移动的。照此推论下去，则现在的霸主未必未来能够永久保持霸主地位，既然各民族没有质的差别，即白人并非在人种上比其他人种优越，那么其他民族当然也可以创造新的优秀文化，改变当前的世界格局。毋庸赘言，宫崎这里想强调的是当下日本有其资格、存其可能。

由此，我们可以清晰地确知宫崎这个思路是对超越西方近代所作的学术的、思想的建构，实际上与其1940年在《东洋的文艺复兴与西洋的文艺复兴》长文中的论述逻辑如出一辙，其实不妨看作是“二战”期间日本所谓“近代的超克”论思想的一种延续。国内学者王向远将宫崎的这种思路命名为“西起东至—终点文明”论，并且认为这是宫崎建构东洋史、世界史框架的基础，直指其目的是“为了证明日本历史的特殊性，……是一种把人类文明精华加以汇集、保存和发挥的特殊性。这种理论突破了中国影响日本论，把那些比中国更远的西亚、波斯、印度都拉过来，而中国仅仅是一个中介环节。因为中国处在中介位置，没有留住文明精华并加以发挥，只有日本做到了这一点”，总而言之，宫崎的总体思路在论证“日本既是特殊的唯一优越的，又是最终的和集大成的”，该思路的国家主义属性异常凸显。①

通过以上考察可知，宫崎观察日本历史、日本文化的视野具备其一贯的特点，即他解释日本的框架仍旧是其世界史的构想。在学术层面来看，以这种框架下解释日本历史发展进程，具备如下的特点：第一，这种框架的内在结构决定了它会超越一国史的范畴，在世界历史的多元互动中展现日本历史发展轨迹。第二，这一框架以西方历史发展轨迹为标尺衡量

① 王向远：《日本“东洋史”三种模式及东洋史观批判》，《首都师范大学学报（社会科学版）》2019年第4號，第10页。

其他国家和地区的历史发展，具有比较历史的特质。第三，宫崎论述日本历史发展的进程中，注重以中国史为参照并将之作为解释工具。总之，宫崎仍沿用古代、中世、近世、最近世这种线性发展框架来勾勒日本历史进程，在这一框架下，日本历史被建构为线性进步的发展轨迹，并最终走向近代。如此，这就使得宫崎的论述具备鲜明的实证主义、近代主义的色彩，即这是一种建立在进步史观基础上的整体史观。比如宫崎曾如此论道：“19 世纪的文化实在令人惊叹。这是建立在 18 世纪中期以来的产业革命基础上的。这种新文化是人类的杰作，历史上的奇迹，使之前的文化几无价值。”① 正如有学者指出，“启蒙史学的基本特征是强调历史的进步性，认为文艺复兴以来的时代胜过了任何时代”，之所以如此，是因为“人们学会了运用理性，即科学手段，来研究周围的世界。理性主义和科学主义因此成了划分古代与现代的标志”。② 宫崎承认文艺复兴文化的优秀，他更进一步强调工业革命给整个世界带来的巨变。

此外，在思想层面，宫崎的日本文化论又与日本在国际上的综合实力和地位以及日本国内思潮存在着密切的关联，使之具备鲜明的政治色彩。这具体表现为他对近代既依赖又试图超越的内在紧张。如前述，这一方面表现为宫崎近代主义的史学立场，以西方历史为标尺“度人度己”，利用西方历史进程来建立历史解释框架；另一方面，体现在宫崎史学论述中随处可见的带有民族主义色彩的论调，又试图在历史论述中“特殊化”日本的文化身份，实现对西方的超越，打破西方中心主义。这使得宫崎的学术研究经常带有现实关怀，在学术表象下隐藏着时局论、政治论的特质。

---

① ［日］宫崎市定：「日本史と世界史との関連」，『宮崎市定全集』第 21 巻，岩波書店 1993 年版，第 341 頁。

② 王晴佳：《西方的历史观念——从古希腊到现在》，北京师范大学出版社 2013 年版，第 344 页。

结 语

宫崎市定一生经历明治、大正、昭和、平成四个时期，每个时期都有着自己鲜明的时代特色。明治时期的日本走向近代，打出“文明开化”的口号，经历欧风美雨的洗礼，自上而下地移风易俗。在贪婪地吸收西方文明过程中，启蒙思想在日本得到发展，日本普遍加深了对西方科学的认知和接受，进化论思想得以广泛传播。提及大正时期，“大正民主主义”成为形容大正时代特质的代表性词汇，“从明治末期至大正年间，思想方面出现了个人主义、自由主义、社会主义、民族主义等多种思潮。参加第一次世界大战也为日本带来了繁荣，社会氛围变得自由”①。加之报纸等传媒行业得到长足发展，日本民众对政治变得更加敏感。宫崎在这种氛围中成长，曾关注日本政论家的言论，对时代空气的变化颇具敏感性。进入昭和时代，日本对外侵略扩张的野心实践为现实中的侵略行为，战时体制下，超国家主义抬头，“皇国史观”统摄日本学术界，“近代的超克”论与“世界史立场”等言论甚嚣尘上，在这种时代氛围下，宫崎的学术研究中也不乏吸收或呼应这些合理化战争言论的内容。

① ［日］清水正之:《日本思想全史》，王丹译，九州出版社 2020 年版，第 241 页。

宫崎学术的最大特色在于将中日两国历史置于他构建的“世界史”理论框架中考察，他这种观察“历史中国”的背后，往往以现代中国为思考基点，其思想的更深处则有着思考日本自我定位的关怀。基于此关怀，作为历史学家的宫崎则需从历史中寻找资源作为解释的依据来对中国和日本历史作出一个整体的判断。这种判断，实际上借助他所建构的“世界史”这一宏大的框架作背景。正如晚年的宫崎自述所示，“中华人民共和国成立时，我也渐近知天命之年，于是经常有人要求我发表对时局的看法。虽然说是介绍现状，但因有史学专业者的立场，必然会试图在漫长的中国传统延长线上加以考察，因此有数种随笔论说”。①

宫崎“世界史”构想思路的形成有一个过程，事实上，宫崎不仅对日本学界的“本土学术”多有吸收，更是对欧美学界的学术文化思潮多有借鉴。其学术自有其脉络渊源，具备学术性的面向。但是，在当时的历史社会环境中，宫崎的论说明显具备与时代产生共振的、呼应时代氛围的、面向时局的色彩。正如通过我们之前考察所确知的，在宫崎观察中国历史的世界史框架走向成熟之前，他曾经提出“素朴民族”和“文明社会”二元对立的框架来勾勒中国历史发展的轨迹。他的论述框架既吸收了内藤湖南的学说，亦受白鸟库吉“南北对立史观”的影响，但总体思路却是受伊本·赫勒敦著作的影响。这一论说的学术性之外，却有着合理化日本侵略行为的政治性。

宫崎留法两年的经历使他了解欧洲学界的状况，得以汲取欧洲学界特别是法国学界的营养，我们的确能够从宫崎的历史观中窥得法国史学的重要影响。众所周知，日本的东洋史学脱胎于日本传统的汉学，在日本近代化的潮流中传统的汉学融入了西方的理论、概念和研究方法，既深受西方近代学术思潮的影响，同时也顺应了日本近代文化发展的时势，形成了一

① ［日］宫崎市定：《宫崎市定中国史》，焦堃等译，浙江人民出版社2016年版，第344页。

种新的学风。日本的历史学也受西方近代史学的影响，特别是明治维新后不久，强调科学性和客观性的实证史学在日本得以确立并产生深远影响。宫崎则向来倡导历史学的实证性和科学性，比如早在1947年发表在《智慧》刊物上的题为《历史学的实证性》一文中，他将历史学与自然科学相比较，文章特别强调历史学是“量”的学问。不仅如此，宫崎在解释历史现象及历史发展进程时还引入了物理学中“力”的概念，他称：

> 确立一种绝对的内外之别，一味地用内部力量解释社会的发展进程，最近的这种倾向令人困扰。当然，我不会无视内部力量。但是，所谓内部力量、外部力量要公平视之，根据其力量强弱来判断它的价值。对历史来说，没有比力更加客观地衡量标准了。我所谓客观史学在一定意义上说，也可称为历史的力学。①

由上可知，宫崎反对在研究一国历史时，仅从内部寻找其历史发展脉络的主张，他认为研究一国历史，视野一定要超越一国史的框架。另外，此处我们还可窥知宫崎史学思想的一个侧面，即他认为历史学是客观的、科学的学问。宫崎常常将历史学与自然学科相类比，甚至直言客观史学实际上是“历史的力学”。这些能充分体现宫崎史学思想的主张在其1963年发表的《何为亚洲史》一文中得到更加详细而具体的阐释。在该文中，宫崎再次强调历史研究要超越一国史的框架，即一国之历史不能仅仅从一国的内部进行阐释，而要在更大的区域史视角下、在与他国的交涉和互动中展开研究。不仅如此，宫崎再次强调了文化在不同区域之间的发展是不平衡的，这就产生了文化的流动，由此产生了“文化的力”。他还强调，个人与个人之间、地域与地域之间以及个人和地域的内部都存在力的相互作用，而且，历史最终是由“力”来驱动的。可以说，强调史学的科学性是

---

① ［日］宫崎市定：「東洋史の上の日本」，『宮崎市定全集』第21卷，岩波書店1993年版，第408頁。

宫崎史学的一大特色。

从这个意义上来说，宫崎历史观的形成过程中，从西方实证主义史学中汲取了很多营养。众所周知，19 世纪被称为历史学的世纪，德国有兰克的历史主义史学，而法国则有对历史学发展有着重大影响的孔德建立的实证主义史学。实证主义史学的一大特征是从现象中寻求事物发展演变的规律，孔德的实证主义历史哲学“把人类历史的演化看成是一个合乎规律的过程”，这一过程具体表现为人类历史被划分成“军事时期、过渡时期和工业时期”三个阶段。而且，当时的历史哲学家们“对历史的演化进行哲学思考的时候，总倾向于把它勾勒成一种单线进步、循序发展的有目的的过程”。① 因为，至 19 世纪，“资本主义经济的发展为基础的西方近代社会领先与其他地区”，所以，孔德等人站在所处的时代回顾以往的历史，“自然很容易将这个历史看作是一个合乎规律、走向进步的过程”。实证主义史学的发展的确受到了科学进步的影响，至 19 世纪下半叶，“历史科学化已经成为一种时代趋向，实证主义史学风行一时”。而且，孔德提倡的实证主义主张，“自然现象通过科学的研究，已经由牛顿定律加以说明，而社会科学也能运用于自然科学相类似的方法，通过冷静的观察和精确的分析”来揭示历史演进的规律，于是，“历史学向自然科学靠拢，是将自然科学的理论和方法搬用到历史学中”。②

宫崎史学很明显地带有实证主义史学的重要特征，正如我们先前论及的，宫崎的历史观是建立在进步史观基础上的整体史（或全球史）观。在谈及历史的功用时，特别强调历史学是要发现规律，并能够预测未来。另外，宫崎在自己的历史研究中致力于宏观框架的建构，如他体系化的建构

① 王晴佳：《西方的历史观念——从古希腊到现在》，北京师范大学出版社 2013 年版，第 198 页。

② 王晴佳：《西方的历史观念——从古希腊到现在》，北京师范大学出版社 2013 年版，第 200 页。

世界历史、执着于历史分期论的阐释，这些都与实证主义史学的特征相合。宫崎虽然致力于建构世界史框架来解释中国和日本的历史，但他整个著述生涯都在文章中不厌其烦地谈及自己对史学理论的反对态度，他认为历史研究不应该是将史料填入理论“公式”的工作，史家的任务应当是将自己观察到的历史如实地写出来。换言之，宫崎反对理论，他注重历史事实的考证，并试图从历史事实中总结出历史发展规律，提出认识和解释历史发展的宏观框架，即再将规律还原到历史现象中去。综上，或者可以说，宫崎的历史观具备非常鲜明的思辨的历史哲学特征，“19 世纪以来的思辨历史哲学，特别是以孔德为代表的实证主义史学体现了科学发达所带来的自信、乐观精神，力求对人类历史演变作出合乎理性的、严密精确的解释，从而强调了历史学的‘科学’地位”。① 当然，宫崎受法国史学的影响不限于此，“年鉴学派”对宫崎治史路径的影响亦相当巨大。

另外，宫崎留法期间横贯西亚的长途旅行值得特别关注。这次旅行使他对历史上的东西文化交流有了直观的接触和认识，此次经历是他世界史构想形成的重要资源。其实，宫崎对西亚的关注贯穿了其整个学术生涯，他自求学时期师从桑原骘藏的经历或使宫崎关注西亚地区历史以及东西交通史领域，并长久地保持了对该领域的兴趣。

如果说宫崎对西亚的关注是受其师桑原影响的话，那么他不仅从内藤湖南那里继承了中国历史分期论的框架，并且在其研究特色上颇具内藤敏锐的学术直觉和宏大的论述视野的特质。作为一名历史学家，宫崎对中国的每个历史时期都有专论或著作留世，他治学有着鲜明的特点，即超越中国一国史的地域史框架和通史性的视野看待历史事件，在这一宏大的视野下，他能够很好地把握历史发展过程中细微的变化和重要的节点。这里所

① 王晴佳：《西方的历史观念——从古希腊到现在》，北京师范大学出版社 2013 年版，第 257 页。

谓地域史的框架和通史性的视野便是构成宫崎世界史构想的两大核心要素，一是世界史地域划分，二是历史时代分期论。在宫崎的思路里，这两者是紧密联系在一起的。

在宫崎建构的“世界史”中，他的世界史地域划分非常简单，将世界划分为西亚、东亚和欧洲是三个相互联结的区域，这三个区域存在着相近的历史现象，经历了相似的线性历史进程。在时代分期上，宫崎却以欧洲史惯用的古代、中世和近世历史时期划分作为基准，认为以上这三个地区的历史发展进程都是按照“古代→中世→近世”的路径演进的。宫崎一向反对哲学层面上的历史建构，亦不赞同日本学界既往机械地将亚洲和欧洲历史拼凑起来的论述。他在这里勾勒出的世界史线性进化的图景，意图是证明这种历史现象背后存在着的因果联系，这种因果联系被宫崎解释为三个世界在历史长河中一直存在着文化交流。文化从高处向低处的流动，使得后发地区获得更有利的发展条件，能够超越文化先行地区，达到更高的水准。这种论述逻辑就解释了为什么以上三个地区会有类似的历史现象并且有着相近的历史发展路径，而且后发地区的文明程度反而更高的现象。

宫崎“世界史”的构想看似在一个大的框架下相对化这三个区域，是由“三个世界”构成的多元结构，但是，其“观念里的‘世界’、作为既定方法的‘世界’”的标杆和衡量标准却是欧洲，从这个意义上说，多元世界经历了一元化的发展路径，最终宫崎的构想还是走向“欧洲一元论”。质言之，宫崎的论述并没有超越“西方中心主义”，仍然以理性、科学等欧洲近代的价值套在中国历史上，似乎仍难逃近代主义的窠臼。而且，宫崎这种论述框架虽然超越了一国史的局限，但同时有消解西亚和东亚特殊性的危险。葛兆光教授在谈论日本学界一度热衷于使用“亚洲史”为区域单位研究中国文化和历史时指出：

> 毕竟过去的“国家”，在历史上确实是一个可以作为历史研究的单位，过于强调和固守“国家”边界，只看到特殊性固然不好，但是

也要小心防止另一个倾向，就是用“区域”（亚洲）的普遍性，来淡化各个国家的特殊性，因为历史上东亚诸国的国家边界、国家意识、国家对于文化的形塑力量，是欧洲以及其他地方都不能比拟的，在这里，“国别史”的意义没有那么小，而“区域史”的意义没有这么大。①

以上论述是对战后日本学界惯用“亚洲”这一空间单位来观照中国做法的批判，亦不妨套用在宫崎的世界史视野上。宫崎以“亚洲”解释日本传统的“东洋”概念，将中国历史置于亚洲或者世界的范围内审视，的确存在模糊和消解中国历史特殊性的危险。

在论证以上三个地区有着相近的历史发展路径过程中，宫崎有着显著的方法论特点，即用比较史和东西交通史的研究路径。并且，他的这一构想还明显吸收了文化人类学传播论的理论。显而易见，宫崎的历史观可以说是一种建立在进步史观基础上的整体史观。

日本汉学家沟口雄三曾在《作为方法的中国》一文中探讨日本中国学的学术伦理，他认为真正的中国学应当超越中国，形成一种“以中国为方法”的中国学，而“以中国为方法，就是以世界为目的”。②以往的中国学则是以中国为“目的”，这种中国学具备如下特质：

> 把世界作为方法来研究中国，这是试图向世界主张中国的地位所带来的必然结果。未来向世界主张中国的地位当然要以世界为榜样、以世界为标准来斟酌中国已经达到了什么程度（或距离目标还有多远），即以世界为标准来衡量中国，因此这里的世界只不过是作为标准观念里的“世界”、作为既定方法的“世界”，比如说“世界”史上的普遍法则等等。这样的“世界”归根结底就是欧洲，所以中国革命

① 葛兆光：《思想史研究课堂讲录（增订本）》，读书·生活·新知三联书店2019年版，第122页。

② ［日］沟口雄三：《作为方法的中国》，孙军悦译，读书·生活·新知三联书店2011年版，第130页。

在“世界”史上的独特性结果还是被回收进了马克思型的“世界”里。世界对中国来说是方法，因为世界只不过是欧洲而已，反过来说，正因为此，世界才能够成为中国的方法。①

正如沟口所言，宫崎市定的世界史构想下的中国研究，其整体思路是建立在进步史观之上的，并且以欧洲历史的发展进程作为标尺衡量中国历史。不过，宫崎既从欧洲历史中寻找普遍性，又要超越欧洲中心主义。宫崎在这一线性进化的世界历史图景中，试图通过构建复线的世界历史发展路径、用文化先行刺激文化后进的因果逻辑批判西方中心主义的优越感，同时他将日本置于世界历史发展的下一阶段文化超越者，即世界新秩序的领导者地位。将宫崎世界史的论述思路置于当时的历史语境中极易发现，他的这一论调与“世界史立场”的京都学派哲学家们重构世界秩序的思想建构及“近代的超克”论的呈现方式各异，内在实质却相同。很明显，在日本侵略战争爆发以后，学术变成政治的战时学术体制下，宫崎的学术研究总是在积极主动地与时局呼应。

显而易见，宫崎建构的世界史有很多不尽合理之处，比如世界历史的地域划分并未将欧亚大陆以外的各个地区纳入视野，而且从欧洲历史中抽离的历史现象也并不精确，套用在其他两个“世界”上时，他的论证难免含混、模糊。针对宫崎世界史构想的思路，国内学者孙歌指出：

宫崎的这种历史叙述最大的问题是它对于欧洲近代以来的历史叙述模式不加以质疑，认为尽管它产生于欧洲历史解释的需要，但是仍然可以普遍化，因此可以直接用来讨论亚洲各个地域的情况；宫崎有关文艺复兴在各个地域的状况的解释难免似是而非，而他有关近世中国的民族主义和近代意义上的国家的形成的解释也显得有些牵强。但

① ［日］沟口雄三：《作为方法的中国》，孙军悦译，读书·生活·新知三联书店 2011 年版，第 130 页。

> 是宫崎的良苦用心却绝对不能与通常意义上套用西方理论模式的简单化做法混为一谈，因为他历史研究的目标在于建立有机的整体世界史，而他在使用西方模式的时候是以世界史的内在有机联系为基准的。因此，与静态地套用西方历史理论模式不同，宫崎始终把这个模式置于亚洲与欧洲的动态性关联中加以论证。①

的确，若从学术层面讲，宫崎世界史虽是基于实证立场建构有机的世界历史的有益尝试，但是仍存在诸多问题。在思想层面，宫崎试图否定西方中心论，但是他所援用的“都市国家”“文艺复兴”“民族主义”等概念和历史现象甚至论述框架（线性进步史观）却皆来自欧洲历史。所以，这种超越西方的尝试注定无法成功。而现实是，诞生于抗日战争期间的世界史构想充满了丰富的思想性，他的论述最终走向了“日本中心论”。日本战败后，宫崎世界史构想的整体架构几无变化。但在20世纪60年代，宫崎提出所谓的“景气史观”来从社会经济史的角度对中国历史发展图景进行全景描绘，试图将文化史和经济史一同纳入历史论述之中。所谓“景气史观”的形成与宫崎学术生涯中对经济史的持续关注是分不开的，同时，跟宫崎自20世纪60年代赴海外从事频繁的学术交流活动亦有一定关系。但是，引发宫崎从经济史角度思考历史论述框架的最直接原因或是战后日本经济快速的复苏并走上迅速发展道路的历史现实。

通过本书各章对宫崎市定的考察，我们发现，宫崎的学术和思想呈现出论述框架大、学术源承广、思想脉络杂、政治色彩浓的总体特点。或者可以从海外学术文化思潮和日本历史社会语境两个维度上来简要勾勒宫崎的学术过程和思想世界的轮廓，即他的中国历史研究是在西方学术思潮（实证主义史学、唯物史观、兰克史学、年鉴学派、“近代化”论）以及日本思想观念（近代国家主义、皇国史观、“东亚协同体论”、“世界史的立

---

① 孙歌：《文学的位置》，山东教育出版社2009年版，第213页。

场”、“近代的超克”论、“‘大东亚’战争肯定论”）等的综合作用下，依据日本自身政治和文化的需要、从本国的意识形态出发进行的学术的、思想的建构。这使得宫崎呈现出来的“中国”带有明显的学术与政治互相纠缠的特质。曼海姆认为，一切知识都不可能是客观的，“其想象性的内在逻辑起点，或者是乌托邦的，或者是意识形态的，其差别只在于知识与现实秩序之间的关系”①。毫无疑问，宫崎建构的“中国”明显具有“他者”化的特点，并且走向了意识形态的极端。

总而言之，正如沟口雄三在其著作《作为方法的中国》中所倡导的，中国学研究要“把中国作为构成要素之一，把欧洲也作为构成要素之一”，甚至可以“通过中国这一独特的世界，即透过中国这副眼镜来观察欧洲，批判以往的‘世界’”。在日本学界，“世界”往往是以欧洲历史为尺度和标准。但是，通过这个所谓的“世界”“一元地衡量亚洲的时代已经结束了”，具体来说可以“暂时放弃‘中世’‘古代’等‘世界’史阶段论的框架”，利用既有的研究，结合中国的具体情况，“通过中国自己的发展阶段，把‘世界’史的发展阶段看作欧洲的发展阶段来个别化、相对化”，通过这种工作，“不但能把握中国独特的世界，还可以通过承认多元的发展阶段，来重新探寻历史对于人类的意义”。②

① 周宁：《跨文化研究：以中国形象为方法》，商务印书馆 2011 年版，第 28 页。

② ［日］沟口雄三：《作为方法的中国》，孙军悦译，读书·生活·新知三联书店 2011 年版，第 133 页。

参考文献

一、中文文献

（一）专著

1. 卞崇道：《融合与共生——东亚视域中的日本哲学》，人民出版社 2008 年版。

2. 陈怀宇：《在西方发现陈寅恪：中国近代人文学的东方学与西学背景》，北京师范大学出版社 2013 年版。

3. 方豪：《中西交通史》（上、下），中国文化大学出版部 1983 年版。

4. 方维规：《什么是概念史》，读书 · 生活 · 新知三联书店 2020 年版。

5. 郭沫若：《郭沫若全集》第 1 卷，人民出版社 1982 年版。

6. 葛兆光：《宅兹中国——重建有关“中国”的历史论述》，中华书局 2011 年版。

7. 葛兆光：《中国思想史》，复旦大学出版社 2013 年版。

8. 高明士：《战后日本的中国史研究》，中西书局 2019 年版。

9. 韩东育：《从“脱儒”到“脱亚”——日本近世以来“去中心化”之思想过程》，台大出版中心 2009 年版。

10. 黄俊杰：《儒家思想与中国历史思维》，台大出版中心 2014 年版。

11. 黄进兴：《后现代主义与史学研究》，三民书局 2009 年版。

12. 侯外庐：《中国古代社会史论》，人民出版社 1955 年版。

13. 侯外庐：《韧的追求》，人民出版社 2015 年版。

14. 胡适：《胡适全集》第 18 卷，安徽教育出版社 2003 年版。

15.[美] 柯文：《在中国发现历史——中国中心观在美国的兴起》，林同奇译，社会科学文献出版社 2017 年版。

16. 林慧祥：《文化人类学》，商务印书馆 2011 年版。

17. 李泽厚：《中国古代思想史论》，读书·生活·新知三联书店2008年版。

18. 李泽厚：《中国近代思想史论》，读书·生活·新知三联书店2008年版。

19. 李泽厚：《中国现代思想史论》，读书·生活·新知三联书店2008年版。

20. 李庆：《日本汉学史》（全五卷），上海人民出版社2010年版。

21. 吕思勉：《白话本国史》（上、下），上海古籍出版社2005年版。

22. 刘岳兵：《明治儒学与近代日本》，上海古籍出版社2005年版。

23. 刘岳兵：《日本近现代思想史》，世界知识出版社2010年版。

24. 刘岳兵：《近代中日思想文化交涉史研究》，江苏人民出版社2019年版。

25. 钱穆：《钱宾四先生全集》，联经出版事业股份有限公司1998年版。

26. 钱婉约：《内藤湖南研究》，中华书局2004年版。

27. 钱婉约：《从汉学到中国学——近代日本的中国研究》，中华书局2007年版。

28. 邱添生：《唐宋变革期的政经与社会》，文津出版社1999年版。

29. 孙歌：《亚洲意味着什么——文化间的“日本”》，巨流出版社2001年版。

30. 孙歌：《竹内好的悖论》，北京大学出版社2005年版。

31. 孙歌：《主体弥散的空间——亚洲论述之两难》，江西教育出版社2007年版。

32. 孙歌：《我们为什么要谈东亚——状况中的政治与历史》，读书·生活·新知三联书店2011年版。

33. 孙歌：《文学的位置》，山东教育出版社2009年版。

34. 孙歌：《思想史中的日本与中国》，上海交通大学出版社2017年版。

35.［美］萨义德：《东方学》，王宇根译，读书·生活·新知三联书店2019年版。

36.［日］丸山真男：《日本政治思想史研究》，王中江译，读书·生活·新知三联书店2000年版。

37.［日］丸山真男：《现代政治的思想与行动》，陈力卫译，商务印书馆2018年版。

38. 王汎森：《中国近代思想与学术的系谱》，吉林出版集团2011年版。

39. 王汎森：《思想是生活的一种方式》，北京大学出版社2018年版。

40. 王汎森：《傅斯年：中国近代历史与政治中的个体生命》，读书·生活·新知三联书店2017年版。

41. 王晴佳：《西方的历史观念：从古希腊到现在》，北京师范大学出版社2013年版。

42. 吴震：《当中国儒学遭遇“日本”——19世纪末以来“儒学日本化”的问题史考察》，华东师范大学出版社2015年版。

43. 吴光辉：《日本的中国形象》，人民出版社2010年版。

44. 许倬云：《华夏论述——一个复杂共同体的变化》，远见天下文化出版股份有限公司2015年版。

45. 余英时：《中国近世宗教伦理与商人精神》，联经出版事业股份有限公司2004

年版。

46. 余英时：《论天人之际》，联经出版事业股份有限公司 2014 年版。

47. 余英时：《历史与思想》，联经出版事业股份有限公司 2014 年版。

48. 余英时：《钱穆与中国文化》，上海远东出版社 1994 年版。

49. 杨联陞：《中国货币与信贷简史》，刘梦溪编：《中国现代学术经典：洪业、杨联陞卷》，河北教育出版社 1996 年版。

50. 杨联陞：《哈佛遗墨》，商务印书馆 2013 年版。

51. 杨栋梁主编：《近代以来日本的中国观》（1—6），江苏人民出版社 2012 年版。

52.[美] 约翰 · W. 道尔：《拥抱战败》，胡博译，读书 · 生活 · 新知三联书店 2008 年版。

53.[日] 羽田正：《全球化与世界史》，孙若圣译，复旦大学出版社 2021 年版。

54.[日] 子安宣邦：《东亚论——现代日本思想批判》，赵京华译，吉林人民出版社 2004 年版。

55.[日] 子安宣邦：《何谓〈现代的超克〉》，董炳月译，生活 · 读书 · 新知三联书店 2018 年版。

56.[日] 子安宣邦：《近代日本的中国观》，王升远译，生活 · 读书 · 新知三联书店 2020 年版。

57. 周宁：《西方的中国形象研究》，北京大学出版社 2006 年版。

58. 周宁：《跨文化研究：以中国形象为方法》，商务印书馆 2011 年版。

59. 赵京华：《中日间的思想》，读书 · 生活 · 新知三联书店 2019 年版。

（二）期刊论文

1. 葛兆光：《文明史的研究思路——以宋代中国的历史为例》，《学术界》2003 年第 4 期。

2. 葛兆光：《宋代“中国”意识的凸显——关于近世民族主义思想的一个远源》，《文史哲》2004 年第 1 期。

3. 葛兆光：《“唐宋”抑或“宋明”——文化史和思想史研究视域变化的意义》，《历史研究》2014 年第 1 期。

4. 葛兆光：《一个历史事件的旅行——“文艺复兴”在东亚近代思想和学术中的影响》，《学术月刊》2016 年第 3 期。

5. 韩昇：《宫崎市定和〈九品官人法的研究〉》，《学术研究》2007 年第 9 期。

6. 胡宝华：《从内藤湖南到谷川道雄——日本中国学发展带来的启示》，《文史哲》2014 年第 5 期。

7. 吕振羽：《社会发展过程中之“亚细亚生产方法”问题》，《中苏文化》1936 年第 6 期。

8. 李华瑞：《“唐宋变革”论的由来与发展》（上），《河北学刊》2010 年第 4 期。

9. 李华瑞：《“唐宋变革”论的由来与发展》（下），《河北学刊》2010 年第 5 期。

10. 李庆：《关于内藤湖南的“唐宋变革论”》，《学术月刊》2006 年第 10 期。

11. 李孝迁：《国际左派中国研究与中国左派史学》，《上海大学学报(社会科学版)》2014 年第 5 期。

12. 孙江：《拉克伯里“中国文明西来说”在东亚的传布与文本之比较》，《历史研究》2010 年第 1 期。

13.[日] 石井宽治：《战后日本世界史研究方法论》，王新生译，《北大史学》第 8 辑，北京大学出版社 2007 年版。

14. 盛邦和：《20 世纪 30 年代前后中国社会性质大论战》，《上海财经大学学报》2012 年第 4 期。

15. 涂成林：《世界历史视野中的亚细亚生产方式——从普遍史观到特殊史观的关系问题》，《中国社会科学》2013 年第 6 期。

16. 王彦辉：《早期国家理论与秦汉聚落形态研究——兼议宫崎市定的“中国都市国家论”》，《中国社会科学》2014 年第 6 期。

17. 王向远：《马克思“亚细亚生产方式”理论纵横建构论析》，《东方丛刊》2019 年第 1 辑。

18. 王向远：《日本“东洋史”三种模式及东洋史观批判》，《首都师范大学学报（社会科学版)》2019 年第 4 期。

19. 王向远：《中国“理论东方学”与“亚细亚生产方式”七十年定位定性之争》，《东疆学刊》2019 年第 4 期。

20. 王向远：《近代日本“东洋学”的成立及其性质功能》，《东北师大学报（哲学社会科学版)》2019 年第 5 期。

21. 余英时：《谈郭沫若的古史研究》，《明报月刊》1992 年第 10 期。

22. 杨鹏：《20 世纪上半叶中日学者关于“亚细亚生产方式”的争论》，《社会科学家》2015 年第 2 期。

23. 杨思信：《对“中国文化西来说”的历史考察》，《淮阴师范学院学报》1999 年第 4 期。

24. 左玉河：《政治性与学术性：中国社会史论战的双重特性》，《史学月刊》2019 年第 7 期。

25. 周宁：《“巨大的他者”——日本现代性自我想象中的“中国”》，《天津社会科学》2011 年第 5 期。

26. 周书灿：《社会史论战背景下学术界对〈中国古代社会研究〉的辩难》，《河南社会科学》2014 年第 2 期。

27. 周书灿：《仰韶文化西来说的形成及论争——学术史视野下的考察》，《河北师范大学学报》2016 年第 4 期。

28. 张广达：《内藤湖南的唐宋变革说及其影响》，《唐研究》2005 年第 11 卷。

二、日文文献

（一）基本文献

1.[日] 宮崎市定：『宮崎市定全集』，岩波書店 1999—2001 年版。

2.[日] 内藤湖南：『内藤湖南全集』，筑摩書房 1997 年版。

3.[日] 桑原騭藏：『桑原騭藏全集』，岩波書店 1968 年版。

（二）专著

1.『岩波講座 東洋思潮』3「東洋文化の源泉及び交流」，岩波書店 1934 年版。

2.『岩波講座 東洋思潮』8「東洋思潮の展開」，岩波書店 1934 年版。

3.『岩波講座 世界歴史』4「東アジア世界の形成」，岩波書店 1970 年版。

4.『岩波講座 世界歴史』30「現代歴史学の課題」，岩波書店 1971 年版。

5.『岩波講座 世界歴史』1「世界史へのアプローチ」，岩波書店 1998 年版。

6.『岩波講座 世界歴史』5「帝国と支配—古代の遺産—」，岩波書店 1998 年版。

7.『岩波講座 世界歴史』20「アジアの近代—19 世紀—」，岩波書店 1999 年版。

8.『岩波講座 世界歴史』28「普遍と多元—現代文化へむけて—」，岩波書店 1999 年版。

9.『岩波講座 日本通史』別巻 1「歴史意識の現在」，岩波書店 1995 年版。

10. イブン・ハルドゥーン：『歴史序説』第 1—3 巻，森本公誠訳，岩波書店 1987 年版，1979—1987 年版。

11.[日] 江口圭一：『十五年戦争小史』，青木書店 1986 年版。

12.[日] 井上清：『日本帝国主義の形成』，岩波書店 1968 年版。

13.[日] 井上清編：『日中戦争と日中関係』，原書房 1988 年版。

14.[日] 石田幹之助：『石田幹之助著作集』，六興出版 1985—1986 年版。

15.[日] 飯塚浩二：『飯塚浩二著作集』第 2 巻，平凡社 1975 年版。

16.[日] 伊藤道治：「先秦時代の都市—その一・考古学的にみた都城—」，『研究』1963 年第 30 號。

17.[日] 池田清：『海軍と日本』，中央公論社 1981 年版。

18.[日] 池田雄一：『中国古代の聚落と地方行政』，汲古書院 2002 年版。

19.[日] 内田銀蔵：『近世の日本・日本近世史』，平凡社 1975 年版。

20.[日] 宇都宮清吉:「西漢時代(紀元前二世紀間)の都市について」,『東方学』1951年第2輯。

21.[日] 上原専禄:『世界史像の新形成』,創文社1955年版。

22.[日] 上原専禄:『歴史学序説』,大明堂1958年版。

23.[日] 上原専禄編:『日本国民の世界史』,岩波書店1960年版。

24.[日] 上原専禄:『世界史における現代のアジア』,未来社1961年版。

25.[日] 植村邦彦:『「近代」を支える思想—市民社会・世界史・ナショナリズム—』,ナカニシヤ出版2001年版。

26.[日] 江上波夫編:『東洋学の系譜』,大修館1997年版。

27.[日] 幼方直吉、遠山茂樹編:『歴史像再構成の課題—歴史学の方法とアジア』,御茶の水書房1966年版。

28.[日] 岡本隆司、吉澤誠一郎編:『近代中国研究入門』,東京大学出版会2012年版。

29.[日] 岡田英弘:『世界史の誕生』,筑摩書房1992年版。

30. 王宝平:『清代中日学術交流の研究』,汲古書院2005年版。

31.[日] 太田秀通:『世界史認識の思想と方法』,青木書店1978年版。

32.[日] 太田幸男:『中国古代史と歴史認識』,名著刊行会2006年版。

33.[日] 岡本幸治:『近代日本のアジア観』,ミネルヴァ書房1998年版。

34.[日] 笠原十九司:『海軍の日中戦争—アジア太平洋戦争への自滅のシナリオ—』,平凡社2015年版。

35.[日] 貝塚茂樹:『貝塚茂樹著作集』,中央公論社1976—1978年版。

36. 胡適:『中国の文芸復興』,[日] 矢野仁一監訳,始源社1947年版。

37.[日] 川勝義雄:『中国人の歴史意識』,平凡社1993年版。

38.[日] 影山剛:『中国古代の商工業と専売制』,東京大学出版会1984年版。

39. 葛兆光:『中国再考—その領域・民族・文化—』,[日] 永田小絵訳,岩波書店2014年版。

40.[日] 京都大学文学部:『京都大学文学部五十年史』,京都大学出版会1956年版。

41.[日] 姜尚中:『オリエンタリズムの彼方へ—近代文化批判—』,岩波書店2004年版。

42.[日] 子安宣邦:『「アジア」はどう語られてきたか—近代日本のオリエンタリズム—』,藤原書店2003年版。

43.[日] 坂口昂:『世界に於ける希臘文明の潮流』,岩波書店1924年版。

44.[日] 坂口昂:『世界史論講』,岩波書店1931年版。

45.[日] 榊亮三郎：『榊亮三郎論集』，国書刊行会 1980 年版。

46.[日] 佐藤瑠威：「カール・レーヴィットと戦後日本の「近代主義」—近代の超克問題をめぐって—」，『別府大学紀要』1995 年第 36 號。

47.[日] 板垣雄三編：『世界史の構想』，朝日新聞社 1993 年版。

48.[日] 芝原拓自編：日本近代思想大系 12『対外観』，岩波書店 1988 年版。

49.[日] 潮木守一：『京都帝国大学の挑戦』，講談社 1997 年版。

50.[日]史学会編：『日本歴史学界の回顧と展望』12—15，山川出版社 1987 年版。

51.[日] 鹿野政直：『近代日本思想案内』，岩波書店 1999 年版。

52.[日] 鈴木俊：『東洋史要説』，吉川弘文館 1953 年版。

53.[日] 鈴木俊：「私と東洋史五十年」，『鈴木俊先生古稀記念東洋史論叢』，山川出版社 1975 年版。

54.[日] 関静雄編著：『「大正」再考—希望と不安の時代—』，ミネルヴァ書房 2007 年版。

55.[日] 祖父江孝男：『文化人類学入門』，中公新書 1999 年版。

56. 孫歌：『アジアを語ることのジレンマ—知の共同空間を求めて—』，[日] 溝口雄三訳，岩波書店 2002 年版。

57.[日]竹内好解説：「現代日本思想大系 9『アジア主義』」，筑摩書房 1963 年版。

58.[日] 竹内好：『竹内好全集』，筑摩書房 1980—1981 年版。

59.[日] 谷川道雄：『中国中世社会と共同体』，国書刊行会 1976 年版。

60.[日] 谷川道雄：『世界帝国の形成』，講談社 1977 年版。

61.[日] 谷川道雄：『隋唐帝国形成史論』，筑摩書房 1998 年版。

62.[日]谷川道雄編：『戦後日本の中国史論争』，河合文化教育研究所 1993 年版。

63.[日] 谷川稔：『国民国家とナショナリズム』，山川出版社 1999 年版。

64.[日] 高山岩男：『高山岩男著作集』第 4 巻「世界史の哲学」，玉川大学出版部 2008 年版。

65.[日] 高坂正顕：『世界史的立場と日本』，中央公論社 1943 年版。

66.[日] 田中明彦：『日中関係：1945—1990』，東京大学出版会 1991 年版。

67.[日] 中国中世史研究会編：『中国中世史研究—六朝隋唐の社会と文化—』，東海大学出版会 1970 年版。

68.[日] 都留重人：『人類の知的遺産—マルクス』，講談社 1982 年版。

69.[日] 礪波護、藤井譲治編：『京大東洋学の百年』，京都大学学術出版会 2002 年版。

70.[日] 礪波護編：『中国歴史研究入門』，名古屋大学出版会 2006 年版。

71.[日] 遠山茂樹：『遠山茂樹著作集』5「明治の思想とナショナリズム」，岩波書店 1992 年版。

72.[日] 遠山茂樹：『遠山茂樹著作集』8「日本近代史学史」，岩波書店 1992 年版。

73.[日] 遠山茂樹：『遠山茂樹著作集』9「歴史学の課題と現代」，岩波書店 1992 年版。

74.[日] 東方学会編：『東方学回想』Ⅰ～Ⅸ，刀水書房 2000 年版。

75. 陶徳民：『明治の漢学者と中国—安繹・天囚・湖南の外交論策—』，関西大学出版部 2007 年版。

76. 陶徳民：『日本における近代中国学の始まり』，関西大学出版部 2017 年版。

77.[日] 那波利貞：「『支那』都邑の城郭と其の起原」，『史林』1925 年第 10 巻第 2 號。

78.[日] 成瀬治：『世界史の意識と理論』，岩波書店 1977 年版。

79.[日] 永原慶二：『歴史学序説』，東京大学出版会 1978 年版。

80.[日] 永原慶二：『皇国史観』，岩波ブックレット NO.20，岩波書店 1983 年版。

81.[日] 永原慶二：『20 世紀日本の歴史学』，吉川弘文館 2003 年版。

82.[日] 中村勝己：『近代文化の構造—キリスト教と近代—』，講談社 1995 年版。

83.[日] 中見立夫：『「満蒙問題」の歴史的構図』，東京大学出版会 2013 年版。

84.[日] 那須恵子：「中東教育における『東洋史』概念の展開—第一中等地理歴史教員協議会の論議分析を中心に—」，『教育学研究』1992 年第 59 巻第 4 號。

85.[日] 日高六郎解说：「現代日本思想大系 34『近代主義』」，筑摩書房 1964 年版。

86.[日] 西嶋定生：『日本歴史の国際環境』，東京大学出版会 1985 年版。

87.[日] 西嶋定生：『中国史を学ぶということ—わたくしと古代史—』，吉川弘文館 1995 年版。

88.[日] 西嶋定生：『西嶋定生東アジア史論集』，岩波書店 2002 年版。

89.[日] 西川長夫：『国民国家論の射程：あるいは「国民」という怪物について』，柏書房 1998 年版。

90.[日] 西川長夫：『アジアの多文化社会と国民国家』，人文書院 1998 年版。

91.[日] 西川長夫：『国境の越え方：国民国家論序説』，平凡社 2001 年版。

92.[日] 野村浩一：『近代日本の中国認識』，研文出版 1981 年版。

93.[日] 旗田巍：「日本にける東洋史学の伝統」，『歴史学研究』1962 年第 11 巻 270 號。

94.[日] 廣松涉：『「近代の超克」論』，講談社 1989 年版。

95.[日] 古屋哲夫編：『近代日本のアジア認識』，緑陰書房 1996 年版。

96.[日] 福本勝清：「アジア的生産様式論と日本の中国史研究」，『明治大学教養論集』2003 年第 370 號。

97.[日] 馬場公彦：『戦後日本人の中国像—日本敗戦から文化大革命・日中復交まで—』，新曜社 2010 年版。

98.[日] 堀敏一：『中国古代史の視点—私の中国史学（一）—』，汲古書院 1994 年版。

99.[日] 丸山真男：『増補版現代政治の思想と行動』，未来社 1964 年版。

100.[日] 丸山真男：『戦中と戦後の間』，みすず書房 1976 年版。

101.[日] 丸山真男：『日本の思想』，岩波新書 2014 年版。

102.[日] 松尾尊兊：『大正デモクラシー』，岩波書店 1974 年版。

103.[日] 増淵龍夫：『歴史家の同時代史的考察について』，岩波書店 1983 年版。

104.[日] 松本三之介：『近代日本の中国認識』，以文社 2011 年版。

105.[日] 溝口雄三：『中国前近代思想の屈折と展開』，東京大学出版会 1980 年版。

106.[日] 溝口雄三：『方法としての中国』，東京大学出版会 1989 年版。

107.[日] 溝口雄三：『中国の衝撃』，東京大学出版会 2004 年版。

108.[日] 溝口雄三編：『アジアから考える』1「交錯するアジア」，東京大学出版会 1993 年版。

109.[日] 南博：『日本人論—明治から今日まで—』，岩波書店 1994 年版。

110.[日] 森本公誠：『人類の知的遺産—イブン・ハルドゥーン—』，講談社 1980 年版。

111.[日] 矢野仁一：『近代蒙古史研究』，弘文堂書房 1917 年版。

112.[日] 矢野仁一：『近代「支那」史』，弘文堂書房 1925 年版。

113.[日] 矢野仁一：『満洲近代史』，弘文堂書房 1941 年版。

114.[日] 矢野仁一：『大東亜史の構想』，目黒書店 1944 年版。

115.[日] 山田智編：『内藤湖南とアジア認識—日本近代思想史からみる—』，勉誠出版 2013 年版。

116.[日] 山本新：『人類の知的遺産—トインビー—』，講談社 1978 年版。

117.[日] 山本達郎：「あるアジア史研究者の歩み」，『アジア文化研究』1981 年第 13 號。

118.[日] 山室信一編：『「帝国」日本の学知』第 3 巻，「東洋学の磁場」；第 8 巻，「空間形成と世界認識」，岩波書店 2006 年版。

119.[日] 柳田節子：「宮崎史学と近世論」，野原四朗編：『近代日本における歴史学の発達』（上），青木書店 1976 年版。

120.[日] 吉田傑俊：『「京都学派」の哲学：西田・三木・戸坂を中心に』，大月書店 2011 年版。

121.[日] 歴史教育研究会編:『明治以後に於ける歴史学の発達』, 四海書房 1933 年版。

122.[日] 歴史学研究会編:『世界史の基本法則—歴史学研究会 1949 年度大会報告—』, 岩波書店 1949 年版。

123.[日] 歴史学研究会編:『戦後歴史学再考:「国民史」を超えて』, 青木書店 2000 年版。

124.[日] 李成市:『東アジア文化圏の形成』, 山川出版社 2000 年版。

附论一：
战后日本世界史教科书的编纂
——宫崎市定与上原专禄的比较

日本战败以后，以日本高中历史教育的学科改革为背景，教育界和学术界围绕如何建构世界历史图景的问题展开激烈讨论。宫崎在战时提出的世界历史的整体思路得以延续，他与有着相同学术主张的学者群体共同编写了《新制世界史》和《新世界史》两部世界历史教科书，勾画出一副基于传播论建立起的交涉史观下的不同文明圈之间文化互动的世界史图景。以宫崎为代表的学者似乎可称之为“传播论派”。同样使用文明圈来建构世界史并在日本学界和思想界产生较大影响的还有上原专禄。他基于对战后日本面临的诸多国际、国内现实问题的强烈关怀，深切体认作为一名历史学家社会责任的基础上，从世界史的宽广视域中，在历史长河中寻找解释日本现状的思想资源，充分体现出其历史观中的“知古鉴今”之目的。在本章中，首先，梳理历史学科改革与世界史的研究成为讨论焦点的契机，并讨论作为“战后历史学”重要组成部分的世界历史研究如何成为一个重要的思想课题。其次，以能够集中体现宫崎编著世界史教材整体思路的序说为考察文本，简单梳理其战时思路与战后构想的异同。再次，分析上述原建构世界史的整体思路，结合当时的历史语境简要分析其原因，再讨论该思路与宫崎学说的差异所在。

一、作为学科的世界史和作为思想的世界史

20 世纪初以降，日本学界开始将世界划分为日本、东方和西方，与之相对应的历史便是日本史、东洋史和西洋史。在中学历史教育体系中，其分科亦与之一致，呈日本史、东洋史和西洋史三足鼎立的格局，这种历史教育与研究的体系正如日本学者指出的，“在当时西方知识分子对世界的认知方式，即先进的西方（Occident）与落后的非西方或东方（Orient）这种二元对立的世界观背景下，这种操作方式赋予了作为‘自我’的日本一个特别的位置，这正是日本独有的世界认知”[①]。这一日本对自我定位的方式体现出近代以后日本的心态，一方面其试图追赶西方，另一方面又自觉优越于亚洲，将自身从“东洋史”中抽离出来。

战后，日本政府将东洋史和西洋史合并，新设“世界史”科目，三足鼎立的学科设置终于走向终结。1949 年，文部省发布《高等学校社会科日本史、世界史学习指导》[②]，“在几乎未讨论‘世界史’的目的、理念与构成方法的状态下新科目即成立了，因此，其后不久，学界不断展开有关‘世界史’理论的探讨，与此同时，出现了很多打着‘世界史’名号的出版物”[③]。自此以后，“‘世界史’一词进入日本人的日常生活中。由东洋史和西洋史合并成的世界史和日本史两相并列，这一点体现了日本对世界和历史的独特处理方式。今后，如何将日本史纳入世界史将会成为思考世界

① ［日］羽田正：《全球化与世界史》，孙若圣译，复旦大学出版社 2021 年版，第 158 页。

② 日文为“高等学校社会科日本史・世界史の学習指導について”。

③ ［日］有田嘉伸：「わが国における：『世界史』理論と歴史（2）—科目：『世界史』成立期の世界史理論—」，『長崎大学教育学部教科教育学研究報告』1989 年第 12 期，第 1 页。

史时经常被提到的课题”。[①] 也就是说，伴随着高中历史教育的改革，“世界史”科目设立，与教授此科目的需求相呼应，学术界亦着手讨论世界史的构成原理、成立的可能性以及日本的自我定位问题，世界历史相关的教科书亦大量涌现。例如，今井登志喜监修的《世界史概说》（日本出版协同株式会社 1949 年）、东京大学史学会编《世界史概观》（山川出版社 1949 年）等著作皆是这一背景下的产物。

日本战败之初，在学术、思想自由的氛围中，日本历史学获得了显著的进步。历史学界的众多学者着手反省战争期间陷于国粹主义、军国主义、皇国史观泥淖的历史研究，日本史研究领域尝试清算日本是有着特殊发展路径且负有特殊使命的“特殊化”的日本中心史观，而在当时的日本中国史研究领域则试图将中国历史置于世界史的宏观脉络中进行梳理，意在否定战争期间盛行的“中国历史停滞论”。日本史学界讨论世界史问题不仅是因为学科调整的需求，更是试图将之作为方法反省战争期间的史学研究，同时也是将世界史的建构过程作为思考战后日本自身定位问题的思想契机。

历史认识会随时代的变化而不断产生变化，换言之，历史认识往往取决于某一时代的价值观以及世界观，这种价值观及世界观决定了那个时代的历史学家如何选取史料，更加决定了历史学家如何评价历史现象、如何勾勒历史发展进程。所以，历史图景往往能够直接反映出历史学家的世界观和价值观，亦能从侧面反映出他与时代产生的思想共振。所以，战后日本史学界建构世界历史图景的诸多尝试，一方面，可以看作是他们基于现实提出自己问题的意识，能够反映出他们对当时日本所处国际环境和自我定位的思考；另一方面，这种种的世界史叙事影响了当时日本民众世界观的形成以及他们参与历史的方式。正如 E.H. 卡尔所说，“历史学家在开始

① ［日］羽田正：《全球化与世界史》，孙若圣译，复旦大学出版社 2021 年版，第 162 页。

选择事实时具有临时的性质，……随着研究的进展，事实的解释、事实的选择、事实的秩序通过彼此之间相互作用经历着微妙的，也许部分是没有意识到的变化。……历史时历史学家与历史事实之间连续不断的、互为作用的过程，就是现在与过去之间无休止的对话”。①

日本甫一战败，即有诸多历史学者对战争期间的历史研究、特别是对日本史研究作出深刻反省。1949 年历史学研究会召开学术会议，该会议围绕如何基于唯物史观研究世界史中的亚洲和日本展开了激烈讨论，该大会报告后以《世界史的基本法则》为题出版。② 日本学者太田秀通将日本的“战后历史学”大致分为 20 世纪 40 年代、50 年代以及 60 年代三个时期，并且他认为每个时期的研究课题分别是“世界史的基本法则”、“民族的问题”及“世界史像的新构成”（或“地域史的问题”）。这些课题的背景又可以概括为“第二次世界大战的结束”、“亚洲民族运动的勃兴及中国革命的胜利”及“日美安保体制的确立与越南战争的激化”这一系列的世界历史现实。③ 所以，日本所谓“战后历史学”的世界史研究是一个充满现实关怀，有着丰富思想性的研究课题，也就是说，考察日本学界建构的世界史图景，不仅可以了解日本的世界史认知，更能够从中获得日本的自我定位、学界对战争的反省以及日本当时的时代精神等问题的有益认识。

二、战后宫崎世界史图景的建构

宫崎对世界史框架的整体思考贯穿其一生。日本战败后，诞生于战争期间的该世界史构想的整体框架得以延续，仍是宫崎史学世界的基础。

① ［英］E.H. 卡尔：《历史是什么?》，陈恒译，商务印书馆 2007 年版，第 115 页。

② ［日］羽田正：『新しい世界史へ—地球市民のための構想—』，岩波書店 2014 年版，第 32 頁。

③ ［日］太田秀通：『世界史認識の思想と方法』，青木書店 1978 年版，第 149 頁。

1949年，日本学界召开了以“世界史的基本问题”为主题的座谈会，有数位历史、地理方面的学者参加。而出席的学者在世界史认识问题上有着相同的学术共识，他们“都认为建构世界史是可能的，都反对在战争中强势的京都学派和文化传播论者，都采取赞成发展阶段论或者独自发展论的立场”①。其中石母田正的发言值得注意，他称：

> 若没有一个内在的根本性的世界史法则，那么近代以前世界规模的整体的世界史是无法成立的。无论是落后民族还是先进民族，在根本上遵循着同一法则，在这一点上不同民族是具有平等性的，也只有这样世界史才能成立。若非如此，促进世界史成立的媒介，就仅变成性质不同的各民族的文化之间的交涉和传播了。这种情形下，为何性质不同、发展阶段亦不同的文化能够交涉、传播这一问题，仅凭交涉=传播的法则性是无法解释的。②

显而易见，石母田正的发言批评的矛头直指通过文化传播论来建构世界历史的做法。前述引文中的“交通影响历史进程的重要性向来太被忽视”或是宫崎对学界质疑的回应，特别是对从历史哲学立场出发建构世界历史的回应。宫崎的研究取向跟历史哲学家有着极大的不同，他向来批判从历史哲学的立场来建构世界历史，主张历史必须要重视实证。所以，宫崎素来注重对历史细部的考察，用历史事实之间的因果关系去建构宏观框架。同时，他又用这种宏观的世界史视野来观察和解释历史。宫崎评价中国历史上的现象便是从这种世界史的立场出发，如隋炀帝下令开凿京杭大运河这一历史事实，便“不能单从中国的立场进行评价。这促进了中国内部交

① ［日］有田嘉伸：『わが国における：「世界史」理論と歴史（2）—科目：「世界史」成立期の世界史理論—』，第2頁。出席的学者有饭塚浩二、石母田正、江口朴郎、尾锅辉辉彦、仓桥文雄、橘高信、远山茂树、中村元、增田四郎、三上次男、村川坚太郎、矢田俊隆及山本达郎等。

② ［日］尾鍋輝彦編：『世界史の可能性—理論と教育—』，東大協同組合出版部1950年版，第45頁。

通发达的同时，也联结了横贯亚洲的南北海陆两大干线的东端，这是一项具有世界史意义的伟大事业”①。这便是宫崎中国史研究的显著特色，即超越一国史的地域史、世界史视野中认识中国历史，或可说是将中国历史置于与世界历史的互动中进行观察。

在此背景下，宫崎与京都大学出身的学者团体于1949年编辑出版名为《新制世界史》②的书籍，宫崎负责撰写该书的“第一章序说”“第三章沃土的果实——古代东方世界史”。在序说中，他再度论述了自己世界史构想的框架，可以说基本继承了战前的基于文化传播论建构世界史的整体思路。与战前的论说相比，除表述更加系统外，还有一点值得注意，即该书带有明显地反省战争的意图。

在序章中，宫崎首先论及历史学的起源和功能，他宣称“历史学原本起源于人类自觉地考虑过去发生的事这种本能的诉求，而另一方面同时也具有社会功能。……今天的历史学不应以个人的使用为目的，必须成为人类社会整体的学问”。③他还强调历史的预测功能，“了解过去，与预测将来紧密相关。历史学产生的动机之一的确是为了预测未来”，宫崎同时又强调，历史学绝不是以预言为最终目的，而是对未来抱有理想的期待并不断追求该目标。④他进一步预测世界历史的“最终阶段”，称人类在“都市国家、封建国家的对立消亡后而均成为国民，其最后的阶段会是国家间的对立消亡，共同建设一个人类社会，最终定会出现一个没有对立的共同

---

① ［日］宫崎市定：《宫崎市定亚洲史论考》，张学锋等译，上海古籍出版社2017年版，第196页。

② 世界史研究会編：『新制世界史』，平安文庫1949年版。除宫崎市定外，执笔者还有会田雄次、井上智勇、今津晃、大岛利一、河野健二、纪笃太郎、高田修、外山军治、丰田尧、中山治一、奈良本辰也、日比野丈夫、藤枝晃、藤冈谦二郎、前川贞次郎、村田数之亮、森鹿三等学者。

③ 世界史研究会編：『新制世界史』，平安文庫1949年版，第1頁。

④ 世界史研究会編：『新制世界史』，平安文庫1949年版，第2頁。

体”[①]。在此，可以窥知宫崎与学界反省战争期间历史观的风气有所呼应。对战争的反省还体现在宫崎所论的“历史学的目标”这一内容中，在这里，宫崎将历史学的任务界定为指出社会存在的问题，建设更加幸福的社会。但社会现象是极为复杂的，解决了其中部分问题又会有其他不合理的问题产生，由此，宫崎谈道：“当然要不惜作出牺牲，但要避免陷入悲惨的结局。为了能够自由地思考以判断社会的利弊进而做出恰当的行动提供过去的材料是历史学最重要的任务。”[②]可见，宫崎十分重视历史学的社会功能，认为历史学能够在“建设美好社会”的实践中起到“纠偏”的功能，这似乎可以视为宫崎对战争期间的日本官方的思想统摄以及日本最终走向侵略中国乃至整个亚洲的极端行为的反思。

最能体现宫崎世界史构想思路与战争期间所论之间延续性的是序章中的“地域划分和时代分期”一节。首先看地域划分，他仍是先对日本学界既往的世界史地域划分方法提出异议，“以往将世界史分为西洋史和东洋史，西洋史主要研究欧洲的历史、东洋史则研究亚洲东部的历史，这种做法并不充分，特别容易忽略西亚的历史”。可见，宫崎依旧坚持旧说，强调既往将世界史划分为东洋史和西洋史的地域划分方法并不十分合理，他认为亚欧大陆应当进一步划分为“欧洲、西亚、东亚和南亚四个地区”[③]。谈及如此进行地域划分的依据，宫崎称民族的分布或是地理学的区分并非主要依凭，而是“基于各地区既有的文化系统”，具体而言，“即四个地区各自具有其文化特色，虽在表面上却是各自具有独特风格的文化，但在根本上互有关联”。[④]宫崎从宗教和文字两个方面阐释自己所谓文化的基准，并且他认为“与宗教相比，文字的书写方

① 世界史研究会编：『新制世界史』，平安文庫 1949 年版，第 4 頁。
② 世界史研究会编：『新制世界史』，平安文庫 1949 年版，第 2 頁。
③ 世界史研究会编：『新制世界史』，平安文庫 1949 年版，第 9—10 頁。
④ 世界史研究会编：『新制世界史』，平安文庫 1949 年版，第 10 頁。

向更能体现四个地区的特性”。① 他认为文字是民族自觉的重要标志，这种主张向来为宫崎所坚持，这明显是受西方文化人类学研究的影响。可以说，宫崎的地域划分与既往主张几未改变。与先前的主张明显不同的一点是，宫崎这里特别强调了既往的世界史地域划分将印度划分到东洋史的范畴，但是印度文化与东亚的关系除却宗教外，甚为稀薄。因此，宫崎将世界史划分为东亚、西亚和欧洲三个地区原有主张的基础上，增加了南亚地区，并且认为“印度、印度支那和南洋诸岛皆属南亚”②。这种做法，与以往默认印度地区的从属地位不同，或与战后亚洲各国的民族独立运动不无关联，特别是与印度的独立有着直接的关联。

序论之中的宫崎对时代分期的论述值得特别留意。此处，宫崎介绍了三种时代分期法，即“发达史观—未开、半开、文明”“古代、中世、近世”以及唯物史观的历史阶段论，对第一种历史分期法他作了如下论述：

> 很早便有将人类社会的发展过程分为未开（Savagery）、半开（Barbarism）、文明（Civilization）三个阶段的学说。所谓未开，是说人类处于与动物几乎没有差异的原始状态。之后形成家族、氏族，使用石器、掌握火的使用方法，能够驾船并使用弓箭后，则进入下一半开的阶段。半开人在掌握了农业生产、饲养家畜、织布和冶炼金属技术后，特别是发明文字拥有文字记载以后则已经进入文明阶段了。③

从宫崎上面的文字来看，他多是受到文化人类学的文化进化论的影响。众所周知，美国文化人类学学者摩尔根（1818—1881）是19世纪进化论的代表性学者，他以进化论的观点划分人类社会发展体系。在他的著作《古代社会》（1877）中，即将人类历史划分为“野蛮、未开、文明”三个阶段。另外，深受法国史学家基佐（F.P.G.Guizot，1787—1874）的《欧

① 世界史研究会编：『新制世界史』，平安文庫1949年版，第10頁。

② 世界史研究会编：『新制世界史』，平安文庫1949年版，第10頁。

③ 世界史研究会编：『新制世界史』，平安文庫1949年版，第11—12頁。

洲文明史》和英国史学家巴克尔（H.T.Buchkle，1821—1861）的《英国文明史》影响的福泽谕吉（1835—1901）在其颇为著名的《文明论概略》（1875）一书中亦采此说，他这样论道：

> 现代世界的文明情况，要以欧洲各国和美国最文明的国家，土耳其、中国、日本等亚洲国家为半开化的国家，而非洲和澳洲的国家算是野蛮的国家。……文明、半开化、野蛮这些说法是世界的通论，且为世界人民所公认。①

这一文明等级论在18世纪末至19世纪的欧美颇为盛行，在福泽这里，起源于欧美的这一论调成为“世界人民所公认”的理念了，并且他进一步指明文明不是一成不变的，是处于不断变化和发展之中的，福泽意在说明文明必定要按照这一顺序从野蛮进入半开化，从半开化进一步再通向文明，他还特别强调“欧洲目前的文明也是经过这些阶段演变而来的。现在的欧洲文明，仅仅是以现在人类的智慧所能达到的最高程度而已”。②所以，在福泽的逻辑思路中，现阶段的日本要将欧美作为追赶和超越的目标，他称：“现在世界各国，即使处于野蛮状态或是还处于半开化地位，如果想使本国文明进步，就必须以欧洲文明为目标，确定它为一切议论的标准，而以这个标准来衡量事物的利害得失”③。作为启蒙思想家的福泽，他在告诫日本国民要以印度等殖民地为诫，要明白“先进的就要压制落后的，落后的就要被先进的所压制”的道理，要知道文明就是达到国家独立这一目的的手段，也就是要富国强兵，对欧美各国奋起直追。福泽上述文明等级论与进化论结合的思想在日本走向近代的过程中产生了巨大而深远

① ［日］福泽谕吉：《文明论概略》，北京编译社译，商务印书馆1960年版，第9页。有学者指出，福泽的思想来源除基佐和巴克尔外，应当受到19世纪以来通行于欧美的历史、地理教科书的影响。见赵京华：《中日间的思想——以东亚同时代史为视角》，生活·读书·新知三联书店2019年版，第41—44页。

② ［日］福泽谕吉：《文明论概略》，北京编译社译，商务印书馆1960年版，第11页。

③ ［日］福泽谕吉：《文明论概略》，北京编译社译，商务印书馆1960年版，第11页。

的影响。结合本书前几章考察的宫崎世界史建构思路来看，我们似乎可以嗅得宫崎与福泽所论的“异曲同工”。

总之，宫崎世界史的学术建构过程中，能够清晰地看到文化人类学的影响，同时亦能看到福泽启蒙思想的影子。在宫崎的世界史构想的框架中，文化在不同文明圈之间的流动是推动世界各地出现相同现象的原因。这一点上，宫崎的世界史构想明显吸取了文化传播论的理论营养。

宫崎解释“古代、中世、近世”的历史分期法时，不过是重复了自己之前提出的观点，他称人类历史自初始“分散状态的家族、氏族逐渐走向大一统的古代，古代世界解体后便迎来了陷入封建割据状态的中世，近世则是从中世的分裂割据再度走向以国民为主体的团结形成的时代”。宫崎又继续强调，这种三分法以欧洲历史最为典型，但在其他几个地区亦存在“大致与之相同的平行现象”，但是各个地区的发展有着先后之别。① 这与战争期间便提出的思路并无二致，仅是在重复而已。

宫崎从横、纵向两个维度论述了世界史的地域划分和时代分期后，又进一步阐释了其世界史构想的构成原理。这一部分内容题为“世界史得以成立的条件”，简单来说，宫崎用时代的连续性和地域的连续性来讨论世界史成立的可能性。所谓时代的连续性不过是对从古代、中世、近世三阶段历史分期论的重复，而地域的连续性则意味着不同地域之间的文化交流和相互影响。在序论的最后，宫崎用“文化中心的移动”总括世界历史的发展轨迹，他首先将古代都市国家产生的地点连成线条，认为从西至东可以勾画出由地中海北岸、美索不达米亚、中亚地区、中国黄河流域至扬子江流域下游的组成的细长地带。这一细长地带构成了从古代到近世初期世界文化的中心，历史便是以此为基点发展而来的。在这条东西间的地带上，异质文化随着交通线不断流动，相互影响并产生更发达的文化。在这

① 世界史研究会编：『新制世界史』，平安文庫 1949 年版，第 12 頁。

东西走向的文化地带的北部，有着诸多文化发展相对落后的游牧民族，他们与南部的文化先进民族存在着交易，甚至侵入南部农耕民族的居住地。这种游牧民族的入侵往往会给历史的发展带来新的局面，成为促使时代更迭的契机。① 显然，这种游牧民族与农耕民族对立交涉的论述框架采用了白鸟库吉“南北对立史观”的思路。

在宫崎勾画的东西走向的文化地带上，存在若干个文化中心，历史性的地区便是在这些文化中心基础上形成的。若将视野聚焦到这些文化中心上，其核心文化地带也是不停移动的。宫崎认为东亚的文化中心从黄河流域逐渐向扬子江流域移动，存在文化中心南移的倾向。宫崎认为，移动最为剧烈的是欧洲，自希腊生发的文化中心逐渐向西移动，从古代至中世的时期，文化中心从希腊向意大利移动。进入近世以后，其文化中心继续向西移动至伊比利亚半岛，其后则经英国、法国、德国，有进一步向苏联移动的迹象。而如今之情势看来，世界最大的文化中心大有出现在美国的趋势。② 如上所述，宫崎试图用文化中心的移动来勾勒一副全景的世界历史发展进程。毫无疑问，所谓“文化中心移动说”则是援用了内藤湖南论述中国历史发展大势的学说。1953 年，京都大学世界研究会再度出版新编写的《新世界史》(《新しい世界史》)，基本继承了 1949 年版本中的整体思路，只是在整体结构安排上以文明圈为主轴的思路更加凸显。宫崎仍旧负责撰写序说及该书的第二章“古代东方世界”。相较之前的版本，该书的序说更加简练，共由“过去与现在”“地域划分”“时代分期”“历史学的任务”四部分组成，③ 其整体思路仍不出 1949 年版的序说。

---

① 世界史研究会编：『新制世界史』，平安文庫 1949 年版，第 14 頁。

② 世界史研究会编：『新制世界史』，平安文庫 1949 年版，第 15 頁。

③ ［日］宫崎市定：『宮崎市定全集』第 20 卷，岩波書店 1992 年版，第 356—364 頁。

三、上原专禄与《日本国民的世界史》

前述所及，当时的日本学界有众多学者为体系化地建构世界史框架做出努力，上原专禄便是这众多学者中非常重要的一位。20世纪60年代初，作为高中的世界史教材，上原组织了一批颇有影响力的学者编辑出版了《日本国民的世界史》①一书。上原尝试从世界史以及东亚区域史的视野观察日本史，如后所述，“东亚世界论”在日本学界影响日盛。上原曾长期留学德国，研究德国中世纪史，回国后，他致力于结合日本社会的现状建设史学理论，“他认为日本社会、日本国民面对了太多的现实课题，而日本的历史学家需要在这种状态下以历史学的方式介入”②。所以，上原的问题意识中包含有对“日本国民如何直面未来的生活”这一问题的思考，同时他意图确立指导日本国民日常行动的“生活意识”，以此问题为导向尝试建构世界史图景，③这一基本思路在《日本国民的世界史》的序说中得以充分体现。上原摒弃当时日本学界追求“世界史的普遍法则”的做法，并不尝试对人类过去形成的所有文明进行总的梳理，而他的目的在于使“日本国民自身的生活意识、历史意识具象化”，这有赖于将“世界各文明如何推动日本文明的成长、当下日本直面的诸多历史问题如何受到各文明变迁的影响”等问题进行具有日本主体性的探讨。④

这里所谓的“生活意识”是上原建构世界史图景时所持有的问题意识的关键所在，在该书的序言中反复多次地被强调和提及。上原的思路中，日本国民经历了太平洋战争带来的痛苦，并且当下正深刻体验着战后的苦

① ［日］上原專禄編：『日本国民の世界史』，岩波書店1960年版。执笔者除上原专禄以外还有江口朴郎、太田秀通、久坂三郎、西嶋定生、野原四郎、吉田悟郎等学者。

② 孙歌：《历史与人——重新思考普遍性问题》，生活·读书·新知三联书店2018年版，第86页。

③ ［日］上原專禄編：『日本国民の世界史』，岩波書店1960年版，第iii頁。

④ ［日］上原專禄編：『日本国民の世界史』，岩波書店1960年版，第iv頁。

恼，这些经历过的与正在经历的苦恼通过现实的生活经验使得人们意识到实际的问题。上原认为，这些实际问题包括“维持和创造世界和平”“在政治、经济、社会、文化各方面确立日本的主体性和自律性”“改善国民生活水平”“改变社会生活之不合理”“确保个人的自由与人格尊严”，正是在思考这些战后日本民众面临的现实问题的过程中，生活意识便形成了，且“背负这些现实问题的自觉，及伴随这一自觉而生的感情和诉求共同构成了现代日本国民生活意识的构造和内容”。①

在上原界定“生活意识”概念内涵的过程中，我们不难发现在他的逻辑中，日本民众面临的政治、经济、社会各方面的诸多问题构成了他们的生活现实。在上原看来，只有切实地解决这些问题才能为日本开拓出新的出路。那么，解决这些问题之前便要先搞清楚这些问题是如何产生的。上原认为，这些问题绝非一朝一夕形成的，更不能单从日本一国的框架内去解释其发生的原因，其原因存在于东洋各民族和西洋各民族历史进程中。所以，上原主张要将视野从现代转向过去、从日本放眼世界来追索这些问题发生的原因，“现代日本生活现实的各种问题，尽皆是在世界历史发展过程中各种动向的刺激下产生的”。②也就是说，从时间上来说，要把握其时日本面临的现实问题则要以历史的眼光在历史的延长线上理解当下；从空间上来说，要超越一国史的视野，在世界历史的走向和日本的互动中理解现实问题。所以，在世界历史的建构过程中，从中梳理出导致现代日本面临的各种问题发生的原因、情形和历史条件成为上原问题意识的最终落脚点。

基于以上的问题意识，上原建构出的世界历史与宫崎的思路有着显著的不同。两者虽都用“文明圈”这种区域史的立场来建构世界史，但宫崎

① ［日］上原専禄編：『日本国民の世界史』，岩波書店 1960 年版，第 3 頁。

② ［日］上原専禄編：『日本国民の世界史』，岩波書店 1960 年版，第 16 頁。

更强调世界各个文明圈之间的互动和交流，而且这种不同地区的互动成为各个地区拥有着近似的历史发展路径的原因，也就是文化的流动成为宫崎建构世界史的原理。上原更倾向认为“过去二十至三十世纪的世界史实态，与其说原本就是一个整体的‘人类史’，倒不如说是由‘东洋文明圈’和‘西洋文明圈’彼此相互独立的历史构成”，也就是说，这两大文明圈在很长的一段历史时期内是各自独立，平行发展而来的，即“包含东亚、西亚的东洋文明圈，与亦被称为欧洲世界的西洋文明圈之间缺乏文明的一体性和共通性”①。可知，上原主张欧洲和东亚地区均是具备自我主体性的地区，这与宫崎强调文化传播的因果联系之理念大相径庭。在地域划分上，也能看出两者的差异。上原将东洋文明圈细分为三个具备各自独立性的文明圈，分别是“以中国为中心的东亚文明圈”、“以印度为中心的印度文明圈”及“信奉伊斯兰教的西亚文明圈”。在上原这里，这三个同属东洋的文明圈虽非相互封闭、存在一定的文化交流，但是，“这三个文明圈是各自独立的世界，在各自的世界中发展出独特的历史”。② 此处上原针对的观点应是宫崎所主张的建立在传播论基础上的各文明圈相互交涉的世界史理念。

上原如此的主张有其历史背景，或者说是对亚非民族解放运动的一种回应。正如日本史学者永原庆二所言，“上原提出这种世界史构想，在被称为‘亚洲的时代’的 20 世纪 50 年代又进一步自我深化。正值亚洲、非洲的殖民地、半殖民地解放、独立运动迅猛发展，欧洲的值观一元化的支配亦随之趋向解体之时。在此背景下，上原主张地球上各民族、各地区的文明各有其独特的历史发展轨迹，将多元文明发展作为世界史认识的基础，其实是为了促使人们重新思考明治以来只以西欧近代为绝对价值、一

① ［日］上原専禄編：『日本国民の世界史』，岩波書店 1960 年版，第 8—9 頁。

② ［日］上原専禄編：『日本国民の世界史』，岩波書店 1960 年版，第 10 頁。

味地走资本主义、帝国主义道路的近代日本的应有之状态”①。此外，整部著作从东洋文明圈开始写起，对于这种结构安排，上原有自己的考虑，他认为首先撰写东洋文明圈的历史并非因其历史悠久于西方，而是因为日本人的历史只能是属于东洋文明圈的历史，“日本祖先创造出的日本文明，形成于以中国为中心的东亚历史的动态发展过程中”，日本面临的各种现实问题更是东洋文明圈或者具体点说更是东亚世界的现实问题。② 此处可以明显窥知上原的意图，他将日本首先作为东亚或者亚洲的一员来对待，这与日本近代以后倾向将日本自身从亚洲脱离出来站在一个“亚洲盟主”或亚洲以外的视角上谈论日本自身的做法明显不同。此外，这种思路不仅将日本作为亚洲一员来处理，同时在客观上也将西方视为一个与其他地区平等的文明圈，否定了西方中心主义和历史法则论。在这背后，“隐藏着‘世界史’教育者的焦急心情，即基于基本规律轮的研究容易失去认识世界史的动力，在非西欧圈的研究上仍然难以避免停滞论的观点，因而该书的撰写者首先努力描述个文明圈的‘历史观’”，③ 所以，上原特别强调不同文明圈的历史进程及文明的发展形态则不同，换言之，文明圈不同则其各时代产生和继起的方式也不同。④

那么，从何时起世界各文明圈才结束各自独立发展的阶段，开始走向密切互动并形成一体化的世界史呢？上原将之定义为世界史的“近代”，也就是从15世纪开始逐渐形成了以欧洲各民族为中心的全球性的世界秩

① ［日］永原慶二：『20世紀日本の歴史学』，吉川弘文館2003年版，第183頁。永原在该书中论及上原的世界史构想，称：“本国中心、大国倾向型的历史观无视弱者，在政治上容忍帝国主义。上原专禄的世界史构想展示出一种全新的世界史构想，这种构想从根本上批判三科体制下的帝国主义性质的历史研究和历史教育思想。”见该书第185页。

② ［日］上原專禄編：『日本国民の世界史』，岩波書店1960年版，第10頁。

③ ［日］石井宽治：《战后日本世界史研究方法论》，王新生译，《北大史学》第8辑，北京大学出版社2001年版，第393页。

④ ［日］上原專禄編：『日本国民の世界史』，岩波書店1960年版，第17頁。

序，一体化的世界史得以最终形成，但东洋文明圈也成为以欧洲为核心的世界史的“素材”，不过是充当着“道具”的角色。在这里，上原又提出世界史的“现代”阶段的概念，他认为以第一次世界大战为分野，世界历史进入“现代”。特别是经过第二次世界大战以后，以欧洲为中心的世界秩序走向崩溃，世界进入亚、非各民族开始确立自身的主体性和自主性的历史阶段。加之，美苏对抗的国际格局确立并走向常态化，于是，上原顺应世界史的现代阶段的国际政治和世界经济的发展现实，将世界历史的地域划分为“旧的东洋文明圈与西洋文明圈”和“新的美国与苏联”四者共同构成的多元的、立体的世界，并将之视为泛地球的一体化的世界历史进程的真正开始。①

西嶋定生是上原组织编写世界史著作的学者群体中的一员，他继承和发扬了这一思路，提出“东亚文明圈”论。众所周知，西岛主张的“东亚文明圈”包括中国、日本、朝鲜和越南，并指出它们存在着“汉字”“律令”“儒教”“佛教”这四个共通的文化要素。西岛的意图在于探求日本在世界史中的位置。与上原相同，西岛否定近代以前存在泛地球的整体的世界史，认为近代以前存在多个“世界”，他称：

> 谈及近代以前各世界究竟如何，例如，古代东方世界、希腊、罗马世界（地中海世界）、欧洲世界、南亚世界、伊斯兰世界等等，这其中虽各自包含了多种民族，但或有着相同的或者同源的文明、或有着共同的政治机构，在这一点上，它们是有着完整价值体系的历史的文明圈。此外，这些文明圈未必都是同时并存的，其中有一些虽较早形成，但因其他世界的形成而消亡，另外有一些文明圈形成较晚与近代世界相延续。②

① ［日］上原専禄編：『日本国民の世界史』，岩波書店1960年版，第16—17頁。

② ［日］西嶋定生：『中国史を学ぶということ—わたくしと古代史—』，吉川弘文館1995年版，第27—28頁。

通过上述西岛所论，我们可窥知其世界史构想与宫崎的思路存在着显著差异。同是用文明圈来建构世界历史，但宫崎从文化史的立场出发，以文化人类学的视野和方法，主张近代以前不同文明圈即存在文化的流动，这种文化的流动深深地影响和推动着历史进程。如前所述，在西岛看来，泛地球规模的世界历史形成之前各个“世界”几乎是独立发展而来的，关于这一点有学者指出：

> 然而，在西岛氏看来，东亚文化圈的设定并非单纯的文化传播论。最为重要的，是为了从世界史的视野来把握日本的历史。这里所说的世界，并非指地球规模的世界。本来，地球规模的世界并非自人类诞生之初便是一个整体、世界历史成为一个整体运行，是被称为大航海时代的15—16世纪以后的事了。之后其联系变得更为紧密要到19世纪以后了。在此之前的世界，欧洲、亚洲、非洲、美洲大陆，各个地区独立发展。①

西岛描绘的世界史框架的背后，其实是对日本在世界史中所处位置的现实关怀。这体现出其认识日本自身历史的立场，也就是说要在东亚的范畴内，将日本作为东亚中的一员来理解日本历史的发展轨迹。“一定的区域，作为各自独立的世界，各自有着其共通性和完整性。以这种认识为前提，承认各个地区的历史发展的自我完成性，将这种自我完成的构造称之为‘世界’，进一步在这种世界的历史发展进程中理解各个世界发生的历史现象”。② 显然，这种认识框架与宫崎的思路相去甚远。

如上所示，历史教育中的学科改革成为战后日本教育界和学术界思考世界史建构原理的契机，但因问题意识存在分歧，教育界和学术界的合作很快便分道扬镳，特别是20世纪50年代中期以后，“随着世界史研究的不

① ［日］李成市：『東アジア文化圏の形成』，山川出版社2000年版，第20頁。

② ［日］李成市：『東アジア文化圏の形成』，山川出版社2000年版，第20頁。

断深入，研究与教育产生了很大的乖离”。① 建构世界史图景在学界成为一个思想课题，对历史学者来说，他们首先要克服战争期间以西方史为主体的世界史、“世界史的立场”哲学派的哲学化建构以及正当化日本侵略及支配世界行为的世界史等充满美化侵略行为和为日本“统治世界”进行理论建构的所谓的“世界史”。其次，建构世界历史图景的学术研究又与日本面临的各种现实状况紧密相关，战后日本如何面对其侵略过的亚洲、如何在历史的延长线上解释日本的现状、如何反省日本在侵略战争中的罪行、如何解决国内诸多的社会问题等都成为作为世界史建构主体的学者们要思考的问题。理所当然的，他们建构的世界史图景多多少少带有对这些现实问题感知和回应。正如日本学者太田秀通所言：

> 在这个意义上来说，若要在社会现实中体认自己本身，则须将历史图景作为思想的一环，以此来勇敢地承担研究者的社会责任。研究者生活在复杂的现实中，作为国民中的一员通过某种行动以推动现实来承担社会责任。但不能止步于此，而应该以此为基础，让观察现实的眼光更加敏锐，并将之理论化使之上升为历史研究的方法论，磨砺历史认识。如此，通过不断为形成新的历史图景而努力，赋予国民能够成为现实活动指针的历史图景，这是研究者必须探寻的固有课题。②

战后日本面临的现状成为日本历史学者建构的历史图景出发点和现实关怀，这些学者往往带有学问和现实“中间人”的自觉，将历史知识置于现实中建构出充满思想性的世界历史图景。带着对这些现实问题的思考，上原试图建构的世界史图景分为三个阶段：第一阶段，15 世纪之前的各文

① ［日］有田嘉伸：「わが国における：『世界史』理論と歴史（3）—遠山茂樹・太田秀通の世界史理論—」，『長崎大学教育学部教科教育学研究報告』1989 年第 13 期，第 1 頁。

② ［日］太田秀通：『世界史認識の思想と方法』，青木書店 1978 年版，第 147 頁。

明圈在自己的地域上各自经历了自主性的发展；第二阶段，15 世纪以后各文明圈结束各自独立的发展，交往逐渐频繁，东洋文明圈成为欧洲的附庸；第三阶段，经历“一战”“二战”以后，欧洲势力退却，亚洲各族人民觉醒，美苏对抗成为现实。上原的思路无疑与亚洲民族独立运动的蓬勃展开产生共振，对历史现实的体认中，他试图确立日本研究者的主体性，并希望通过对世界历史图景的建构使日本民众深刻理解现实的同时建立起认知日本当下的世界观。

而宫崎世界史构想虽然也有对现实的感知和呼应，也有反省战争的色彩。但其世界史构想的主要内容则是围绕地域划分和时代分期论两个主轴展开，主要运用比较史的研究方法探求东西之间的类似现象，以证各文明圈之间存在文化交流来支撑自己的世界史建构原理，这种基于传播论原理的世界史构想基本继承自战争期间宫崎构想的框架，仍旧无法超越西方中心主义和进步史观的陷阱。

附论二：宫崎市定的《论语》研究

在中国，孔子作为儒家学派和私学教育的开创者，被后世奉为“至圣先师”，备受尊重。而记录孔子与其弟子言行的《论语》自成书以来更是成为儒家典籍中最重要的经典之一。《论语》成为代表中国传统文化的符号，是中国人在追求自己身份认同或者精神寻根时的必读书。《论语》在中国的影响之大毋庸赘言，其影响更是广泛地波及东亚各国家和地区。数千年来，孔子的思想影响着东亚诸国的知识精英和广大民众，他们研读《论语》，很多人更是留下了自己对《论语》理解和诠释。比如毗邻我国的朝鲜半岛和一衣带水的邻邦日本，皆有大批学者研究和阐释《论语》。在日本儒学史上，《论语》研究可谓汗牛充栋，翻阅高田真治编著的《论语的文献・注释书》(1937）和濑尾邦雄所编《孔子〈论语〉相关文献目录（单行本编)》(2000）即可见相关研究之多。仅仅在战后，关于《论语》一书的出版物即无法计量，似乎可将之视为日本人的一种“论语情结”。

在日本，解读《论语》者众多，其中不仅有专研儒学或中国文学的学者，也不乏历史学家，甚至是文学家、商人。[①] 仅以战后的京都大学为例，

① 如涩泽荣一（1840—1931）著『論語と算盤』(角川学芸出版 2008 年版）便是一例。

除去吉川幸次郎（1904—1980）为专攻中国文学的学者外，更有宫崎市定和贝塚茂树[①]两位中国史家撰有解读《论语》的论著。宫崎市定关于《论语》的主要著作有：《〈论语〉的新读法》[②]、《现代语译论语》以及《论语之新研究》等。其中，《论语之新研究》一书更是在日本一版再版，颇具影响，也最能集中体现宫崎《论语》研究的特色。笔者管见，目前学界虽对海外中国文学、中国哲学研究者的《论语》研究多有关注，但鲜见对史学家所解读《论语》的探讨。具体到宫崎来说，除宫崎之弟子所写的解说、书评外，尚有吴鹏的《武内义雄、宫崎市定：日本近代〈论语〉研究备忘录》[③]一文。该文首先介绍并分析武内义雄《论语之研究》和宫崎《论语之新研究》两书之构成与内容，并通过对比分析了两者各自的特点。另外，张士杰专著《学术思潮与日本近代论语学》[④]的第五章“史家训诂——宫崎市定《论语》本文质疑之质疑”从史学和语言学两个维度论述了宫崎的《论语》解读进行了分析。

本章拟在以上先行研究的基础上，通过精读宫崎的相关论著，首先从其研究中勾勒出他建构的孔子形象的整体面貌，以此为线索，将宫崎的《论语》研究置于日本近代《论语》诠释的脉络中，梳理出他批判日本学界《论语》研究中的考据学路径的动机和目的，以进一步考察宫崎《论语》研究的基本立场、方法路径，最后检讨其史学立场下的《论语》解读的特

① 前文已经提及，贝塚茂树（1904—1987）是中国古代史家，尤擅甲骨，金文研究，京都大学教授。贝塚有关孔子及《论语》的著述有《孔子と学問のはじまり》《論語に現れた人間典型としての君子》《孔子》《論語の鄭玄注について》等，另有为数不少的文章中亦涉及孔子生平及其思想。

② 此书共分三部分，第一部分收录宫崎对《论语》的解读，第二部分是宫崎论孔子及中国天命思想的论文三篇，第三部分则是宫崎关于《论语》一书的随笔和书评。

③ 吴鹏：《武内义雄、宫崎市定：日本近代〈论语〉研究备忘录》，《南开日本研究 2011》，世界知识出版社 2011 年版。

④ 张士杰：《学术思潮与日本近代论语学》，北京语言大学出版社 2015 年版。

色所在。本章仅对宫崎《论语》研究作一基础性的梳理工作，聊可称之为“研究笔记”，在呈现宫崎治学理念、勾勒宫崎学术世界全貌的一个侧面的同时，为进一步地深入探讨其《论语》研究之特色作一准备工作。

一、宫崎建构的孔子形象

我们知道，孔子所以被后世尊为“至圣先师”，是因为他不仅将教育普及到平民，做到“有教无类、因材施教”，更能够如其所说“圣则我不能，我学不厌而教不倦”①的那样始终以一个好学者而非圣人自居。而且，孔子自谓“述而不作、信而好古”②，修订《诗》《书》《礼》《乐》《易》《春秋》传于后世，使后人有经典可学，孔子因以被称为集大成者。此外，关键的一点是，孔子之学乃“人道”，孔子每被问及鬼神之事总以“未能事人，焉能事鬼？”③“敬鬼神而远之”④这样的态度回答，如此，他的学问是关于“人”的学问，是对人道德的塑造，更是具有实践性的学问。钱穆先生主张：“孔子是一位人文主义者，他的教育内容也偏重在人文。”⑤

宫崎将孔子置于发展变化中的历史脉络中去评介，贯彻了史学家的立场。他首先回溯孔子未出现以前中国的思想状况，认为中国古代亦存在类似萨满教式的原始信仰。而神的意志是通过特定的人，也就是“巫”传达给人的，“当时这种巫正是知识的唯一传播者，是后来学问产生的起源”。⑥宫崎认为，随着历史的进步，占卜逐渐被运用起来，后来卜筮也

① 《孟子·公孙丑上》。
② 《论语·述而》。
③ 《论语·先进》。
④ 《论语·雍也》。
⑤ 钱穆：《孔子与论语》，联经出版事业股份有限公司1974年版，第98页。
⑥ ［日］宫崎市定：「東洋史上における孔子の位置」，『論語の新しい読み方』，岩波書店1996年版，第133頁。

逐渐复杂化并分化，“巫地位最低、祝较高，史最优”。[①] 宫崎通过对“史”字象形的解读，认为史的工作逐渐脱离神秘性，呈现出技术化、知识化的趋势，而史的主要工作就是将过去的事情记录下来，由此，史便成为当时的知识分子和政治顾问。因其任务如此重要，具备一般人所不具备的修养就成为必要，宫崎认为这就是学。一般来讲，“祝”“史”“宗”“巫”等这些都被认为是知识阶层，但尚乏史料明确地证明他们因分工而使得思想走向分化。[②]

宫崎解读“学”字的象形为两手持爻、学习占卜的意思。而发展至后来，则是向“史”学习典章制度和礼节规矩。春秋末年出现的孔子“本职是史，是一个通晓典章制度、博学多闻的伟大礼师”[③]。宫崎在此并没有交代孔子缘何为“史”的根据，明显地，他论述在时间和概念的表述上不免显得有些含混和突兀了。宫崎的根据是《史记·孔子世家》当中的“孔子贫且贱，及长，尝为季氏史，料量平”[④] 一句，但是此处对孔子的记录存在争议，其中的“史”字或应为“吏”字，意为管理仓库之委吏，钱穆先生认为：“为委吏必料量斗升，会计出纳。”[⑤] 所以，若依此说则认为孔子担任“史”并不准确。另外，宫崎还讲孔子是“一位伟大的礼师”，知“礼”未必就是“礼师”，如若按宫崎所言孔子是一位“礼师”，那么，从当时的职业分工看孔子就不能是“史”，而是“祝”。通览宫崎所论即可明了，他讲孔子任“史”是在强调孔子知识之渊博，而言孔子为“礼师”其意在强

① ［日］宫崎市定：「東洋史上における孔子の位置」，『論語の新しい読み方』，岩波書店1996年版，第133—134頁。

② 葛兆光：《中国思想史》第1卷，复旦大学出版社2013年版，第36—37页。

③ ［日］宫崎市定：「東洋史上における孔子の位置」，『論語の新しい読み方』，岩波書店1996年版，第139頁。

④ 《史记·孔子世家》。

⑤ 钱穆：《孔子传》，《钱宾四先生全集》第4卷，联经出版事业股份有限公司1974年版，第12页。

调孔子是“职业学校”的老师。后文中，宫崎话锋一转，认为孔子的伟大却不在此，而在于孔子教育了很多弟子，在于他是一个伟大的人生之师，主张“所谓学问，并非只在了解各色事物，熟知礼节规矩的外在。学问的真正目的，是在考察真正的人生，人格的陶冶”①。宫崎据此认为，至孔子这里，真正的学问才得以确立起来。而且，孔子之学“不是神道而是人道，不是信仰而是道德”，归根到底，孔子的思想是“人道的、道义的、伦理的、实际的、常识的”。②

而正是由上述孔子思想的性格导致了儒教与其他宗教要求信众出世的性格不同，儒教具有入世的、现实的、现世的性格，宫崎据此也倾向认为儒教非宗教。宫崎将孔子与西方的苏格拉底相提并论，意在强调这一点，也就是说孔子将学问从神转移至人。宫崎将之称为“从宗教向学问的一进化”。关于这一点，他阐释道：

> 如此，学问便“旧瓶装新酒”，赋予人生以新的理想，引导人们应以什么目的、应该如何行动。也就是说，重新规定了什么该做，什么不该做，树立了新的道德。诚然，孔子之前，何事该做，何事不该做的区别已然存在。但是，那归根到底还是宗教性的、萨满性的。顺从神的意志便必须做，违背神的意志则不可为。这自然还没有完全成为道德的范畴。③

在宫崎看来，孔子的伟大之处正在于他将学问从宗教、祭祀的仪式中分离出来。而这个“从宗教到政治、从宗教到学问”是中国社会进化的一个过程，孔子在这个过程中起到至关重要的作用。宫崎认为，孔子的作用

① ［日］宫崎市定：「東洋史上における孔子の位置」，『論語の新しい読み方』，岩波書店1996年版，第140頁。

② ［日］宫崎市定：「東洋史上における孔子の位置」，『論語の新しい読み方』，岩波書店1996年版，第148頁。

③ ［日］宫崎市定：「東洋史上における孔子の位置」，『論語の新しい読み方』，岩波書店1996年版，第145頁。

很大程度上是因他对现实秩序的挑战和批判，即宫崎所谓“旧瓶装新酒”其实质是在讲这层意思。

此外，宫崎论孔子在教育方面的贡献时，主要强调孔子完成了经典的编纂。前文所述，宫崎谓孔子乃“史”，教弟子以礼，礼是正科。为何？宫崎讲得很明白，他将孔子比作“职业学校”的老师，而来求学的人亦抱有学成“求职”之目的，那么，当时的时代礼是实用之学，如此一来，礼是正科毋庸赘言。但宫崎亦强调，在孔子时代，礼并未成文字。专讲礼的书是后代人编纂的。

除礼之外，孔子的贡献还在将诗以副科来教人。诗除了是当时的上流阶层应具备的修养外，孔子教诗还有另一个目的，那便是教以“雅言”。宫崎认为，当时以周为中心的中原文明向四周扩展，渐被周围民族同化，对“共通语”的需要自然萌生，此即所谓雅言。宫崎特别强调，孔子教诗，特点在赋予诗以独特的新解释。但宫崎亦对孔子将诗三千删至三百表示怀疑，认为诗的编纂工作可能是由孔子弟子们完成的。

我们知道，孔子还用《书》和《易》来教育弟子。有关于此，宫崎基本是祖述内藤湖南的观点，一方面，认为《书经》一书以周公的事迹为中心，又追加了很多其他篇章方有今日之貌。另一方面，对于《易》是否被孔子视为最高学问实属可疑，应是后人捏造。而且他援引内藤之说认为，将《易》视为儒家经典存在很多困难。

《春秋》原为鲁国正史，由孔子修订而成。宫崎虽然承认孔子可能对《春秋》作了删削，但却不赞同就此认为孔子亦纠正了“大义名分”。将《春秋》逐句赋予了褒贬之意的所谓“春秋笔法”可能是孔门春秋一派的著述，宫崎认为这绝不是孔子的想法。他进一步认为，从春秋到战国的中国社会实现了显著的发展，而学问的研究方向亦从个人转变到政治上了。《春秋》因尚未有解释家进行阐释，这样有利于摆脱经典，阐发更大胆的观点。如此一来，《春秋》尤其是公羊学至汉代便成为直接作用于政治的儒学了。

据此，宫崎认为“现存的中国古典皆与孔子息息相关”，[①] 孔子以前并无完整的思想，即使是对经书的解释也是由孔子及其门人来完成的。如果脱离了儒家对经书的解释，那么，经书则没有什么思想可言，“孔子不仅是儒教的创始人，更是其他所有学派产生的源泉”。[②] 值得注意的是，宫崎关于孔子的论述集中在 1938 年写下的《孔子在东洋史上的位置》一文中，其时，恰值宫崎从法国留学两年归国不久，接触了法国学界的学风。另外，这篇文章的主要目的并不在给孔子立传，因为这篇文章中并未如传统孔子传记或者常见的孔子研究那般首先考证孔子的生平，其最主要的意图在于贯彻所谓“客观、中立”的史学立场来研究孔子及其学说。

宫崎这种史学立场当是受法国学者欧内斯特·勒南（1823—1892）的影响。宫崎曾夸赞其研究称：“他的著作有《耶稣传》等。他所做的文献学不单纯为了文献学而文献学，而是富有强烈个性的问题意识的文献学。但前提是，无论是社会还是个人都具有精神上的自由。”[③] 勒南的《耶稣传》认为，“耶稣是个真实而伟大的历史人物，功绩在于创建了人类历史上无与伦比的‘纯粹宗教’；同时，耶稣又是个毫无神性的普通人，从未经历过神话式的降生、复活、升天等，也不具备施行奇迹的能力”。[④] 宫崎曾不止一次地称扬勒南著作《耶稣传》的史学立场，结合其从法国回来不久便写就这篇论文来看，宫崎这种所谓史学立场的形成的契机中应有来自勒南该著的启发。

---

① ［日］宫崎市定：「東洋史上における孔子の位置」，『論語の新しい読み方』，岩波書店 1996 年版，第 156 頁。

② ［日］宫崎市定：「東洋史上における孔子の位置」，『論語の新しい読み方』，岩波書店 1996 年版，第 157 頁。

③ ［日］宫崎市定：「論語の新研究」，『宮崎市定全集』第 4 卷，岩波書店 1993 年版，第 67 頁。

④ ［法］欧内斯特·勒南：《耶稣传》，梁工译，商务印书馆 2010 年版，第 4 页。

明治以降，维新勃兴，日本举国上下学习西方，移风易俗。学术界也不可避免地受到西方学术思潮的影响，采用西方的学术方法、学术规范成为流行，日本逐步完成了学术的近代转型。单论史学一门，东京帝国大学延聘德国文献学派学者兰克之徒李斯按西方标准创办历史系。东大白鸟库吉受其学，擅长文献批判、考证。又有桑原骘藏、羽田亨两人将在东京帝大所学传至新创立的京都帝国大学东洋史科。而宫崎则专治史学，其师承桑原，又留学法国，因此他将西方学风贯彻地殊为彻底。

二、宫崎对《论语》考据学研究路径的批判

我们知道，在中国思想史上，孔子之后方有百家争鸣，此为启后。谓孔子乃集大成者，是言其笔削修订既存经籍之功，此乃承前。孔子所学者，正是其之前既存经籍，汉人称之为六艺或六经。但汉人虽尊孔子，而六经实在《论语》之上，“汉庭之表章六经，罢黜百家，实起意于复古更化。更化者，化此晚周亡秦之覆辙。复古者，复三代尧舜之前轨”。① 宫崎亦持相同之论，他在《论语之新研究》一书的“历史篇”中，将儒学史和《论语》诠释史进行了平行的、复线的考察。这一梳理从汉代始至清代考据学止，最后又以“论语在日本”收尾，其中尤以对宋、清的两代的论述为详细，而论清代尤详。从中或可窥知宫崎对《论语》研究的学术取向之特色及目的，即“扬宋抑清”。以下试考察和分析宫崎这一学术思路。

如前所述，宫崎从汉代儒学论起，兼论每一时代《论语》研究之情状。宫崎也认为《论语》在汉代地位低于经书，经书因是孔子之前的经籍，并且所承载的乃先王之道，孔子不过是一位介绍者、祖述者、传道者而已。他特别推重董仲舒对汉代儒学的巨大影响，“因为自此之后，之前为民间

① 钱穆：《孔子与论语》，联经出版事业股份有限公司 1974 年版，第 112 页。

私学的儒教为之一变，获得国教之地位。与此同时，之前仅被儒教学徒私下尊崇的孔子也被上至帝王下至平民的所有人尊为先师”。① 在宫崎对汉代儒学的论述中特别值得一提的是，他对《公羊传》中称孔子为“素王”将孔子神格化的现象做了横向的对比考察，他称这个现象在基督教史上也存在，应当视孔子进入先王的行列为平行现象。宫崎一直强调研究中应当采用比较历史的治学路径，这是其研究的特色之一。

至魏晋南北朝，宫崎的论述中值得注意的是，他指出当时的注疏者偏重学问的玄学性，这使得学问走向竞技化。一般认为，这种学风虽自六朝时代变得通行，但其源头可追溯至后汉，但为何此时才变得普遍呢？宫崎的回答是纸的发明和普及使得篇幅较大的书变的便利和可行。如此一来，这种玄学的、游戏化的学风离学问本质甚远了。入唐以后，佛学勃兴，“儒表佛里”学风盛行，科举考试则重诗赋轻儒学，其后又经五代分裂，复统一于宋后，“盖论语于此时作为初学入门之书籍方才广为民间所用”。② 此时儒学学风又再一变。这里，宫崎仍然是将宋代儒学放到近世的框架内来看，他认为宋代较之唐代各个领域都发生了巨大变化，新文化的勃兴，宋代儒学也不例外，“因是近代思想兴起的时代，所以比起深邃难懂的五经来更加重视具逻辑性的四书”，至此，宫崎进一步认为，以宋代为分野本是“先王之教”的儒教已然成为“孔子之教”的儒教了。③ 而至于蒙元时代，科举重四书，《论语》成主要科目。下至明代，儒学渐流于观念性的学问，对此宫崎指出有两点原因：一是明代社会相对安定，科举应试的人都针对科举考试有针对性的学习，逐渐不读四书五经之原文；

① ［日］宫崎市定：「論語の新研究」，『宮崎市定全集』第 4 巻，岩波書店 1993 年版，第 16 頁。

② ［日］宫崎市定：「論語の新研究」，『宮崎市定全集』第 4 巻，岩波書店 1993 年版，第 40 頁。

③ ［日］宫崎市定：「〈論語讀み〉の愉しみ」，『論語の新しい読み方』，岩波書店 1996 年版，第 277 頁。

一是王阳明心学的影响。这些论述从今日之观点来看并无新创见，但宫崎梳理儒学史的目的和重点并不在于立“儒学史”，如前所述，宫崎“述”此的目的是将孔子与《论语》在儒学史上定位，而最终目的是要在这种史学脉络中阐释《论语》，“这是要窥知《论语》全貌不可或缺的”①。

在宫崎对儒学史的论述当中，清代考据学占了很大比重，即使是在他论述宋学和明代学风的时候也拿清代学术来比较，对考据学持批判的态度。那么，宫崎为何对清代考据学如此地“深恶痛绝”呢？概括起来，宫崎对清代考据学的考察分为以下三个方面。

第一，他将考据学的源头追溯至晚明。众所周知，明代学风最后流于空疏，晚明学者认识到这种弊端，考据学风因此而流行，这自然不是宫崎首倡，许多学者均有对此问题的探讨。例如，宫崎在京大时期师从的狩野直喜即有此论，钱穆先生对此问题亦有探讨②，梁启超亦有此说。但宫崎与这几位学者的论述有所不同，他的独到之处在于认为考据学学风发端于许胥臣的《四书人物考订补》。

在此，宫崎的逻辑是，明末清初的顾炎武是考据学鼻祖，但自他开始便能从容治五经之学。然而，考据学的产生本自“融释还儒”精准地考证经典，并且从当时四书的普及程度讲，万万没有越过四书而直接考证五经之理。宫崎据此推断，一定是在顾炎武之前的明代已存在某种形式地对四书的考证。宫崎认为执其先鞭者乃史家薛应旗，他撰有《四书人物考》四十卷，此书虽有很多不足，但是，宫崎认为此书提纲挈领，是当时科举的参考书，因能循此判断当时社会之时势与学风之要求。此书后经许胥臣

① ［日］宫崎市定：「〈論語讀み〉の愉しみ」，『論語の新しい読み方』，岩波書店 1996 年版，第 283 頁。

② 钱穆：《中国思想史》，《钱宾四先生全集》第 24 卷，联经出版事业股份有限公司 1998 年版，第 232 页。

修订、李之藻为之序于1627年刊行，乃为《四书人物考订补》。因此，宫崎认为自薛氏至许氏70年左右的时间，考据学风渐成。宫崎进一步总结道，明末时期出现了用注疏读四书的趋势，此风后为清十三经考据学继承，考据学乃有前所未有之盛况。①

论证到此处，看似宫崎的意图是将考据学的源头追溯至明末。可是，宫崎却话锋一转：明末之考据学倾向是否仅仅是对阳明心学末流之反动？他进一步称，学问或多或少都带有一定程度的考证倾向，唯独应该注意的是为《四书人物考订补》作序的李氏。他与徐光启都与传教士利玛窦交往甚密，是“鼓吹洋学的先驱”②，宫崎因此得出结论：

> 明末利玛窦传来的格物穷理之学问，首先对天文、地理、医学、历算等方面带来了巨大而深远的影响，这一点毋庸置疑。然中国学术之分科不甚明了，经、史、子、集浑然一体，使得穷理之成果极易直接波及其他方面。近年来，我一直认为西洋新学对明末至清初的考据学发达之影响要比想象地深远。如今，我提出这样一种看法，即明末的考据学风的形成和凸显始自与西洋文化接触之时，并据此得出结论：明清更替发生的政治变革未必构成促使考据学发生的真实契机，谨乞各位赞同。③

明末传教士带来西方的科技知识，西学东渐之风渐劲，给当时的中国社会带来了一定的影响，自是常见之论。将清代考据学之发轫溯至明末的学者也不在少数。但是，宫崎却将这两者结合，认为清之考据学是在西方知识的刺激下产生的。在此，我们应当注意的是，考据学产生的原因和背景复杂，不仅有对明末心学末流的反动，也有来自清初王朝更替的社会变

① ［日］宫崎市定：「四書考證學」，『アジア史研究』第4卷，同朋舍1957年版，第381—386頁。

② ［日］宫崎市定：「四書考證學」，『アジア史研究』第4卷，同朋舍1957年版，第386頁。

③ ［日］宫崎市定：「四書考證學」，『アジア史研究』第4卷，同朋舍1957年版，第387頁。

革的影响，宫崎并没有忽略这些原因，而是将明末考据学产生的主要原因归结到“西学东渐”上来，究竟何种因素为主，已无法作出明确论断，历史车轮本就是在错综复杂的社会情势和各种力量的角力下不断前行的。宫崎的论述根据仅有李氏与利玛窦交游，论据虽有，却显薄弱，此论只能聊当一说。

第二，宫崎认为考据学存在内在的种种缺陷。宫崎在论述清代考据学之缺陷时，是通过批驳梁启超在《清代学术概论》中的论说进行的，他认为梁氏所论的清考据学之种种优势恰恰就是考据学的问题所在。具体说来，宫崎从五个方面驳斥梁氏之说来论考据学之短处。

1. 独创。宫崎先言梁氏推崇顾炎武之《日知录》，“故凡炎武所著书，可决其无一语蹈袭古人”①。宫崎据此批顾炎武：“即使有所借鉴，但整体来看框架很新，难道不是难能可贵的独创吗？而今正如《日知录》自身所表现的那样，此乃独创之拼凑，并非独创之体系也。实只见考据学之微分，未能见其积分。”② 由此可见，宫崎非常注重文章整体的贯通、体系的建构，对顾氏“古人先我而有者，则遂削之”③ 的做法深表不赞成。

2. 博识。梁氏非常推崇顾炎武之学问广博并能融会贯通，每证一事，不以孤证自足，他推崇顾氏此做法为“近世科学的研究法。乾嘉以降，学者固所共习，在当时则固炎武所自创也”④。宫崎批评这种做法，认为有时因为视野偏狭，选题失当，埋首于社会和学界不需要的研究中亦未可知。另外，论一事时无论如何网罗证据，都易造成错将局部当全体而致失败。

① 梁启超著，朱维铮导读：《清代学术概论》，上海古籍出版社 1998 年版，第 11 页。

② ［日］宫崎市定：「論語の新研究」，『宮崎市定全集』第 4 巻，岩波書店 1993 年版，第 65 頁。

③ 顾炎武撰，黄汝成集释：《日知录集释》，世界书局 1981 年版，第 1 页。

④ 梁启超著，朱维铮导读：《清代学术概论》，上海古籍出版社 1998 年版，第 12 页。

“梁氏言博识一语时也意味着狭且深。这是在学问进步、分化、专门化的过程极易产生的学术弊病。”①

3. 家法。宫崎的这一条论证殊为可疑，因为遍检梁氏书并未见此条。笔者依宫崎之论述发现，宫崎所言“家法”实际是梁书所论“朴学”之内容。宫崎讲“考据学派不知何时形成了很多在研究上不得不遵守的规矩，谓之‘家法’。不从此家法之研究则不‘醇’而被排斥”。② 宫崎列举了几种家法，比如，引用文止于汉唐、无视宋元明之学说、举证时即便无用之证据亦保留之、孤证不能成立等。经比对，宫崎所言家法条目乃梁氏论朴学一项无疑。这种家法确立之后，无论谁做研究都只能得出相似之结果，宫崎因以论之曰：这样无法体现研究者之个性，研究者受法则束缚，研究也因此无有大的飞跃。③

4. 精审。宫崎所论此目又非梁氏明列之项。“精审”乃戴震推崇之学风，梁氏亦推戴氏之学最具科学之精神。宫崎也认为考据学最科学部分是语言学研究法，这种方法反对训诂学采用的演绎法，采归纳法，因之优越于前人。但是，宫崎也指出这种方法的不足，即这种方法仅是文字、单词的研究，却没有句法的研究。宫崎虽承认有时会涉及文字的用例，但却仅止步于此，并没有从用例中提炼出用法的原则。

5. 致用。众所周知，清初顾、黄提倡经世致用之实学道路，之后的学者也沿此道路摒弃陷于空疏的宋学的心性之学，打出了回归汉学的旗号，采汉儒治学之法，究六经真意。但是，考据学至乾嘉之际最终流于对琐碎细节之考证，因此也丧失了实学之精神。宫崎也指出此时的学问已经“成

---

① ［日］宫崎市定：「論語の新研究」，『宮崎市定全集』第4卷，岩波書店1993年版，第65頁。

② ［日］宫崎市定：「論語の新研究」，『宮崎市定全集』第4卷，岩波書店1993年版，第65頁。

③ ［日］宫崎市定：「論語の新研究」，『宮崎市定全集』第4卷，岩波書店1993年版，第66頁。

为无用之学，产生了游离于社会的倾向了”①。

至此，宫崎说他对考据学的评价综合上述几点可以下定论了。可这不过是宫崎对梁氏所论做的评价，我们不妨看一下梁启超本人的论述。翻阅梁氏《清代学术概论》一书我们可以发现，宫崎对梁氏观点的评价含混之处甚多，亦存有意或无意间对梁氏观点的扭曲。

首先，宫崎在列举考据学存在的五大问题之前，称梁氏在他的书中言及考据学的长处，“这些长处自身同时也显示出他们的短处所在”②。也就是说，宫崎所列举的几点正是梁氏在书中推崇考据学之处。但是，如前所述，上文中的“家法”“精审”二目并非梁氏所清晰列出。原因为何？因为宫崎所谓考据学之优点的其余三条“独创”“博识”“致用”实际是梁氏用来评价顾炎武对考据学之开创之功的。其文如下：

> 凡启蒙时代之大学者，其造诣不必极精深，但常规定研究之范围，创革研究之方法，而以新锐之精神贯注之。顾炎武之在“清学派”，即其人也。炎武著述，其有统系的组织而手定成书者，惟《音学五书》耳。其《天下郡国利病书》《肇域志》，造端宏大，仅有长编，未为定稿。《日知录》为生平精力所集注，则又笔记备忘之类耳。自余遗书尚十数种，皆明单义，并非巨裁。然则炎武所以能当一代开派宗师之名者何在？则在其能建设研究之方法而已。约举有三。③

接下来，梁氏才论述了顾炎武的开创之功在“贵创”“博证”“致用”三者。由此可见，梁氏之论述并未如宫崎在前文中所言，是在论考据学的

① ［日］宫崎市定：「論語の新研究」,『宮崎市定全集』第4卷，岩波書店1993年版，第66頁。

② ［日］宫崎市定：「論語の新研究」,『宮崎市定全集』第4卷，岩波書店1993年版，第64頁。

③ 梁启超著，朱维铮导读：《清代学术概论》，上海古籍出版社1998年版，第11页。

长处，而是在彰显顾氏开创之功。先不说宫崎在此处含混地将此“三功”强加到考据学头上，单看梁氏在文中讲顾炎武之局限说地明明白白、清清楚楚：“《日知录》为生平精力所集注，则又笔记备忘之类耳。”宫崎在此处是用梁氏之语批判梁氏自己吗？这当然不符合逻辑。那么，宫崎何故如此？我们先继续看其余二项。

其次，我们再看宫崎所谓“家法”“精审”二项。如前所述，宫崎所讲的“家法”实际上是梁启超论“朴学”时列举的一些“正统派的学风”，共计十条，“当时学者，以此种学风相矜尚，自命曰‘朴学’”。① 可见这是论当时清人之学风特色，这种学风的形成当是在乾嘉考证之风盛行之后，宫崎仅含混地“不知在何时”带过，而且笼统地将其冠之于考据学头上也有些失当。如前所述，清人治考据学也分几期，顾炎武、黄宗羲是开创期的代表人物，而鼎盛期则有戴震执其牛耳，戴震之后又有王念孙承其衣钵，此后不论，总之，清代考据学之特色不能一概而论，自是常识。那么，梁氏所论“正统之学”的学风是否自梁氏所谓的“启蒙期”就存在并一以贯之呢？显然不是。另外，“精审”实谓戴震学风近于科学的，这种学风亦并非戴氏之前一时期所有。再者，学者治学本就各具特色，即便同治考证亦未必尽皆相同，梁氏在书中亦是分而论之，宫崎却模糊地一概而论、统而处之。

从宫崎的论述来看，宫崎不仅读懂了梁启超，而且应该仔细读过此书，当不存在因未读懂而断章取义的可能。那么，只能是宫崎在有意曲解梁氏之论，可以说宫崎似是为了批判考据学而批判考据学。细究宫崎之逻辑理路我们就不难发现，宫崎批判考据学之做法背后其实有其深意，概而论之，其目的有二。第一个目的，宫崎认为日本过分重视考据学之学风，想予以“纠正”。此言论的直接对象乍一看似乎是针对武内义雄氏之《论

① 梁启超著，朱维铮导读：《清代学术概论》，上海古籍出版社1998年版，第47页。

语》研究，[①] 从书名来看亦可见其端倪，武内氏之著作名曰《论语之研究》，而武内氏尤擅考据学，此书以考证细致而闻名。宫崎之书名曰《论语之新研究》，加之，宫崎讲中国古典研究虽不能无视考据学之成果，但亦必须要认清考据学之局限，"若考据学乃万能，并有理想之成果存于世的话，则如今我断无写此书之必要了"[②]。由此观之，宫崎所谓"新"其实似是抱有与考据学针锋相对的目的。宫崎曾坦露这种心迹："我对考据学的批判，似乎指摘其缺点多过评述其长处，那是因为日本一直以来存在对考据学的价值评价过高的问题。"[③] 宫崎看来，考据学的价值在日本被过度重视了。考据学治《论语》如果不能有"理想之成果"，那么，什么样的方法才可行呢？结合前述宫崎批判考据学扼杀学者的个性，不能自由研究这一点来看，宫崎的回答很明确，即上述勒南治《耶稣传》的方法：不单为文献学而文献学，而是要带有强烈的个人问题意识的文献学。在这里，宫崎的逻辑是，中国考据学风的形成是在皇权之统摄下形成的，而且多数学者自缚手脚，学问自然不能精进，逐渐走向"固定化、硬直化"，这就是中国历史上不能出现像勒南那样的大学者的原因。而近代西方社会则有自由之空气，个人亦有充分之精神自由。依此逻辑推理下去，日本的中国古典研究则应不用或尽量少用中国传统的考据学之法，而应遵循西方近代学术的原则，宫崎学术主张上的"近代主义"倾向不可谓不明显。

宫崎批判考据学的第二个目的就是要重新评价宋学。宫崎此意图与前述之目的是紧密相连的，宫崎指出日本过于重视考据学而轻视宋学，这种做法是不可取的。他认为：

① 吴鹏：《武内义雄、宫崎市定：日本近代〈论语〉研究备忘录》，《南开日本研究 2011》，世界知识出版社 2011 年版，第 301 页。

② ［日］宫崎市定：「論語の新研究」，『宮崎市定全集』第 4 巻，岩波書店 1993 年版，第 67 頁。

③ ［日］宫崎市定：「論語の新研究」，『宮崎市定全集』第 4 巻，岩波書店 1993 年版，第 66—67 頁。

> 如此看来，我发觉宋学在儒教经学研究史上是非常有意义的存在。受清朝考据学之影响的日本学界，动不动就无视宋学，有着越过宋代通过对古注疏训诂来追溯经学源流的倾向，但考虑到训诂之学未必就循着原始儒教的轨迹这点来说，这种态度是不妥当的。当然，宋学的确存在偏向，训诂学也绝非没有色彩，其中也存在着特有的偏向。毋宁说宋学有着纠正训诂学的偏向的一面，从这一点来看，我们或许应该重新认识宋学。①

可见，宫崎对日本学术界过分重视考据学，轻视宋学的做法表达了不满。宫崎认为不应轻视宋学，并主张对其进行重新评价，而且宋学有纠正训诂学偏向的一面，那么，在宫崎看来，训诂学有何偏向？宋学如何纠正？宋学之价值何在？众所周知，宋儒讲理气心性，并不以经学为尊，而清考据学则摒弃宋学学风，主张恢复六经真意，采汉儒治学之法，考据学则是经学。换言之，就是学问应摒弃空疏的理论回归到经典的本义上来。宫崎也承认这是不争的事实，他认为这里有一个陷阱，即“清之考据学轻率地将汉代儒教等同于原始儒教，因而只顾责难宋学与训诂学不同的方面，却忽略了宋学志于向原始儒教复归的一面”②。而这里的“回归原始儒教”就是宋学之价值所在，亦即宋学应该再评价之原因。那么，宋学回归原始儒教之论又该如何解释呢？为了厘清宫崎的逻辑，我们有必要先看一下宫崎对汉唐训诂学的看法。他认为，以郑玄为代表的训诂学者是训诂学的正统，而训诂学本来应该是语言学，但历史上的训诂学又不是科学的语言学，实质上是运用语言学知识的“解释学”而已。③宫崎由此认为，训

① ［日］宫崎市定：「論語の新研究」，『宮崎市定全集』第4卷，岩波書店1993年版，第53頁。

② ［日］宫崎市定：「論語の新研究」，『宮崎市定全集』第4卷，岩波書店1993年版，第49頁。

③ ［日］宫崎市定：「論語の新研究」，『宮崎市定全集』第4卷，岩波書店1993年版，第52—53頁。

诂学之语言学知识容易流于政治、教育等其他目的。训诂学本的是“先王之道”，那么，经书之地位自然高于《论语》。而与训诂学不同，宫崎认为宋学兴起以后，尤其四书成立后其地位要凌驾于经书之上。如此一来，“先王之教”的儒教便又成为“孔子之教”的儒教，孔子地位因之变得高于先王。而宫崎所讲“原始儒学”之意便明晰了，即在指“孔子之教”的儒教，宋学以孔子为最尊，《论语》又为四书之中心，那么，这就可以理解宫崎所谓宋学乃是向原始儒教的回归了。另外，如前述，宫崎强调原始儒教就是教育的学问，宋学站在教育学的立场上，实际上就是向原始儒教回归。这句话反过来讲，宋学向以教育为目的的原始儒教回归，那自然宋学也成为就教育的立场。这样一来，宫崎所谓“宋学出现以后，学问的目的广义上来讲在教育”一句所表达的内涵也就能明确了。那么，宋学是如何纠正训诂学的呢？在宫崎看来，宋学对汉唐训诂学有一反动，就是不拘泥于细枝末节的琐碎考证，“为了理解经的本来意思采用归纳的说明方法”①，并且这种方法使学问从广义上来讲具有教育之目的。并且他进一步强调，评价宋学在历史上的地位不能忘掉是一个前提，即宋学是具有教育目的之学问。

通过以上的梳理我们可以发现，宫崎承认考据学之价值，而且他也评价考据学是带有科学思想的学问，近似于文献学，但是考据学太过于受日本学者的重视，他的目的一则在“矫枉”，既要利用考据学之成果，又要批判性地用。二则在重估宋学价值。在这里需要补充的是，宫崎对宋学的评价一方面来自对日本以往学术界的反省，而最直接的影响可能来自其在京都帝国大学时期的老师狩野直喜。宫崎自入学便跟随狩野氏学习汉文，连只有中国文学专业的学生才参加的汉诗习作课也没有落人之后，其汉文

① ［日］宫崎市定：「論語の新研究」，『宮崎市定全集』第4卷，岩波書店1993年版，第49頁。

素养也在这一时期得到显著地提升。宫崎在为狩野直喜的著作《中国哲学史》写的长篇书评中，如是评价狩野对宋学的论述：

> 在中国考据学自成一派，极端一点说，考据学有着攻击的对手或者被对手攻击。这不再仅仅是知识的学问，也带有感情色彩，汉学派总是对宋明学不屑一顾。但本书没有陷入此种弊病，而是主张既然宋学、心学都是既存于思想史上并且起着重要作用的学问流派，那就不能无视之，就必须平等对待。①

但是，宫崎继续讲，狩野这里所说的平等对待并不是无差别、等价值的意思，而是指作为研究题目的一种平等对待。因为“考据学不管怎么说都是以运用语言学的方法正确阅读文献为前提的，那么，从训诂考证方面来讲，宋学的确不及汉学”②。还有一个不可忽视的面向，即宫崎所持重新评价宋学的观点，似与其中国历史分期论的学术主张有着密切关联。宫崎素来承袭内藤湖南的“宋代以后近世说”，从多个角度发展了该学说，并明确提出宋代是中国历史上的“文艺复兴”时代。宫崎这里主张重估宋学价值，强调宋学有着重归原始儒教的一个面向，似是与其“宋代文艺复兴”论相呼应，从儒学史的角度论证该学说的有效性。

三、宫崎《论语》研究的史学立场与“理证”路径

宫崎关于论语的论说不在少，但最能集中体现宫崎研究理路、最能系统彰显宫崎论语研究思想的便是《论语的新研究》。那么，新研究之“新”

---

① ［日］宫崎市定：「狩野博士の『中国哲学史』」，『宫崎市定全集』第24卷，岩波書店2001年版，第417頁。另，在吉川幸次郎给狩野直喜《論語孟子研究》所写的解说中也认为狩野的确对“宋儒没有偏见，他并不讨厌宋儒，这一点体现在《中国哲学史》宋之部分。”见［日］吉川幸次郎：「狩野直喜氏『論語孟子研究』解説」，『吉川幸次郎全集』第27卷，筑摩書房1999年版，第262頁。

② ［日］宫崎市定：「四書考證學」，『アジア史研究』第4卷，同朋舍1957年版，第417頁。

究竟新在何处？若要立“新”则先要破旧，在宫崎看来何为旧？宫崎在《论语·学而第一》一文中开宗明义地讲道：

> 最近我又重读论语。我之目的，在用历史之立场去读论语。对论语之阐释与介绍已颇见于世，在我看来解读之法多是采用经学之立场。何谓经学之立场？乃精读传统之注释，并据此阅读文本，尚孔子为教祖，以其弟子为圣徒，奉经书为言万世不变真理之经典之谓也。①

不难看出，“新”是指史学立场，而“旧”则指传统之经学立场。宫崎认为，经学立场读论语带有对孔子的崇拜，《论语》文本亦被视为“不可怀疑”的经典。即使经书中存在错讹、矛盾的地方也未敢明言，不敢对经典做出新解释，这成为束缚先前经书注释家们的障碍。宫崎又进一步讲道：“此外，经书还是现行的修身教科书，又不得不受皇帝制与家族制，甚至时代带来的方方面面的制约。”② 换言之，论语自成书后便屡被用为统治者进行思想统摄的工具，元代后期，四书的地位更是凌驾五经之上成为科举考试的重中之重。因此，对《论语》的解读关乎统治者的统治意志，与科举考试亦密切相关，这就成为经典解释上的第二层束缚。

上述可知，宫崎言既往之论语研究困在二处：一是儒学脉络内对孔子其人的崇拜；二是后人在阐释经典时由内部或外部原因不能客观地进行研究。那么针对这两点既有问题，宫崎自己所谓史学立场又“新”在何处呢？首先，对孔子其人进行“去圣化”。宫崎主张应当去掉孔子身上“至圣先师”的光环，“孔子就是市井的教育者，而弟子们亦是抱有就职

---

① ［日］宫崎市定：「論語の学而第一」，『論語の新しい読み方』，岩波書店 1996 年版，第 3 頁。

② ［日］宫崎市定：「論語の学而第一」，『論語の新しい読み方』，岩波書店 1996 年版，第 3 頁。

期望的学徒”。如此便可将孔子对象化，完全当作历史上的人物来看待。宫崎特别赞赏日本史家津田左右吉（1873—1961）对孔子与《论语》研究。众所周知，津田是日本近代历史学家，尤以其“神代史抹杀论”被迫出走东京的“津田事件”为众人所熟知。在给津田所著《论语与孔子的思想》一书所写的书评中，宫崎称津田为“疑古派”，认为津田虽在“疑古”上用力颇巨，但在“显正”上却稍显不足。宫崎肯定津田的史学的研究立场，同时亦指出他的不足，即“既然要用历史学的眼光读论语，那就不能依靠现有的注释，而是该花大力气考察古代的本来含义”。也就是说，宫崎认为不能单纯依靠既有的《论语》注释，要抱着“于无疑处有疑”的态度来“另起炉灶”。他还特别强调，汉代至宋代期间的《论语》解读发生的变化，远不及公元前500年至汉代这段时期内变化之剧，所以要重视考察这一时期。

宫崎还在文中指出，武内义雄之《论语之研究》与津田学术立场不同，两者应相对照来看。他称：“无论如何，将论语当作论语来读异常重要。为此，无论是所谓考据学方式的读法抑或是思想史方式的读法，归根到底应当是殊途同归的。而且，寻求论语真正的读法是当务之急。”①武内义雄的论语研究以其精密的“原典批判”著称，宫崎所言“考据学式”的读法当是言武内②，所谓“思想史式”之方法则指津田。武内在京大师从

① ［日］宫崎市定：「書評　論語と孔子の思想」，『論語の新しい読み方』，岩波書店1996年版，第265頁。

② 宫崎市定在其发表的针对武内《论语》研究的文章《論衡正説篇説論語章稽疑》中说：“我也曾读《論語之研究》，清晰记得我不禁为该书精准的考证所折服。”宫崎对武内氏的考证赞赏的同时也开始思索自己的研究立场，并在文中对武内氏的考证提出了很多处疑点。［日］宫崎市定：「論衡正説篇説論語章稽疑」，『東方學會創立二十五週年紀念東方學論集』，1972年。收于『論語の新しい読み方』，岩波書店1996年版，第198頁。又，宫崎曾称：“仔细想来，博士之学近于清之考证学。研究古典，则自彻底弄清文本意思始。”见［日］宫崎市定：『自跋集—東洋史学七十年—』，岩波書店1996年版，第71頁。

狩野直喜，其学风颇受狩野治《论语》方法的影响。① 他的学术研究之路是在狩野启发下出发的，后来，他对日本儒学中反朱子学的古学派代表人物伊藤仁斋（1627—1705）和荻生徂徕（1666—1728）的学问抱有亲近感。1919 年开始的为期两年的中国留学经历，使他得以与众多中国学者接触和交流，体认考据学的治学路径。② 因此，说武内氏在清代考据学的脉络内治学大概并不为过。③ 宫崎对武内的精密考证赞赏有加，但也指出，武内的考证有点“过头”了。宫崎认为，武内过分地将精力集中在字音、字义的考证上，虽然看似对每个字考证的皆十分细致，但若从句子整体来看则语义不通者不在少数。由此也可以看出两位学者治学路数的不同，宫崎更加倾向于着眼于文章整体的结构，不仅“句”要通，“章”要通，文章前后整体也要通。

因此，宫崎虽认为津田、武内两人的研究均有独到之处，但皆非自己心中理想的治学路径。前述所及，宫崎发表于 1938 年的题为《孔子在东洋史上的位置》的论文，是他首篇关于《论语》研究的文章，其中即已阐明自己所采立场为史学立场，也就是说宫崎在此时已经开始思索史学立场下的《论语》研究这一命题了。那史学立场的论语研究该如何“疑古”又该怎样“显正”呢？宫崎给出的答案首要就是把孔子当作历史上的一个人

① 武内义雄在其全集第一卷《論語篇》前言中说：“还是在我为京都大学学生之时，有幸聆听了狩野先生的题为‘论语研究’的讲义。我受这个讲义之启发甚大，特别对仁斋先生的原典批判亦深感佩服。”［日］武内義雄：『武内義雄全集』第 1 巻，角川書店 1978 年版，第 13 頁。

② ［日］吉川幸次郎：「『武内義雄全集』解説」，『吉川幸次郎全集』第 27 巻，筑摩書房 1987年版，第269頁。吉川在文中赞扬武内氏之研究与汉学者采用资料至明代止不同，介绍并祖述了更加精密的清代古典学，此为方法之创新。另外，吉川指出武内氏之研究重视敦煌出土的新文献，此为重视新资料的特点。

③ 国内学者刘萍指出，武内对其师狩野直喜的治学取径多有继承，同时对狩野“着意推重清代考据学之论，武内义雄亦有所克服并超越”。见刘萍：《〈论语〉与近代日本》，中国青年出版社 2015 年版，第 66 页。

物来看。

至于该如何对待《论语》这一经典的问题，宫崎亦从其史学立场上提出了自己的看法。他认为经书就是一种史料，而《论语》“即便是经典，与其他史料亦同，不过是一种平等的史料而已”，① 与其他古籍并无二致。在宫崎看来，《论语》具有“经典性”和“史料性”双重性格，若要窥知《论语》的真正内涵，则必须着眼于其“史料性”上，尽量规避“经典性”的影响。在处理方法上他则主张应当尽量只读原文，不读注释，以便能够不受注释影响而直接探明当时之原意。古代文献流传至今经过誊抄，甚至经过后人有意地篡改、增删，出现错误实属正常，“论语的文本中出现文字的谬误与其他古典籍并无二致，比如字形的相似或者一字误读为两字，又或者位置颠倒、脱字等现象极易发生”②。但因前文提及的种种原因，对文献的考证有时竟成“学术禁区”，新的观点和学术思想总会出现大批反对的声音。宫崎自称是文学研究的门外汉，这反而能够使他在《论语》研究中彻底贯彻史学立场。总括来讲，宫崎实际上是在主张一种客观的、实证的、进化论式的文献学研究方法，而这又与他一贯的史学研究主张是一致的。前文提及宫崎所撰《东洋史上孔子的位置》一文的开篇即摆明自己立场的由来：

> 但是近代历史学的进步使得这种循环、不变的思想不能成立。历史一直处在变化中。简单的事物逐渐进化，变得复杂。而在进化的过程中不可避免地要发生本质性的变化。数千年间，一种道德思想一成不变地流传下来究竟是无法想象的事情。即便如儒教，原本也从异于它的其他事物中生发出来，继而又随时代进步而反战来的，我们必须

---

① ［日］宫崎市定：「〈論語讀み〉の愉しみ」，『論語の新しい読み方』，岩波書店 1996 年版，第 281 頁。

② ［日］宫崎市定：「論語の新研究」，『宮崎市定全集』第 4 巻，岩波書店 1993 年版，第 78 頁。

用进化论的方法来看待。①

他进一步讲：

> 我站在这种立场上对儒教进行了发展的、进化论式的考察，……我的立场毋宁说是史学家的立场，与儒学家或经学家的立场有所不同。②

可见，宫崎此时已然明确提出自己《论语》研究所采取的史学立场，但他仅仅止步于提出这一研究思路，并未明确说明史学立场的具体内涵。该研究思路真正走向体系化并得以呈现出来，还要等到其晚年所著《论语的新研究》一书的问世。总之，从第一段引文中更是能直接明了地窥知宫崎治学路径受近代西方学术思潮的影响。

宫崎对《论语》的研究可以说皆基于以上所示的研究立场。宫崎的研究方法与他的史学立场直接相关。在其所谓的史学立场下，宫崎主张去《论语》文本的"经典性、神圣性"，要采用"文本批判"的学术手段。基于这种立场，宫崎从文本和训诂两个方面提出了《论语》研究中存在的疑点。而宫崎对这些疑点的解决体现出宫崎的《论语》研究方法。以下考察和分析宫崎的主张，以呈现其史学立场下《论语》研究的全貌。

宫崎认为《论语》研究的阻碍来自《论语》的经典性、国家统治意志以及科举等几个内外因素的制约。那么，辛亥革命以后的中国之《论语》研究在摆脱了君主独裁统治的情况下又如何呢？宫崎认为皇帝政治倒台，使得中国思想界摆脱了束缚，但是，中国的知识分子如康有为仍然护教尊孔，倡导"新孔教主义运动"。另则，在新文化运动中打出"打倒孔家店"口号的陈独秀虽极力排斥儒教，但这不过是价值观转换引起的，并非

---

① ［日］宫崎市定：「東洋史上における孔子の位置」，『論語の新しい読み方』，岩波書店1996年版，第131—132頁。

② ［日］宫崎市定：「東洋史上における孔子の位置」，『論語の新しい読み方』，岩波書店1996年版，第131—157頁。

经典研究内部自发的问题。① 民国以降，对经典之研究仍然盛行，究其原因，宫崎认为这种现象说明了学界对清代考据学的信赖根深蒂固。在宫崎看来，民国学者对古典的研究可谓将考据学发挥到了极致，即没有新资料的出现就不能进行新的研究。这样，对研究的推进就形成了壁垒，宫崎进一步指出，这种壁垒就来自考据学的内部，即考据学的"家法"中的"没有证据则不足采信"一条。要解决考据学存在的问题，宫崎主张将史学中的史料进行"外部批判"同时进行"内部批判"的方法运用到考据学中来。在这种逻辑下，必须承认古典的文本是存在非常多谬误的事实，而且所有的材料都要视作平等的史料。《论语》在宫崎的史学立场下只不过是一种文本，与其他文本一样存在诸多谬误之处。宫崎将对《论语》文本疑问分为四种：误字、脱字、衍字和倒错。

中国古代典籍因流传年代久远，在传抄流播的过程中难免存在一些错漏的现象而导致文本不易理解。《论语》亦不外如此，其中不免存在一些难以解释、理解的句子。宫崎认为之前的学者并不是没有发现文本中或存在谬误，只是因为处在考据学的立场上无法表达出来而已。宫崎反对考据学的这种"家法"，所以他能够不拘泥于就文本解读文本，而是明确地主张无法解释的地方可能存在谬误。宫崎将这种立场称为"浅学者的构思"，并认为这里最重要的因素是"想象力"。他这里所讲的"想象力"并不是天马行空地随意想象，而是要敢于提出自己的见解，敢于怀疑既有之成果。宫崎在此批判考据学最后流于"死守中国传统经书文本，防止思想界发生动摇的保守主义者的堡垒"② 了，这也就是宫崎之前所说的学问的"硬

① ［日］宫崎市定：「論語の新研究」，『宮崎市定全集』第 4 卷，岩波書店 1993 年版，第 74—75 頁。

② ［日］宫崎市定：「論語の新研究」，『宮崎市定全集』第 4 卷，岩波書店 1993 年版，第 86 頁。宫崎认为考证学最初的形成虽带有对既有学问的不满和反叛精神，但随着考证学的发展，最后变成了特权阶级的一种"研究游戏"，走向了"保守主义"。

直化”倾向。

宫崎所讲的训诂是指“包括训诂学者的训诂自不待言，亦包括后代宋学抑或是考据学对经典文本的解释”。① 训诂虽然在一定程度上让学者有自由发挥的空间，但是，因为训诂与科举制度有关，加之训诂容易与思想结合，从而使得训诂存在非常明显的固定化的倾向。因此，宫崎称自己主张自由的研究立场，并声称自己感到有成立新训诂学的义务。② 那么，既要立“新”，则要除“旧”，宫崎是从四个方面着手的。第一是针对《论语》文本句读的问题，宫崎认为过去的句读存在不自然处甚多，他要将这些语句“回归本意”。第二是有关《论语》中引用古典谚语的问题，宫崎认为有很多对古典的引用并没有被注意到，应当对其进行详细而综合的考察。第三是对“君子”一词语义的考察。第四是考察训诂学上存在的盲点，以便更好地理解训诂学的性质。

通过以上的梳理可以发现，宫崎主张用一种“文献学”的研究方法，这种文献学不同于“一分证据说一分话”的考据学，而是要突破古典研究的种种制约，“遇到文献学的方法无法解决的地方，在可能的情况下有必要采用假设来追究到底”。③ 此外，他通过批判考据学流于琐碎支离，主张用整体的、前后贯通的方法去阐释和研究《论语》。宫崎还认为，中国过去之学术重字词、不重句法，重音韵、不重结构，他曾盛赞德国留学时读到的《先秦时代文法研究》一书，称该书“果然着眼点甚是不同”而感到十分佩服，据此，他又认为《论语》研究应该注重句法、结构、文体，这样才能发现文本中的脱字等问题。

---

① ［日］宫崎市定：「論語の新研究」，『宮崎市定全集』第 4 卷，岩波書店 1993 年版，第 120 頁。

② ［日］宫崎市定：「論語の新研究」，『宮崎市定全集』第 4 卷，岩波書店 1993 年版，第 121 頁。

③ ［日］宫崎市定：「論語の新しい読み方」，『論語の新しい読み方』，岩波書店 1996 年版，第 43 頁。

宫崎主张《论语》研究要出新，他自谓是受滨田耕作（1881—1938）的影响，要“言人之未曾言”。但是宫崎这种求新的指向，其实是还原《论语》最本原的意思，这就是为何宫崎一直强调结合当时社会背景解读《论语》。① 所有的这些主张都归结于一点，就是宫崎主张的“理证”。什么是“理证”？宫崎认为，研究古典“不能只依靠书面的东西，建立符合逻辑的体系亦非常必要。我听说有理证这样一个词汇，即不仅限于将书面的东西作为证据，而是如果从逻辑上推断该事理必然成立的话，也能成为有力的证据”。② 据此，我们再回头看宫崎所谓“不为文献学而文献学”的文献学就明了了，也就是掌握丰富的资料、谨慎而严密的考证都不是宫崎理想的治学方法之重点，重点在于逻辑上的推理能够成立、文章整体能够前后一致、贯通。

宫崎的这种研究思路并未受到学界的普遍认可，例如，吉川就对他的研究持批判的态度。吉川虽然没有发表专门的文章来批驳宫崎，但是在他给学生的信中却明确表达了自己的不满：

> 关于《论语》，因宫崎、贝塚皆历史家，我认为他们奇说颇多。古代之原意为何姑且不论，如果说要看中国人民普遍传承下来的解释，则首先请阅读小生的注（朝日新闻社版或筑摩版）。③

由此可见，吉川对宫崎的《论语》研究很是不满，认为他们的研究“奇说”颇多，那么，在吉川看来，历史家之研究“奇”在何处？吉川和小川环树共同主编了一份京都大学文学部中国文学研究室的刊物《中国文学报》，宫崎在 1965 年 4 月的第 20 期发表了题为《身体动作与文学——试

① ［日］宫崎市定：「論語の新しい読み方」，『論語の新しい読み方』，岩波書店 1996 年版，第 20 頁。

② ［日］宫崎市定：「論語の新しい読み方」，『論語の新しい読み方』，岩波書店 1996 年版，第 125 頁。

③ ［日］藤縄謙三：「宮崎史学の辺境から」，『宮崎市定全集』第 6 巻「月報」8，岩波書店 1999 年版，第 3 頁。

论史记之成立》，据吉川的学生清水茂氏回忆，这篇文章也引起了吉川的不满：

> 历史家对有史料可循之处运用史料追根究底。但是，没有史料的地方，他们便随意发言。①

如此，吉川的话虽是针对宫崎的《史记》研究，但是1965年这个时间点却很值得注意。1965年1月30日，宫崎在京都大学作题为《论语与孔子的立场》的退休前“最终讲义”。据当时参加这次活动的京大西洋史专业的学生藤绳谦三②回忆，在场的吉川、贝塚两人都流露出半信半疑、颇为复杂的表情。③可见，吉川对宫崎史学研究立场持不赞成的态度，吉川所说史学家“随意”发表意见，而恰恰是宫崎所讲的“理证”的研究方法。这正充分说明两位学者治学立场和路数的不同，宫崎曾说吉川的《论语》研究属折中派，即将中日各种解释予以罗列，通过这样的对比，选其最优者。而吉川自己在所著《论语》的序中也明白地吐露了自己的心迹：

> 然而，我现在著此书的目的，并不在于列举诸家阐释《论语》之说的基础上阐述新观点。我们的祖先，这里的祖先泛指远东各国的祖先，他们广泛地阅读《论语》。正因如此，我依据祖先们对《论语》的普遍理解来阅读此书，这便是我著此书的趣旨所在。④

可见，两位学者一位在试图打破现在的研究框架下的种种束缚，以求“新”说为研究目的。而另一位则以祖述先贤诸说为趣旨，颇有点孔子所

① ［日］清水茂:「善之先生聞き書き」,『宮崎市定全集』第3卷「月報」3，岩波書店1999年版，第3頁。

② 藤绳谦三（1929—2000），西洋古典学者，主攻古希腊思想史，社会史以及希腊史学史。毕业于京都大学，后经大阪府立大学助手，讲师，副教授，后任京都大学教授。

③ ［日］清水茂:「善之先生聞き書き」,『宮崎市定全集』第3卷,「月報」3，岩波書店1999年版，第2頁。

④ ［日］吉川幸次郎:『論語』,『吉川幸次郎全集』第4卷，筑摩書房1970年版，第6頁。

谓“述而不作，敏而好古”的意味。可以说，两位学者所处立场不同，着眼点不同，最后研究指向的目标也不同，研究各具特色。不过，通过吉川的话更能凸显出宫崎所谓“理证”研究立场的特色所在。

四、宫崎《论语》解读之特色——兼与吉川、贝塚相比较

宫崎之《论语》解读具有自己鲜明特色的地方很多，本文限于篇幅，不予详论，仅举其中一二例来探讨宫崎之阐释的特色所在。要论特色，其要则在比较，若要比较，总要有比较之对象，寻比较之对象前提则为具可比性，再者，要能凸显出原来对象之特色。此部分笔者拟选择与宫崎同时代、又同是京都大学学者的吉川幸次郎和贝塚茂树的《论语》解读来进行比较。此外，钱穆先生的《论语新解》以及杨伯峻先生的《论语译注》亦作为重要参考。那么，为什么是吉川氏、贝塚氏？据宫崎的学生回忆，宫崎在给学生上《论语》解读课时，用来讨论的本子为仓石五四郎（1897—1975）、吉川、贝塚三位学者解读的《论语》。仓石氏年龄较宫崎稍长，宫崎从京都帝国大学毕业后翌年的1926年，仓石任讲师，1927年升任教授，其研究在本文中暂且不论。前文所示，吉川对宫崎、贝塚两位学者的研究持不赞同的态度，而吉川是狩野的弟子，专攻中国文学、哲学，他代表着非史学立场的《论语》研究。贝塚氏则专治中国古代史，他的《论语》研究也是史学立场的，那么同样是史学立场，他与宫崎的研究又有何同与不同？在讨论几位学者的《论语》研究特色的同时，对《论语》中的重要概念，比如，“仁”“忠”等思想时一并对他们的解读进行讨论，不单独开辟章节。通过对比三位学者的研究，明晰宫崎史学立场在《论语》解读中的具体表现，尽量呈现宫崎之《论语》研究的特色。

1. 对“学”的解读——“学而时习之，不亦说乎？”

如前述，孔子是中国最伟大的教育家，而他仅言自己“学不厌而教

不倦”而已。孔子对自己的定位还是一位对学问孜孜以求的“好学人”，《论语》更是以“学而时习之，不亦说乎？有朋自远方来，不亦乐乎？人不知而不愠，不亦君子乎？”[①]三问开篇，足可见孔子弟子认为“学”之于孔子的重要性。而对此篇的解释可谓人言人殊，古今学者莫衷一是。开篇讲孔子为学之乐，那么，“学”的内容是什么？我们先看吉川氏之解读。吉川谓“诗”“书”“礼”“乐”等。接下来是这个“时”字，吉川解释为“timely（择时）”之意，而非“有时、偶尔”的意思。吉川对这一句的解释为：“将所学内容，在相应的时间，多次反复练习，每次都能加深理解，最后能够领会使之成为自己的东西，那样不才是人生的喜悦吗？”[②]贝塚解释“学”的时候则与吉川氏不同，他强调“学”的内容包含“礼、乐、射、御、书、数”等这些贵族社会所需要的“礼仪作法”。至于“时”字的解释贝塚氏与另外两位学者都不同，贝塚更是依据《诗经》中“时”用作虚字的用例认为此处亦为虚字，没有实意，并主张此乃其“新说”。吉川和宫崎都曾提出过反对意见。吉川撰文《贝塚茂树氏〈孔子·孟子〉》直截了当地对贝塚此说进行了批评：“这个新说实在是危险很大，据我之见，缺乏成立的可能性。”[③]但是，在宫崎这里，“学”则首要学“礼”，前文中也提到，宫崎强调孔子是“礼师”，教弟子以“礼”以便弟子能在诸侯和贵族那里谋得职位，因为“当时是祭政一致倾向很强的时代，需要熟知传统之礼的人”[④]。宫崎对“习”字的解释则更为详细也更为特殊，他反对将之译为“复习”，“就如同现在学校里的学艺会一样，在这里是大家集合到一处排练、表演的意思。孔子的家就是学校，不得不经常决

---

① 《论语·学而》。

② ［日］吉川幸次郎：「論語」，『吉川幸次郎全集』第4卷，筑摩書房1970年版，第18頁。

③ ［日］吉川幸次郎：「『論語』について」，『吉川幸次郎全集』第5卷，筑摩書房1984年版，第125頁。

④ ［日］宫崎市定：「論語の新研究」，『宫崎市定全集』第4卷，岩波書店1993年版，第181頁。

定时间大家集会”。① 宫崎的根据有二。一是《史记 · 孔子世家》中司马迁到鲁国拜谒孔子故居时的感慨：“适鲁，观仲尼庙堂车服礼器，诸生以时习礼其家，余祗回留之不能去云。”② 此句中的“习”为“演习、练习”意。而对于“时”的解释，宫崎则反对吉川之说，“若如此，为什么复习的时候必须决定恰当的时机？不时地、没有时间限制地、任何时候只要有时间便复习难道不是更有效吗？”③ 宫崎认为这个“时”是指决定一个时间，比如，每月一次或者春夏秋冬各一次，或像是一种一年中按惯例举行的活动那样，一大批学生聚集起来进行“礼”的演习，而这种时候则是最为高兴的时候，逻辑上能够讲得通。所以，这句话到了宫崎这里意思就变为：“学习（礼），决定一个时间（弟子们聚集起来）召开温习会，没有比这更高兴的事情了。”④ 通过此条也可见宫崎的意图，利用《论语》来还原当时的历史场景，同时也通过分析当时的“原景”来解读《论语》。在这里，我们可以清晰地看到宫崎所谓“史学立场”在解读《论语》中的应用，孔子是“孔子学园”的老师，学生为了谋职才到孔子处求学的“孔子像”也在宫崎的解读中进一步的凸显。可见，宫崎并没有用传统的“训诂”方法考察某个字的意思，而是引用诸多相关史料，通过勾勒、还原当时的“原景”来理顺句、章的意思。这很好地诠释了宫崎“理证”的特色，即逻辑上要讲得“通”才是关键所在。

接下来看三位学者如何解读“有朋自远方来”一句。吉川将这一句解释为“在学问上志同道合的朋友从远方来，相互探讨学问”。⑤ 而贝塚的

---

① ［日］宫崎市定：「論語の新研究」，『宮崎市定全集』第 4 卷，岩波書店 1993 年版，第 181 頁。

② 《史记 · 孔子世家》。

③ ［日］宫崎市定：『論語の新しい読み方』，岩波書店 1996 年版，第 92 頁。

④ ［日］宫崎市定：「論語の新研究」，『宮崎市定全集』第 4 卷，岩波書店 1993 年版，第 181 頁。

⑤ ［日］吉川幸次郎：「論語」，『吉川幸次郎全集』第4卷，筑摩書房 1970 年版，第 18—19 頁。

解读则与吉川不同，他祖述清末大儒俞樾（1821—1907）的说法将其解释为“友朋”，认为“有”字原为“友”，这样一来，断句则为“友朋 / 自 / 远方 / 来”，并将之解释为“孔子的旧同僚、旧相识”。宫崎对贝塚氏之“友朋”说反驳地更为有力，其依据是《论语》中“朋友”二字连用的例子有八处，为何单单此处要上下颠倒为“友朋”呢？吉川亦赞成宫崎的反对意见。

三位学者对第三句“人不知而不愠”的解释相比第二句则无较大分歧，但也略有不同。详细说来，吉川氏认为，这三句话紧密衔接，第三句紧承第一句之“学”，“虽然‘学’了，但是人生境遇各种各样，自己所学未必都会得到别人的认可。但是，即使自己不被别人认可也不生气，如此，不才是绅士吗？”[①] 贝塚氏的解释几与吉川相同，亦认为是别人不承认自己。宫崎的翻译比较忠实于原文，他说：“即使别人不了解（自己）也不生怨恨。”[②] 这里宫崎首先驳斥了孔子教弟子而弟子不能理解的说法，他认为孔子是圣人，自然早就对他人的评价置之度外。这句话可与“不患人之不知己，患其不能也”[③] 结合起来理解，当从“他人不了解自己”解。

值得一提的是，宫崎自负于他自己对“君子”一词含义的解释。我们知道“君子”一词在论语中出现的次数几与“仁”相当，都超过 100 多次。一般来讲，“君子”有两层含义：一是指有道德之人，一是指在高位的人。[④] 但是宫崎却认为原来的训诂学者所编纂的字典只能通其意之大概，更微妙的意思却只能通过研究者自身来归纳。他将君子的意思或者说微妙的含义总结为四种：(一) 原意，指有身份的男子，为政者、指导者阶层。与此

① ［日］吉川幸次郎：「論語」，『吉川幸次郎全集』第 4 巻，筑摩書房 1970 年版，第 19 頁。

② ［日］宫崎市定：「論語の新研究」，『宮崎市定全集』第 4 巻，岩波書店 1993 年版，第 181 頁。

③ 《论语・宪问》。

④ 杨伯峻：《论语译注》，中华书局 2009 年版，第 238 页。

相对的被统治者、下层的人称“小人”；(二）指有教养的绅士、有德之人，与此相对的是无德的“小人”；(三）对谈话对象的期望、甚或是委婉的指示，与此相对的“小人”则有禁止的意味；(四）用作第二人称，是第（三）种意思的进一步延伸。我们可以看到宫崎所举“君子”的用法比杨伯峻所列之意多出两项，前两项基本一致，在此不赘，我们不妨直接来看看后两项宫崎是如何解释的。比如，宫崎论第（三）项意思时举“子曰：‘君子喻于义，小人喻于利’”① 一句，他认为将此句解释为“有德者对正义很敏感，无德者对利很敏感”也能讲得通，但是，他进一步认为，“在这里，孔子讲这话的目的绝不是定义君子和小人。孔子的教育是实践性的，从这个意义上说，孔子实际是在说理想的人应该对正义很敏感。更直接一点来说，这应该看作孔子在给弟子们提要求：希望各位成为对正义敏感、对利益钝感的人”。② 照此逻辑，是否“君子坦荡荡，小人长戚戚”③“君子怀德，小人怀土。君子怀刑，小人怀惠”④ 等是否都可作此解呢？细细看来，宫崎此项所陈之内容不过是对前两项意思的推衍，或者说是语气上的差别，很难作为一项独立的意思成立。再看第(四）种意思，宫崎举的例子为《论语·子罕篇》中“子欲居九夷。或曰：‘陋，如之何？’子曰：‘君子居之，何陋之有？’”宫崎在此提出的疑点是，如果按照前人的解释“君子”是指孔子自己的话，这句话便成了孔子以“君子”自居，这样显得非常不自然。他认为，此处的“君子”不过是第二人称而已，这句话应当解释为“诸君若同行、若跟诸君一起”，他解释道，孔子游历诸国，弟子常伴左右，这里孔子讲移居“东夷”当然是戏言，但如果去的话当会与诸君一起。与诸

① 《论语·里仁》。

② ［日］宫崎市定：「論語の新研究」，『宮崎市定全集』第4卷，岩波書店1993年版，第156頁。

③ 《论语·述而》。

④ 《论语·里仁》。

君一起苦乐与共，何陋之有呢？宫崎认为这样一来，意思就完全讲的通了。宫崎又举一例证明之，“司马牛忧曰：‘人皆有兄弟，我独亡。’子夏曰：‘商闻之矣，“死生有命，富贵在天。君子敬而无失，与人恭而有礼，四海之内，皆兄弟也”。君子何患乎无兄弟也。’”①宫崎认为这里第二次出现的“君子”按常理来讲无出现之必要，应当理解为第二人称。

由此可见，宫崎对“君子”一词的解释并没有通过训诂或者直接依从前人之说，而是抱着一种怀疑的态度，不仅重视外部之“实物”证据，更重视《论语》内在逻辑的推理和证明，这也就是宫崎所谓“理证”的文献内部批判。要达到这种目标，宫崎主张用文本内互参互证的方法，即使没有其他文献佐证，也能通过《论语》中相似的语句进行比较研究，“理证”的研究方法在《论语》的解读中得到充分运用，我们通过考察宫崎的《论语》解读，也能更好地理解他的研究理路。

2. 对“仁”的解读——“孝弟也者，其为仁之本与？”

众所周知，“仁”是儒家思想当中的重要概念，在《论语》中出现的次数也最多。孔子在与弟子问答对话中孔子多次给“仁”下定义，如“克己复礼为仁”②“仁者，爱人”③等，可见孔子之教其核心乃在此。另外，“仁”还是孔子为“学”追求的目标和做人的标准，如“我欲仁，斯仁至矣”④“人而不仁，如礼何？人而不礼，如乐何？”⑤等就是表达这层意思。古今学者从自己的角度对“仁”做过非常多的阐释，这更加给“仁”赋予了丰富的内涵。钱穆讲：“孔子所常讲的‘仁’，并没有什么深微奥妙处，只在有一颗爱人之心便是仁。而这颗爱人之心，却是人心所固有，所同

① 《论语·颜渊》。
② 《论语·颜渊》。
③ 《论语·颜渊》。
④ 《论语·述而》。
⑤ 《论语·八佾》。

有。换言之，这是人心之本质。若某一人的心里，从不觉得有希微对人之爱，那这一人的心，只可说是兽心，非人心。其实禽兽也还有爱同类之心呀！”① 钱穆先生的解释极为通俗、精到。他还说：“所谓仁，即是指导各个人在人群中如何做人之大道。”②这种大道本在人心中，是与生俱来的人性，“仁”包含着“爱”，但不流于“欲”。

宫崎对“仁”并没有非常具体地解释，在他看来，“仁”与“孝悌”等都不是“形而上”的空洞存在，而是具有实践性的实际行为，是最高道德。而吉川和贝塚两氏则有较为细致的解读。吉川氏看来，“据我的理解，仁是人对人的爱，与此相应地有意识地充实、实践的能力”③，吉川进一步指出，孔子的思想以“仁”为中心，有三点特别之处：（1）这是人对人的爱，非对神；（2）若要依仁做出正确的行为，则于学问须有广博之知识，也就是说，真正的爱只有了解了人的种种相之后才得以成立；（3）爱的行为通过政治才能达到最佳效果。这里需要特别说明的是第三点，因为《论语》中针对统治阶层的话很多，在这个意义上讲，吉川认为《论语》既是关于伦理的书，又是关于政治的书。孔子其人是思想家、学者、教师的同时，他又利用这些能力企图成为政治家。因此，孔子的话多是针对政治抑或是针对执政阶级的，但亦适用于政治以外，吉川认为，这一点正是《论语》的局限所在。④ 贝塚氏的解读则体现了他将西方概念用于中国古典的解读中之特点。他用“忠”“恕”去解释孔子的“仁”，首先，对自己诚实为忠，即不欺骗自己的感情、对自己人性的自觉为忠。当忠波及他

① 钱穆：《中国思想史》，《钱宾四先生全集》第24卷，联经出版社事业股份有限公司1998年版，第10页。

② 钱穆：《孔子与论语》，联经出版社事业股份有限公司1974年版，第199页。

③ [日]吉川幸次郎：「〈論語〉について」，『吉川幸次郎全集』第5卷，筑摩書房1970年版，第103頁。

④ [日]吉川幸次郎：「〈論語〉について」，『吉川幸次郎全集』第5卷，筑摩書房1970年版，第104頁。

人，也就是将自己的感情带入到他人谓之恕。如此，贝塚认为仁与恕意思相同时，就是意识到自我和他人同为人，同时，将自己和他人都当作人来看待。仁作为忠层面的含义则是人性的自觉，是对自我社会性的体认，在这个层面上讲，“仁是人道主义”①。他进一步认为，仁是道德的根源，所有的德都是从最高原理“仁”当中演绎而来的。② 可见，贝塚氏还是用西方的理论和概念去阐释《论语》的。

对孔子思想最核心的概念“仁”宫崎并未做很多解释，他仅仅说“根据不同情形，将仁解读为温情、对人的关爱之情，抑或指为仁当有的修养等多种意思才显得自然”③，仁含有“人”的意思，“也就是人道、人道主义，humanism”④。相比宫崎对《论语》中“忠”“天”等概念的考察，宫崎对“仁”却只有这么聊聊一语而已，这一点与“常态”殊为不符。相比之下，吉川和贝塚两人都从自己的立场对“仁”这一概念提出了自己解读。

3. 对“忠”的解读——“君使臣以礼，臣事君以忠。”

20 世纪初的日本汉学研究，许多日本学者从中国的思想资源中寻找个别概念或者通过对这些概念赋予新的内涵而使之符合日本近代天皇制的意识形态。这种对经典进行政治性阐释的传统在东亚儒学史上屡见不鲜。有关于此，黄俊杰曾指出：

> 东亚儒家经典诠释传统的重大特征之一，在于经典解释与政治权利之间，具有极端密切的互动关系。从经典解释者的目的而言，他们希望经由赋古典以新义，从而驯化王权，并完成济世、经世、救世的

① ［日］贝塚茂樹:「孔子と学問のはじまり」,『貝塚茂樹著作集』第 6 巻，中央公論社 1977 年版，第 153 頁。

② ［日］貝塚茂樹:「孔子」,『貝塚茂樹著作集』第 9 巻，中央公論社 1976 年版，第 83 頁。

③ ［日］宮崎市定:「論語の新研究」,『宮崎市定全集』第 4 巻，岩波書店 1993 年版，第 223 頁。

④ ［日］宮崎市定:「〈論語讀み〉の愉しみ」,『論語の新しい読み方』，岩波書店 1996 年版，第 100 頁。

目标。所以，经典解释者常常从政治角度进入经典的思想世界，而且，不同的解释社群也常常在政治领域里交锋激辩。但从经典解释与权力结构的互动来看，经典解释常常受到权力的支配，因而使得同样的经典文本，在政治脉络中获得不同的解释，也对读者产生不同的"意涵"，甚至在某些特定的历史情境之中，经典文本也受到权力掌控者的误读、删改或扭曲。①

这种情形在日本近代化进程发端到逐步走上军国主义之路的历史进程中异常凸显，尤其是通过对"君民""君臣"关系作出"绝对君权"的思想解读来建构天皇的绝对权威，这成为政府向民众灌输"忠君爱国"观念的思想工具。战争期间，在"皇国史观"的思想统摄下，日本学者在自己的研究中总是有意、无意地用学术的外衣去包藏政治的内里，主动为日本的军国主义侵略行径背书。这种非学术的体制随着日本的战败也宣告解体，随之而来的是亲身经历过战争并成长起来的学者们对战争进行的反思。宫崎、贝塚和吉川都是战争的亲历者，他们都是经历过"皇国史观"的"洗礼"成长起来的学者，那么，他们对"忠"的解读就显得尤其值得关注。

三位学者对《论语》"忠"的解读都强调这是君臣之间"双向"的，而非"绝对的"，但是侧重点各有不同。例如，贝塚讲《论语·颜渊篇》中"君君、臣臣、父父、子子"一句，他认为"君主和父亲并非有着绝对的权威，前提是君主、父亲要各守其德"，他接着讲，"如此一来，将孔子的道德当作单单维持君主、父亲的权威那样的权威主义式的道德是错误的"②。在他看来，孔子虽然承认君父的权威，但不是无条件的绝对权威，这里有个前提，就是君父要保持君父应有之道德。吉川则认为"君不君，

① 黄俊杰：《东亚文化交流中的儒家经典与理念：互动、转化与融合》，台大出版中心 2010 年版，第 121 页。

② ［日］貝塚茂樹：「孔子と学問のはじまり」，『貝塚茂樹著作集』第 6 卷，中央公論社 1977 年版，第 169 頁。

臣不可以不臣。父不父，子不可以不子”一句出自《古文孝经孔氏传》，他以该书乃隋代出现之伪作为根据，认为中国思想的本义传到日本后出现了另类的演绎，成为强调“绝对的忠”。吉川进一步从“仁”是人与人之间相互的、双向的爱出发去解释，认为忠与孝也是双向的、相互的，而不是绝对的，继而否定了日本将儒学与武士道结合的解释。① 宫崎的解释与两位学者相比则更进一步，首先他承认君臣关系具有“相对性”“双向性”，这是“原始儒教”的本义。但是，他认为在《论语》中“对君尽忠”的意涵并未多次出现，这说明忠的重点不在于“忠君”，而是一种普通人的道德，一种人与人之间的信赖关系。这种本义在秦汉之后因为皇权至上，皇帝独尊的中央集权制度的确立而被“曲解”了。宫崎的论证是以中国古代曾出现与西方世界一样存在“都市国家”的现象为前提的，“根据这句话 ② 来思考孔子时代的社会、国家的发展阶段的话，如我最初所言，正好如同希腊处于都市国家并立的状态下。各个国家以市民和市民之间的信赖关系为纽带得以成立。君主所占的地位并没有如此地重要。所以，相互信赖同时也指人民与政府之间的信赖，总之，比起对君忠义的道德来，孔子更重视信赖”。③ 之后对“忠”的解读却逐渐违背了孔子的本义，忠君的思想被重视起来。宫崎认为中国历史上曾存在“都市国家”，这是他研究中国史一贯的立场，在此，他也将这种观点加以发挥，应用在《论语》的解读上。史学维度的《论语》解读特色异常鲜明地凸显出来了。总之，三位学者对“忠”的解读都保持了“冷静”的态度，与强调“克忠克

① [日]吉川幸次郎：「古典講座〈論語〉」，『吉川幸次郎全集』第5卷，筑摩書房1970年版，第163—168頁。

② 宫崎引用《论语·颜渊》中的“子贡问政。子曰：‘足食，足兵，民信之矣。’子贡曰：‘必不得已而去，於斯三者何先？’曰：‘去兵。’子贡曰：‘必不得已而去，于斯二者何先？’曰：‘去食。自古皆有死，民无信不立。’”数句。

③ [日] 宫崎市定：「〈論語讀み〉の愉しみ」，『論語の新しい読み方』，岩波書店1996年版，第109頁。

孝”的政治色彩极为浓厚的、皇权主义的思想诠释保持了相当的距离，均对“绝对的忠”予以否定和批判。在这里，宫崎在所谓“原始儒教”的语境中解构了君臣、父子伦理的“忠”，提出“忠”的内核是“信赖”，是人与人、人与政府之间的普遍伦理。

通过以上的考察，我们可以发现，宫崎《论语》研究的出发点是采用史学的研究路径去“溯本清源”，即将《论语》文本视为史料来还原孔子时代的社会状况，而通过这种还原工作，又能够更好地理解孔子其人，更好地解读孔子的《论语》之本义。这是他研究《论语》的目的，也是他主张去孔子其人的“神圣性”，去《论语》文本的“经典性”的原因所在。宫崎对清代考据学持批判态度，主张不需要如传统的训诂学那般研读一字一词之意，试图突破既有的学术框架，采用一种文本内外批判、对比参证的研究路数，梳理文本“原有之意”，并将之称为“理证”。他还通过爬梳汉代至清代儒学史，并以此为线索，重新定位《论语》在各个时期的地位，同时对孔子地位的变迁亦作了平行考察。应当说，宫崎的研究路径并没有得到广泛的认可，甚至有很多人持批判的态度。的确，宫崎作为主攻中国史、东洋史的历史学者，他对《论语》的很多解读和主张并不是没有讨论的余地。

但是，众所周知，《论语》在日本儒学史脉络中地位相对其他经典较高，“还孔子和《论语》以本来的历史面貌”的主张对孔子和《论语》研究来说，为再度审视既有的研究方法和路数，重新思索如何突破既有之学术框架，从真正客观、中立的学术立场去研究孔子和《论语》提供了契机，无疑具备其学术意义。宫崎在1965年的演讲中论道：“我希望各位用自己的眼睛重新阅读《论语》，重新思索原始儒教的面貌和孔子的形象。”[①] 这或许才是宫崎史学立场下《论语》研究的真正意义所在。

---

① ［日］宫崎市定：「書評　論語と孔子の立場」，『西南アジア研究』1965年第10巻第1號，第117頁。

附论三：宫崎市定的中国印象

——以两次来华经历为中心

宫崎市定作为著名的汉学家、战后日本颇具代表性的中国学研究者，他并非只从文本中认识中国，而是有着四次来华经历。宫崎第一次来华是在1924年，契机为他临毕业前参加的“学生南支视察团”。1929年，其所供职的“三高”组织的所谓“昭和四年夏季满鲜见学旅行团”，宫崎作为带队老师之一参与其中，是为其第二次来华经历。其第三次来华时间为1932年，因一·二八事变发生，宫崎收到辎重兵第十四大队的召集令，他于3月14日抵达中国上海，后因停战协定签订，又于5月28日返回京都。宫崎第四次来华是在1933年，这次的契机是为仓石武四郎送行，他与京都帝大文学部中国学专业的15名学生一同从京都出发前往中国，此次游历经北京、泰安、曲阜，归途中从济南乘坐火车赴青岛，随后于19日从青岛乘船回国，共耗时一周左右。

游记作为一种记录游历者眼中的异域形象的文本，“由于时空的转移变化，必然会造成某种特有的‘游记意识’，不仅仅是对异国他乡新奇事物的感言，更有一种换位思考，亦即以他者之眼光来反观自我”，由此推之，因为时空的转变，游历者“必然产生一种对自己所属文化及其身份的深刻体认和反思”，从而“极易产生自我与他者的身份、历史与文化的比照玄想”。[1] 本章作为附论，梳理宫崎记录其中第一次、第二次来华经历的游记和日记等文本，借以呈现他对当时“现实中国”的描绘，以期与其学术研究中呈现的中国图景相互参照。

一、“从上海至广东”——1924 年第一次来华

1924 年，日本文部省组织了一次名为“学生南支视察团”的赴中国南部游历的活动。该团成员主要在全国的大学、高等专门学校中召集，共计 30 名。当时的宫崎正处于毕业的时间节点，忙于撰写毕业论文，但他仍然提交了参团申请并于当年 10 月末获得批准。12 月宫崎赶赴长崎与该团的其他成员集合做出发前的准备。该团团长为东京美术学校的校长正木直彦，除团长外还有两名带队教官，一位是宫崎高中时代就读的松本高中的教授重原庆信，另一位是东京高等蚕丝专门学校教授铃木美雄。

该团于 1924 年 12 月 21 日首先乘坐“上海丸”轮船从长崎出发，次日抵达上海。在上海转乘日清汽船“嵩山丸”沿中国海岸线一路南下，经停汕头、厦门等城市后至广东。之后又访问香港、澳门，归途从中国台湾出发，先自高雄乘坐汽车至基隆后转乘日本邮船“信浓丸”于 1925 年 1 月 26 日回到日本。整个行程遍及中国东南沿海主要城市和台湾地区，共计 37 天。宫崎回忆该次旅程曾言：“这次旅行是我首次直接接触外国文物，对我的世界观产生了较大影响，是一次印象颇深的经历。”[2] 宫崎记录下此次旅行的见闻，题为“从上海至广东”分四次连载于《京都帝国大学新闻》上，宫崎称这篇文章是“让人充满回忆的小文，它不仅记录了我最初的海

---

① 周宪：《文化间的理论旅行》，译林出版社 2017 年版，第 320—321 页。

② ［日］宫崎市定：『自跋集—東洋史学七十年—』，岩波書店 1996 年版，第 179 頁。

外旅行，也是拙文首次被印成铅字”①。

这篇连载文章由“上海”“苏州南京”“沿海地区”“广东”四部分组成，分别记录了宫崎当时在中国各地的经历和见闻。其中，宫崎与东京帝国大学教授市村瓒次郎（1864—1947）同去拜访当时居住在上海的康有为的经历记载颇详。市村瓒次郎出生于现在的筑波市，号筑波山人、月波散人，毕业于帝国大学的古典汉文学科，是日本著名的东洋史学家。市村历任学习院助教授、教授，后转任东京帝国大学助教授、教授，退休后被选为东京帝国大学名誉教授，他与白鸟库吉一同奠定了东京帝国大学东洋史学的学科基础。

其时，市村恰好在上海。宫崎听闻重原欲去拜访市村便请求同行，在市村处又听闻市村计划去拜访康有为，宫崎便恳请能够一同前去，得到市村的应允。宫崎忆及此事，称当时自己“并未准备请教问题，仅仅为能够与一个伟大的身躯对向而坐，这是我最初体验与名留青史的大人物面对面的经历”②。

宫崎一行乘坐台湾实业家林熊光（1897—1971）的汽车抵达康有为的住处，康的秘书在前引导，宫崎这样描述康有为的形象：“这家主人康南海年龄已逾六十，是位慈祥的老人，有着多数中国成年人都有的肥硕的红色脸庞。”③通过西本白川的翻译宫崎大致听懂了谈话内容：“曰：中国应当如何？曰：除恢复帝制外别无他法，民国后中国仍会长期动乱。共和不适用于中国。曰：对‘满洲’朝廷充满人种方面的反感，其复辟岂非困难？曰：绝无此事，人们决不会忘记古来并未有如清朝那般实施善政的朝廷。曰：既如此，其实行方法当如何？曰：即便当下求之不得，结果不外是水到渠成地如此。”④宫崎忆称，康有为善于雄辩，甚至有些太善于雄辩，而

① ［日］宮崎市定：『自跋集—東洋史学七十年—』，岩波書店 1996 年版，第 392 頁。
② ［日］宮崎市定：『自跋集—東洋史学七十年—』，岩波書店 1996 年版，第 179 頁。
③ ［日］宮崎市定：『宮崎市定全集』第 22 卷，岩波書店 1992 年版，第 392 頁。
④ ［日］宮崎市定：『宮崎市定全集』第 22 卷，岩波書店 1992 年版，第 392—393 頁。

翻译白川亦颇善雄辩，两人甚至因太过沉迷其中致使白川忘记翻译谈话内容，竟一度让宫崎、市村等人在一旁发愣而成为看客。文章最后，宫崎说出一番意味深长的话："果然活着的人并没有趣。因为活着的人会发表言论。如此，上海一件古老的东西都没有了。"①

宫崎一行在苏州、南京游历了虎丘、寒山寺、留园等景点，他记录下了目睹到的中国当时的情状。其时，战争阴云密布，一触即发，中国的百姓们在惶恐中度日。目之所及，经常会看到这样的场景：一家人租借一辆货车拉着一家人的财产家具，主人愁容满面，孩子沉思冥想，车里不知谁的收音机里传出哀婉的曲调。面对这种情景，宫崎感叹"可怜哉乱世之民"，他认为中国到这一地步的原因是人不信任人，"上政治家不信任政治家，下民众不信任民众。中国政局动荡不安的原因可归结于斯。政治是社会状态的反映，政治家是国民的代表"②。可见，宫崎认为中国社会动荡混乱的主因是没有一个能够凝聚人心、团结民众、使全国上下一心、彼此互信的政府。这种论调颇见于当时日本言论界，言中国无强大政府而乱象频生，意在论日本侵华之"合理"。紧接着，宫崎又发表了如下一番言论：

> 有人说中国人是慢性子。但如果在街上走着不小心将一枚铜钱掉在石板路上，本来看起来不慌不忙的中国人在听到叮铃声响之前便突然如脱兔般跑来抢夺的吧。没有像中国人这般小气、急功近利的民族了。若说中国的历史是战乱的历史的话，那么战乱的历史小气的历史。外表看起来不慌不忙的中国人，也仅仅是外表上看起来如此而已。我很庆幸，认为中国人是慢性子的日本人，反倒要优哉游哉地多。③

这一段描述中国人国民性格的话在宫崎的文章中显得很突兀，从这段

---

① ［日］宫崎市定：『宮崎市定全集』第22卷，岩波書店1992年版，第393頁。

② ［日］宫崎市定：『宮崎市定全集』第22卷，岩波書店1992年版，第394—395頁。

③ ［日］宫崎市定：『宮崎市定全集』第22卷，岩波書店1992年版，第395頁。

文字中不难窥知宫崎的一种优越之感。从他描绘中国民众、中国历史的词汇“小气”“急功近利”“战乱的历史”中可以看出，他对中国充满了“蔑视”的感情色彩，对勤劳智慧而又坚韧勇敢的中国民众和历史悠久又有着灿烂辉煌文明成就的中国历史进行了矮小化的建构，以突出日本文化的优越性。这种叙事结构与其将近代中国和日本置于相互对立的框架中进行差异化的历史论述可谓异曲同工、相互呼应。

二、“昭和四年夏季满鲜见学旅行团日记”——1929 年第二次来华

1929 年，宫崎被龙谷大学聘为讲师，但因任免令推迟而不得不继续在第三高等学校任教。同年 7 月，三高的配属将校[①]小玉与一中佐策划“夏季满鲜见学旅行团”，成员由宫崎与小玉以及另外 38 名学生组成。该旅行团于 7 月 24 日从神户港出发，经停下关后于 26 日抵达大连。先后赴金州、旅顺、鞍山、辽阳、奉天、抚顺、长春等地后进入朝鲜半岛境内。在朝鲜参观了平壤、京城、大邱，由大邱至釜山转乘船返回下关。宫崎记录这次旅行的见闻《昭和四年夏季满鲜见学旅行团日记》于翌年 7 月发表在《三高同窗会会报》第二期上。这个所谓的“满鲜见学旅行团”所到之处均受到日本军方以及三高毕业生的接待和关照。宫崎在该“日记”中不仅记录了负责接待和担任向导的在华日本人，并且对当时他们所游历的中国的城市亦多有描述。

例如，宫崎一行 27 日抵达大连，接待工作主要由“满铁”的人员负责。宫崎描绘他们到中国街区后遇到一个露天市场，他们看到的景象是“从油炸食品、煮鱼、干货各种食物到旧衣服、旧工具应有尽有，这边变

① 所谓“配属将校”是指依据 1925 年公布的《陆军现役将校学校配属令》，为在学生中间开展军事知识教育和军事训练，在日本中等以上的学校（中学、高中、大学预科、专门学校、高等师范学校、大学）配置的陆军现役将校的制度。

着戏法，那边喊着关羽、张飞的名字正演出着戏曲。虽说是各种各样、形形色色，但究竟不能和北野的绿日相比。单看起来就不干净，苍蝇嗡嗡地叫着，让人有些吃不消”①。在大连，他们还参观了历史上臭名昭著的华人劳工宿舍“碧山庄”。宫崎谈到碧山庄时称：“现实的碧山庄是中国人劳动者——直白点说就是苦力——的收容所。在陆军训练场有厂舍五、六十间，排列整齐。现在是闲散期，劳动者们都在树荫下躺着，做着太平梦。也有一些人悉心保存自己的发辫。平时这里能收容华工一万两千人，能够满足劳动力的供给。并且没有发生过一次劳动争议，是山东地区外出务工人员的安乐乡。”②宫崎以上的描述显然与历史事实不符。众所周知，碧山庄始建于1911年，建造在大连码头东南方向的东山北麓，③条件极为恶劣，有不计其数的中国劳工在这里失去自己的生命。可以说，碧山庄是日本侵略者盘剥、压榨中国劳工的历史见证，承载着中华民族众多劳苦大众被侵略、奴役的创痛记忆。所以，宫崎的描述不仅与历史不符，还具有相当的误导性。碧山庄来自山东的劳工数量颇多，这与宫崎所说一致，但绝非他所谓的“安乐乡”。当时的记载显示：“本庄的华工主要来自山东的农村，他们总体上温顺、质朴、忍耐力强，栉风沐雨、任劳任怨地每天工作，甚至能够忍受十小时乃至十二小时的高强度工作。”④当时山东劳工遭受非人压榨可见一斑，而绝非什么“安乐乡”。这种美化日本侵略行为的记录在当时的日本公开传播，无疑会误导不明真相的日本民众，从而使日本在侵华战争中犯下的杀戮、奴役、残害中国民众的累累罪行之真相被遮蔽和掩盖。

29日，宫崎一行参观旅顺，其间参观了日俄战争的遗迹，特别是当

① ［日］宫崎市定：『宮崎市定全集』第22卷，岩波書店1992年版，第408頁。

② ［日］宫崎市定：『宮崎市定全集』第22卷，岩波書店1992年版，第409—410頁。

③ ［日］中山恭介：『碧山庄』，福昌華工株式会社1938年版，第1頁。

④ ［日］中山恭介：『碧山庄』，福昌華工株式会社1938年版，第3頁。

时日俄之间争夺颇为激烈的二零三高地。宫崎回忆称当时给自己留下最深刻印象的是石原莞尔为他们解说日俄战争的情况。① 从此处也可窥知，日本政府组织学生参加旅行团的真实目的在于给年轻学生们灌输军国主义思想，使他们在狂热的国家主义、极端的民族主义的教育环境中成长为“皇国日本”的接班人。总而言之，宫崎记录的情境与历史事实并不完全相符，完全是在配合军方做美化日本侵略行为的宣传。

法国学者巴柔认为，异国的“注视者”描述他者时的态度可分为三种。第一种态度是“狂热”，即“一个作家或团体把异国现实看成绝对优于注视者文化、优于本土文化的东西”；第二种态度是“憎恶”，与第一种态度截然相反，“与优越的本土文化相比，异国现实被视为是落后的”，而且采用这种态度时，“幻象就会呈现出本土文化的形态”；第三种态度是“亲善”，在这种态度下，“异国现实被看成、被认为是正面的，它纳入了注视着文化，而后者也被视为是正面的，且是对被注视者文化的补充”。②

从以上宫崎的记录中我们可以看出，“注视者”宫崎对“他者”中国的态度属于第二种。比如，他把中国人描述为“小气、急功近利”的，中国的历史是“战乱的历史”“小气的历史”，与之形成鲜明对照的是日本，反倒“优哉游哉地多”。对中国的描绘中可以清晰地呈现出宫崎对日本的自我认知。这里的中国形象实际上是经过异国形象的制作者宫崎“加工”后的叙述，它承载着宫崎对中国的理解和想象，同时，宫崎在描写、塑造、审视中国这一“他者”的时候，实际上是在对自我进行审视和反思。正如巴柔所指出的，“形象是对一种文化现实的描述，通过这一描述，塑造(或赞同、宣扬）该形象的个人或群体揭示出并表明了自身所处的文化、社会、意识形态空间”③。也就是说，通过考察注视者形塑的他者形象，可

① ［日］宫崎市定:『自跋集—東洋史学七十年—』，岩波書店 1996 年版，第 392 頁。

② 孟华主编:《比较文学形象学》，北京大学出版社 2001 年版，第 175—176 页。

③ 孟华主编:《比较文学形象学》，北京大学出版社 2001 年版，第 202 页。

以创建一种自他认识的双向视野。

法国形象学家保尔·利科将异国形象分为两种基本类型：意识形态化的和乌托邦化的。这两种类型分别对应着异国形象在社会实践意义上的功能，即“整合功能”或“颠覆功能”。异国形象一般摇摆于这两极之间，即处在这两者之间的张力上。① 宫崎在游记中塑造的中国形象明显处于“意识形态化”的极端，这充分地体现出，宫崎在描绘“中国”时，意识形态起到了潜在的评判和导向作用，中国被置于成功“近代化”的日本的对立面。通过这种他者化的建构，“日本才会理所当然地始终把中国人民看作没有力量、没有自我意识、没有思考和统治能力，必须依靠‘优越’的日本人代为统治，才能理直气壮地肆意摧毁中国的古老文明。从这一点而言，近代日本利用文本建构‘他者’和亚洲观的方式，与其在中国、朝鲜进行的殖民扩张和统治是遥相呼应的”②。

---

① 孟华主编：《比较文学形象学》，北京大学出版社 2001 年版，第 55 页。

② 谭建川：《近代日本小学教科书中的亚洲观》，《东北亚学刊》2013 年第 3 期，第 46 页。

后　记

自回母校工作至今，五年时光倏然流走。懒散怠惰如我，荒废时间既多，心中不免惴惴。不过总算在工作的第五个年头，将博士论文全文译出，并进行了大幅的增删修改。完成这项工作，虽没有为职业生涯的首个“五年计划”交上一份满意的答卷，但至少总算没让这段光阴完全荒废。拙作的出版，权当给这段岁月作一个小小的总结吧。

时光回到十一年前，我有幸进入浙江工商大学跟随王宝平教授学习，开启了中日文化交流史的研究之旅。王师平易温和、学识广博、谈吐幽默，埋首学问，孜孜不倦。王师尤擅穷尽史料，在浩瀚的近代中日关系史资料中发现有价值的文献。犹记得王师每每发现新史料、抑或文章有所创获时，满面笑容地向我们“炫耀”之情形，老师对学问的热忱让人感佩。我亦深受影响，暗下决心：做学问，当如是。王师醉心学问，同时也十分爱护学生，对晚辈后学多有提携。硕士时期，蒙王师推荐，我得以有机会赴日本大学交换留学一年。留学日大的经历，不仅使我得到查阅文献的便利，更让我切实地感受到日本学者严谨的治学风格，并有幸得梶川信行、松重充浩两位教授的指导和教育。此外，王师时常请门下弟子小聚，大家围坐在老师身边，话题不限于学术，谈天说地，其乐融融，现在想来，倍感温馨。师恩厚重，难以言尽。

硕士毕业后，我更是有幸得王师推荐，入关西大学跟随陶德民教授专攻日本汉学史。陶师史学功底深厚、治学严谨，且素来勤奋，笔耕不辍，著作等身。陶师治学总是能够于细微处发现历史脉动，阐幽发微；又能兼具宽阔视野，气象宏大。在学期间，印象极深的是，陶师极其谙熟日本近代历史、思想史、儒学史的整体脉络和各种史实细节，指导学生时总能在简短的话语中直陈要害。陶师授课别具一格，喜欢“发问式教学”，在问答过程中引导我们思考。老师有时还会聊及自己求学时学术素养积累的过程，偶尔会谈到当年的一些趣事，兴之所至，老师还会哼唱出当时的歌曲，借以把我们带入彼时的历史场景和氛围之中。另外，陶师经常请一些著名学者来课堂上一同讨论学术问题，我读书期间有幸在课堂上见到的“客人”就有京都教育大学名誉教授杉村邦彦、北京语言大学钱婉约教授、台湾大学黄俊杰教授、北京大学刘金才教授及旅日学者毛丹青等。不仅如此，陶师还经常带领我们参加国际学术会议，或者为我们寻找参会的机会，让我们有机会领略大家风范，跟相同领域的学者交流。

两位恩师所治领域不同，治学取向各异，但严谨的治学态度，对学问的孜孜以求，以及对学生的关心爱护，则是一致的。无论是治学还是为人，得遇两位恩师，是我平生之大幸运。

求学期间，“两耳不闻窗外事”，一心只想写文章。基本过着图书馆和研究室两点一线的简单生活，在东瀛求学的几年，除外出参加学术会议外，极少离开大阪。关大图书馆的馆藏极为丰富，设施完备，为我的研究提供了极大便利。研究室设施齐全，学术氛围浓厚，且离图书馆仅几步之遥，一遇所需新资料便立即起身开赴图书馆，直奔目标，我笑称这才是“信手拈来”。工作的体验与读书有着显著不同，一是琐事缠身，颇分散精力；二是读书的环境再也不似先前那般纯粹。不过，感谢王师、陶师两位恩师淡泊名利、一心向学的处世哲学对我潜移默化的影响，让资质平庸的我竟也在慢慢积累中似乎得以入门且寻得学问之乐，使我能够在这浮华喧嚣、急功近利的世界里不为所扰，保持内心的平静，安心读书，按照自己的节奏做一点平实的研究。以此为乐，足矣！

得遇良师，三生有幸。借小著出版之际，感谢在求学和工作过程中遇到的诸位良师，他们或直接给我的论文提出切实而又中肯的宝贵意见，或在我求学及工作中给予我莫大的帮助，以下仅罗列各位老师的名字若干：浙江工商大学的江静教授、南开大学的刘岳兵教授、中国海洋大学的修斌教授、山东大学的邢永凤教授、北京语言大学的钱婉约教授，二松学舍大学的佐藤进教授以及关西大学的藤田高夫、吾妻重二、沈国威、井上克人等诸位教授，他们皆以广博的学识和强大的人格魅力影响着我。谨致谢忱！

结交知己，受益无穷。张丽山博士是我读硕士、博士期间的学长，他在关大读博时师从以道教和民间信仰研究著称的二阶堂善弘教授。赴关大的那天恰逢大阪下雨，抵达学校时天色已晚，刚一下机场大巴便看到师兄在车站冒雨等候的身影。住处是丽山在我赴日之前帮忙租定的，抵达当晚，丽山又为我拿来一些生活用品，抚平了我奔赴异国留学的不安。每忆及此，感谢之情溢满心间。求学期间，我和丽山或外出小酌，或去各自住处小聚，无所不谈，渐成莫逆。工作后虽很少见面，但每有困惑，总是请教，抑或是偶尔闲聊，联系颇多。关西大学的傅锡洪博士、徐克伟博士，同门师姐胡珍子博士、师兄王海博士，还有前来关大访学的复旦大学潘德宝博士、北京外国语大学郑燕博士，诸位皆视野宽宏，每每请益，总有收获。在此深表谢意！

还要感谢父母和妻子。父母对我的求学之路给予了莫大的支持，提供了坚实的保障，让我能够心无旁骛地读书。父母付出了太多辛劳，却从未索取什么，即便是在我工作以后，也总是叮嘱我慢慢做学问即可，不可太过急切。父母的爱总是寂静无声却伟大。感谢我的妻子，在金钱至上、物欲横流的当下，妻子却能保持朴素、节俭，没有物质上的追求。对我购书一事却能做到“一掷千金”，全力支持。每当工作中有所困惑，妻子总能用只言片语直陈利弊，使我得到宽慰。还要感谢女儿做我的“小小监督员”，每天催促我写论文。感谢你们的默默付出，让我在阅读文献、写稿改稿的日日夜夜里充满力量。

本书得以出版，承蒙人民出版社的大力支持，尤其得益于责任编辑翟金明老师切中要害的修改意见及精心审阅，在此谨对翟老师的辛苦工作深表谢意！另外，拙作的出版亦得到徐林平老师的鼎力相助，东华大学外语学院研究生郭鑫鑫女士协助整理资料和调整格式，在此一并深致谢忱！最后，本书的出版得到山东财经大学外国语言文学系列学术专著出版资助项目的支持，特此谨向关心和支持拙作出版的山东财经大学外国语学院李毅教授表示深深的谢意！

吕 超

2021 年 7 月 7 日